U0870936

清宮林則徐檔案匯編

4

中國第一歷史檔案館
福建省林則徐研究會
編

海峽出版發行集團
海峽文藝出版社

第四册 目録

江蘇巡撫林則徐題本

題明江寧府督糧同知宋獻章病故緣由日期

吏部知道

題

江蘇巡撫林則徐題本　題明江寧府督糧同知宋獻章病故緣由
日期　道光十二年九月二十八日

兵部侍郎兼都察院右副都御史巡撫江蘇等處地方提督軍務兼理糧餉臣林則徐謹
題爲報明病故事道光拾貳年玖月貳拾肆日據
江寧布政使趙盛奎詳據江寧縣知縣王琛申
稱本年玖月初捌日據家人宋陞赴縣稟稱家
長江寧府督糧同知宋獻章係山東蘭山縣附
貢生遵衡工例捐納光祿寺署正補授實缺俸
滿保送記名以同知用選授廣東惠州府同知
引
見調補今職道光伍年肆月初肆日到任本年叁月
委赴山東採買米麥於捌月貳拾捌日回省銷
差尚未回任今家長染患寒濕積暑病證延醫
調治服藥無效於玖月初柒日病故理合報明

等情到縣隨即親詣驗視宋獻章實係患病身
故相應出具印結具文通報等情到司據此相
應具文詳
題所遺江寧府督糧同知員缺江蘇省現有坐補
人員應請留外咨另請補合並聲明等情到臣
據此該臣查得江寧府督糧同知宋獻章因染
患寒濕積暑病證延醫調治服藥無效於道光
拾貳年玖月初柒日病故據江寧布政使趙盛
奎詳報前來臣謹恭疏具
題伏乞
皇上聖鑒勅部查照施行再所遺江寧府督糧同知
員缺江蘇省現有坐補人員應請留外咨臣另

江蘇巡撫林則徐題本　題明江寧府督糧同知宋獻章病故緣由

日期　道光十二年九月二十八日

聞

行請補合並陳明謹具題

道光[illegible]提督軍務總理糧儲臣林則徐

江蘇巡撫林則徐題本 題明江寧府督糧同知宋獻章病故緣由

日期 道光十二年九月二十八日

兵部侍郎兼都察院右副都御史巡撫江蘇等處地方提督軍務總理糧儲臣林則徐謹

題爲報明病故事該臣查得江寧府督糧同知宋

獻章因染患寒濕積暑病症延醫調治服藥無

效於道光拾貳年玖月初柒日病故據江寧布

政使趙盛奎詳報前來謹具題

聞

江蘇巡撫林則徐題本　**題參署甘泉縣知縣孫炳煒等疎防盜案限滿逸犯無獲**

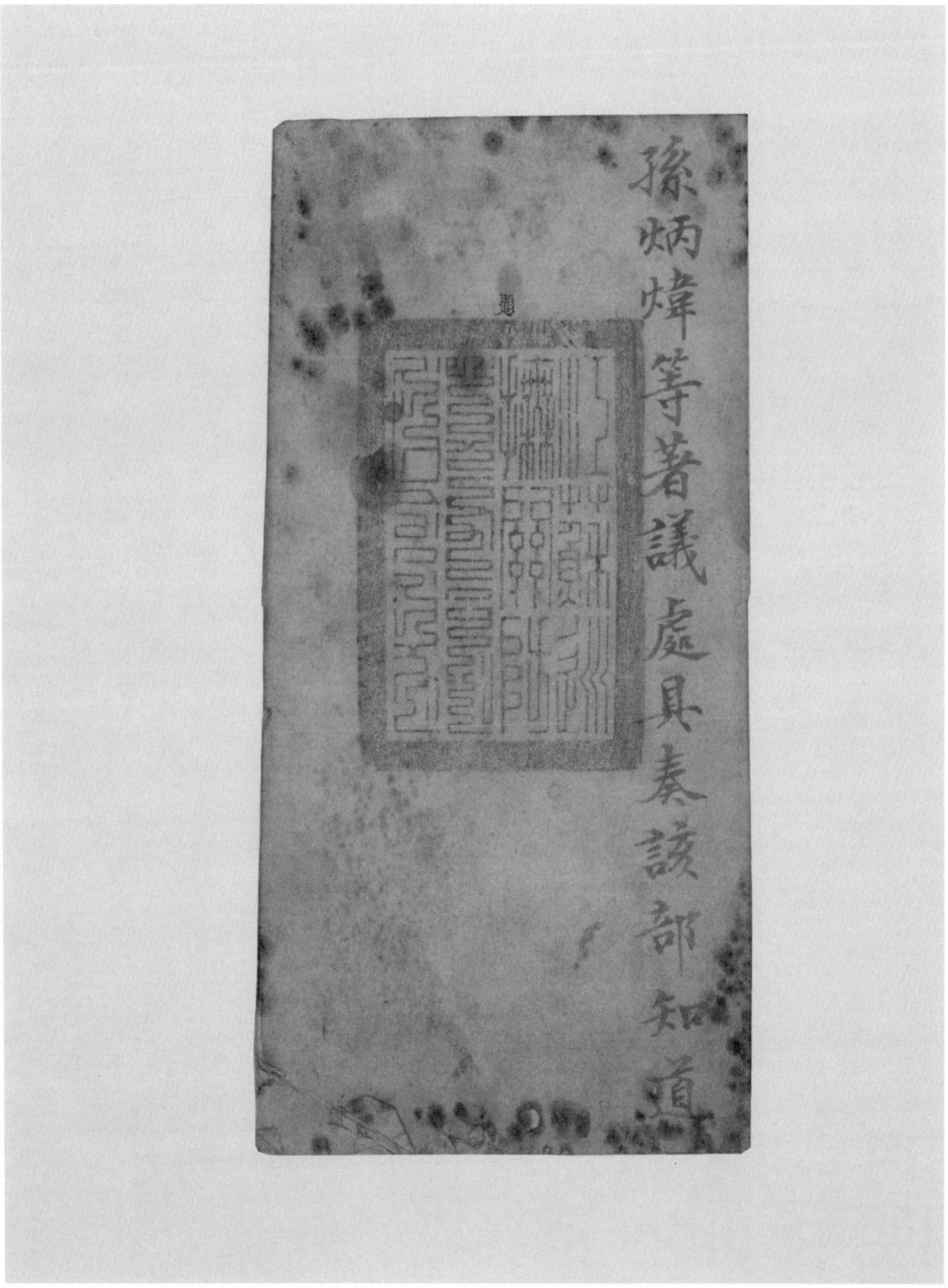
孫炳煒等著議處具奏該部知道

題

兵部侍郎兼都察院右副都御史巡撫江蘇等處地方提督軍務總理糧儲戶林則徐謹

題為詳叅疏防文職事據署江蘇按察使蔣謙詳
稱據揚州府知府王青蓮詳據署甘泉縣知縣
孫炳煒詳稱道光拾貳年叁月初拾日據地保
李玉報據事主巫裕堂投稱叁月初捌日黃昏
時分被匪擁入伊家劫去銀錢等物伊子巫大
貴攔阻被戳受傷伊妻俞氏亦被拒傷賊人攜
贓逃逸等語往查屬實隨與事主鄰佑人等
追至儀徵縣界徐山地方拏獲盲長幅徐馨子
張二等叁名並在徐馨子身上搜出贓衣兩件
又沿途拾獲牛驢衣物事主認係原贓一并解
候訊究等情並據事主巫裕堂開單報同前由

據經會營勘明估贓值銀壹百伍拾肆兩柒錢
陸分飭仵驗得巫俞氏額顱擦傷壹處右眼胞
拯傷壹處均皮微破右腿木器傷壹處青色又
驗得巫大貴兩手腕繩痕壹道紅色右臁肕擦
傷壹處皮微破填單取結附卷訊據事主保鄰
人等各供均與報詞無異提犯亶長幅徐髻子
張二研訊僉供係在逃之巫大忠糾邀往向伊
胞叔巫裕堂索找田價不允搬取什物實非糾
往劫搶資之事主巫裕堂據供是夜委係被劫
並非爲伊姪找價起釁是賊匪妄供各等語再
三嚴詰各犯堅供不移當將起獲牛驢等物給
主先行領回各犯分別禁押錄供詳奉批飭勘

緝逸犯巫大忠務獲確究詳辦等因伏查此案
事主巫裕堂呈報被劫而現獲各犯僉稱係巫
大忠邀往衣價委無聽糾行劫情事犯供與事
主原報不符有關罪名出入若非巫大忠到案
質明礙難定讞即經詳請咨部以巫大忠獲案
之日起限在案茲查此案疏防限屆獲犯宣長
幅等不認行劫首犯巫大忠等未獲仍應開參
查驗事主傷已平復開列疏防印捕職名由府
開列督捕督緝職名詳報前來除飭勒緝逸犯
巫大忠務獲究報並移取兼轄職名另詳請參
外該署江蘇按察使裕謙查得甘泉縣事主巫
裕堂具報被劫銀錢衣物拒傷巫俞氏等平復

江蘇巡撫林則徐題本　題參署甘泉縣知縣孫炳煒等疎防盜案限滿逸犯無獲　道光十二年九月二十八日

壹案疎防例限肆箇月應以道光拾貳年叁月
初捌失事之日起扣至柒月初捌日届滿所有
文職疎防職名印官係署甘泉縣知縣孫炳煒
捕官係甘泉縣上官司巡檢李鳳鳴督捕係同
城揚州府總捕同知趙廷熙督緝係同城揚州
府知府王青蓮相應開報伏候核參再此案失
事處所離城叁拾里並無塘鋪防兵離汛里數
未據聲明現飭查明另詳合并聲明等情到臣
據此該臣查得甘泉縣事主巫裕堂具報被劫
銀錢衣物並傷巫俞氏等平復壹案疎防例限
肆箇月應以道光拾貳年叁月初捌失事之日
起扣至柒月初捌日届滿逸犯無獲開列疎防

職名請參前來除飭勒緝逸犯吳大忠務獲究
報並飭取兼轄職名另咨外所有文職疎防職
名印官係署甘泉縣知縣孫炳煒捕官係甘泉
縣上官司巡檢李鳳鳴督捕係同城揚州府總
捕同知趙廷熙督緝係同城揚州府知府王青
蓮相應列參再此案失事處所離城叁拾里並
無墩鋪防兵離汛里數未據聲明現飭查明另
咨合並陳明臣謹具
題伏乞
皇上聖鑒勅部議覆施行謹題請
旨

江蘇巡撫林則徐題本　題參署甘泉縣知縣孫炳煒等疎防盗案限滿逸犯無獲

道光十二年九月二十八日

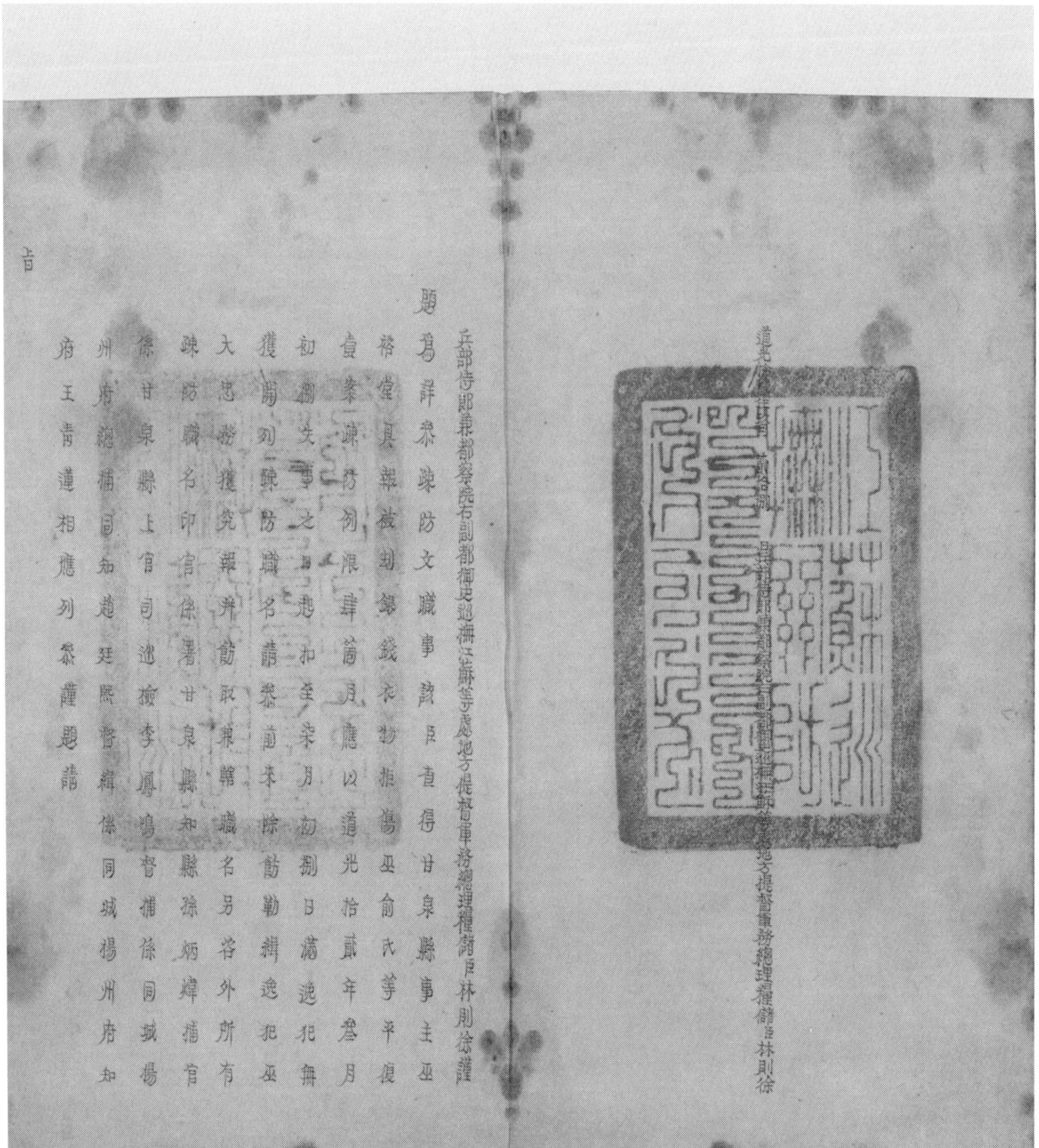

道光拾貳年玖月貳拾捌日兵部侍郎兼都察院右副都御史巡撫江蘇等處地方提督軍務總理糧儲臣林則徐

兵部侍郎兼都察院右副都御史巡撫江蘇等處地方提督軍務總理糧儲臣林則徐謹

題為詳參疎防文職事據臣查得甘泉縣事主巫

裕堂具報被劫錢衣物拒傷巫俞氏等平復

壹案疎防例限肆箇月應以道光拾貳年叁月

初捌失事之日起扣至柒月初捌日滿逸犯無

獲開列疎防職名請參前來除飭勒緝逸犯巫

大忠務獲究報并飭取兼轄職名另咨外所有

疎防職名印官係署甘泉縣知縣孫炳煒捕官

係甘泉縣上官司巡檢李鳳鳴督捕係同城揚

州府總捕同知趙廷熙督緝係同城揚州府知

府王青蓮相應列參謹題請

旨

江蘇巡撫林則徐題本

題參上海縣知縣温綸湛等疏防盜案限滿贓犯無獲

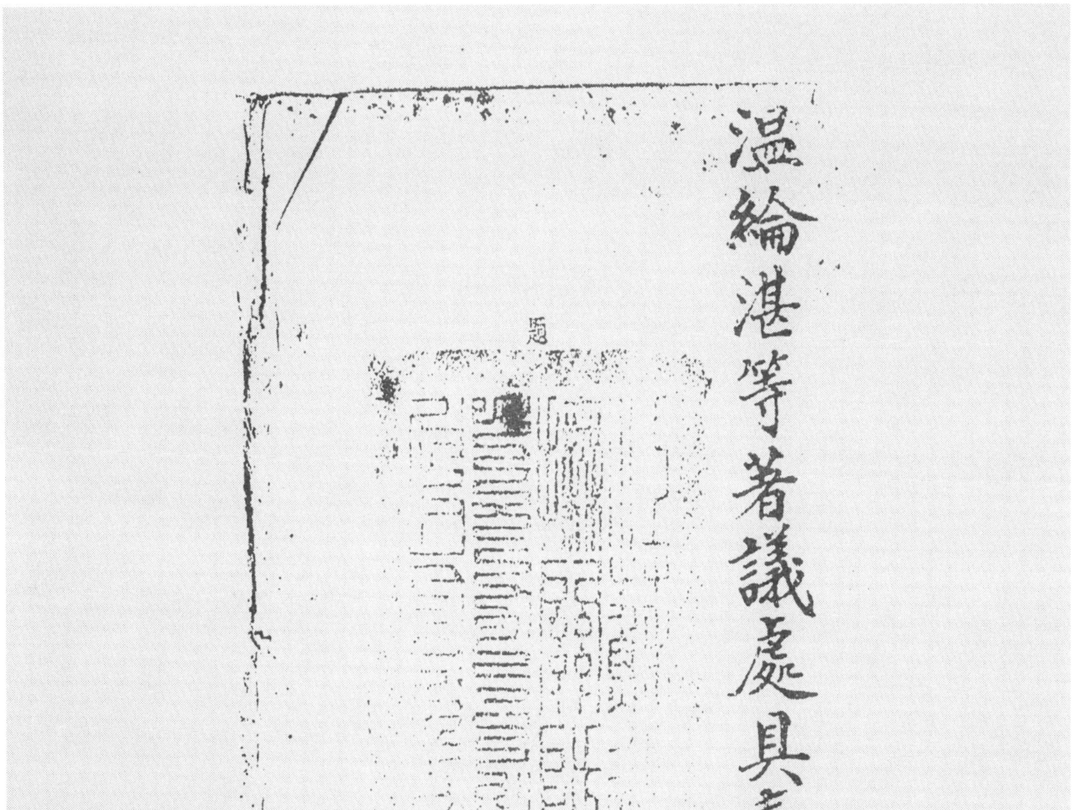
温綸湛等著議處具奏該部知道

題

江蘇巡撫林則徐題本　題參上海縣知縣温綸湛等疏防盜案限滿贓犯無獲

道光十二年九月二十八日

兵部侍郎兼都察院右副都御史巡撫江蘇等處地方提督軍務總理糧儲臣林則徐謹
題爲詳參疏防文職事據署江蘇按察使葆謙詳
稱據松江府知府沈兆澐詳據上海縣知縣温
綸湛詳稱道光拾貳年貳月拾陸日據宜興縣
民陳慶芝僱朱恒案稱在嘉定縣地方雇李二
艞船隻到上海販豆生理昨拾伍日夜叁更時
分船至吳淞港萬安渡有小船搖櫓跳過叁人
持刀進艙口稱搜查私鹽伊等見勢兇惡未敢
阻攩被匪收去箱内洋錢捌百肆拾肆圓喊捕
賊已過船逃逸衆夥勘糾等情到縣據經會營
前詣勘得失事處所離城拾捌里離右營北汛
曹家渡汛陸里並無墩鋪防兵勘畢提訊事主

江蘇巡撫林則徐題本 題参上海縣知縣温綸湛等疎防盜案限滿贓犯無獲

道光十二年九月二十八日

船户各供均與報詞無異飭牙估計失贓値銀
伍百陸兩肆錢條供通詳飭緝在案兹查疎防
例限已届贓匪無獲合將印捕疎防職名具文
詳送等情由府開列暨捕督緝職名到司並准
巡道開移兼轄職名前來除飭勒緝贓匪務獲
究報外該署江蘇按察使葆謙查得上海縣客
民陳慶芝等行船被搶洋錢逾貫壹案疎防例
限肆箇月應以道光拾貳年貳月拾伍失事之
日起扣至陸月拾伍日届滿所有文職疎防職
名印官係上海縣知縣温綸湛捕官係上海縣
吳淞司巡檢丁文燦督捕係不同城松江府川
沙撫民同知鄭其忠督緝係不同城松江府知

府沈兆澐兼轄係同城前任分巡蘇松太道程
懷璟查程懷璟已於拾貳年肆月拾捌日未經
限滿之先陞任廣東鹽運司卸事不復回任應
請議結現任巡道吴其泰係接督緝之員例無
處分相應聲明詳候核參等情到臣據此該臣
查得上海縣客民陳慶芝等行船被搶洋錢逾
貫壹案疎防例限肆箇月應以道光拾貳年貳
月拾伍失事之日起扣至陸月拾伍日屆滿贓
匪無獲開列疎防職名請參前來除飭勒緝贓
匪務獲究報外所有文職疎防職名印官係上
海縣知縣温綸湛捕官係上海縣吴淞司巡檢
丁文焞督捕係不同城松江府川沙撫民同知

鄉其忠督緝係不同城松江府知府沈兆澐兼
轄係同城前任分巡蘇松太道程懷璟查程懷
璟已於拾貳年肆月拾捌未經限滿之先歷任
廣東鹽運司卸事不復回任應請議結現任巡
道吳其泰係接督緝之員例無處分相應聲明
列叅聽候部議再失事處所離城拾捌里離右
營北汛曹家渡汛陸里並無塘舖防兵合並陳
明臣謹具
題伏乞
皇上聖鑒勅部議覆施行謹題請
旨

江蘇巡撫林則徐題本　題參上海縣知縣温綸湛等疏防盜案限滿贓犯無獲

道光十二年九月二十八日

道光拾貳年玖月貳拾捌日兵部侍郎兼都察院右副都御史巡撫江蘇等處地方提督軍務總理糧儲臣林則徐

兵部侍郎兼都察院右副都御史巡撫江蘇等處地方提督軍務總理糧儲臣林則徐謹

題爲詳參疏防文職事。該臣查得上海縣客民陳

慶芝等行船被劫洋錢逾貫，查案疏防例限肆

箇月，應以道光拾貳年貳月拾伍失事之日起

扣，至陸月拾伍日滿，贓匪無獲，開列疏防職名

請參前來。除飭勒緝贓匪務獲究辦外，所有疏

防職名：印官係上海縣知縣温綸湛，捕官係上

海縣吳淞司巡檢丁文燦，督捕係不同城松江

府川沙撫民同知鄭其忠，督緝係不同城松江

府知府沈兆澐，兼轄係同城前任分巡蘇松太

道程懷璟，相應列參，聽候部議。謹題請

旨。

江蘇巡撫林則徐題本

核銷江寧省衛歸并州縣道光十一年份黃快丁銀收支各數

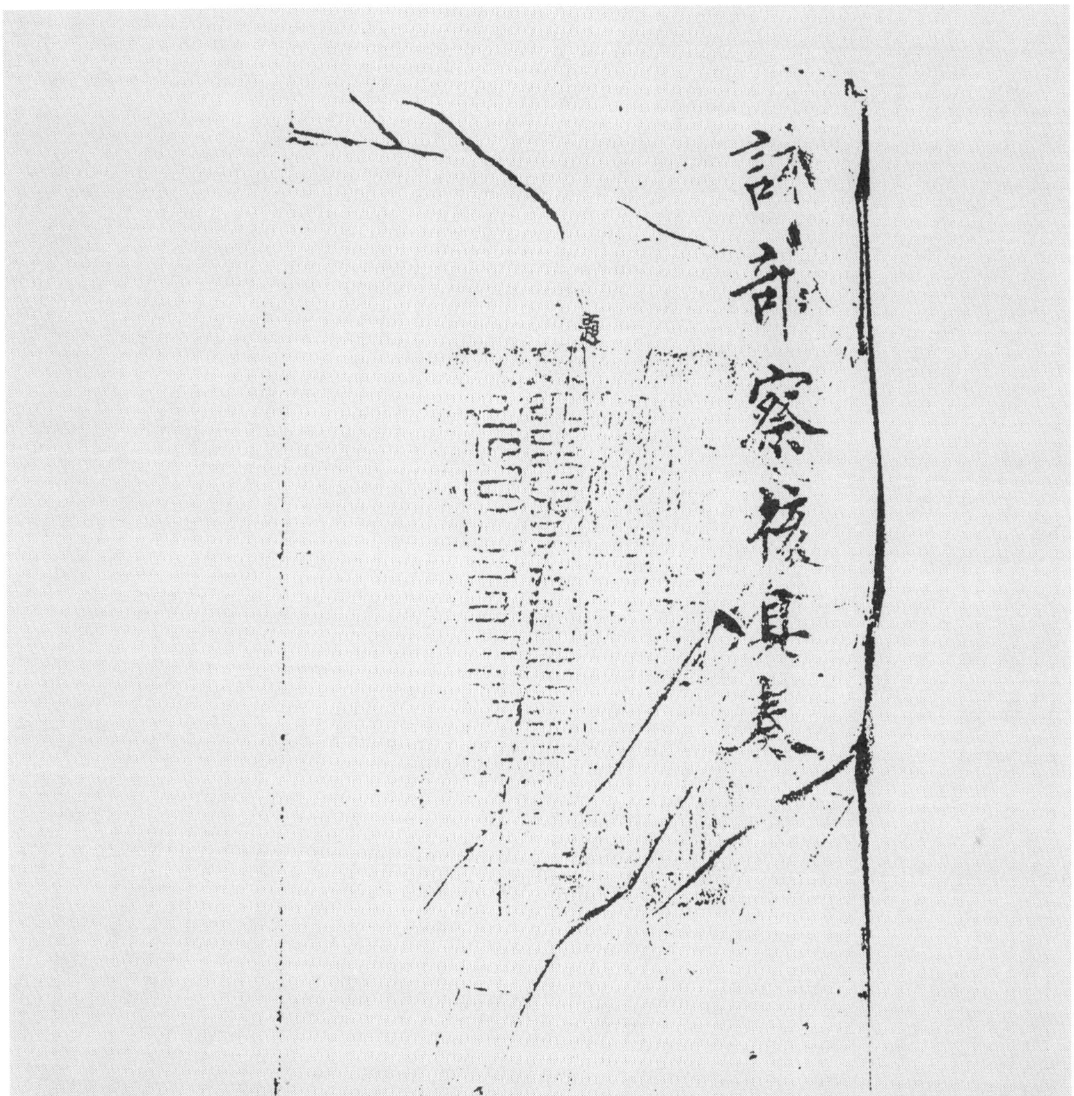

江蘇巡撫林則徐題本　核銷江寧省衛歸并州縣道光十一年份黃快丁銀收支各數

道光十二年九月二十八日

兵部侍郎兼都察院右副都御史巡撫江蘇等處地方提督軍務總理糧儲臣林則徐謹
題爲奏銷道光拾壹年分收支黃快丁銀事據署
江蘇按察使徐謙兼護江南鹽巡道江寧府知
府趙炳言詳稱竊照江寧省衛歸并州縣應徵
黃快丁銀前於分管驛站案內蒙准部覆仍歸
江南鹽巡道管轄以供黃快船水手工食等項
之用所有每年收支完欠存剩各數例應年底
造冊由臬司會核詳請
題銷今道光拾壹年分江寧太平等府屬額編黃
快丁銀項下舊管無項新收銀捌千貳百柒拾
叁兩肆錢叁分貳釐開除放給過黃快等船差
修折造工食等銀捌千貳百柒拾叁兩肆錢叁

分貳釐實存無項相應造冊會詳請
題再查道光拾壹年應給黃快等船差修拆造工
食等銀壹萬伍千貳百伍拾兩貳分陸釐除據
各屬徵解銀捌千貳百柒拾叁兩肆錢叁分貳
釐放給外計缺給黃快船貳月分小建不敷工
食銀叁百肆拾陸兩壹錢玖分肆釐又缺給叁
月分大建工食銀陸百柒拾貳兩又缺給肆月
分小建工食銀陸百肆拾玖兩陸錢又缺給伍
月分小建工食銀陸百肆拾玖兩陸錢又缺給
陸月分大建工食銀陸百柒拾貳兩又缺給柒
月分小建工食銀陸百肆拾玖兩陸錢又缺給
捌月分大建工食銀陸百柒拾貳兩又缺給玖

月分小建工食銀陸百肆拾玖兩陸錢又缺給
拾月分大建工食銀陸百柒拾貳兩又缺給拾
壹月分大建工食銀陸百柒拾貳兩又缺給拾
貳月分大建工食銀陸百柒拾貳兩共缺給銀
陸千玖百柒拾陸兩伍錢玖分肆釐遵照雍正
拾叁年一件丁隨田辦等事案內奉戶部行文
年底核明實有不敷准其另請撥款之例在於
江寧藩庫現存銀內動撥移道補給各甲具領
現遵另造缺給款冊詳請咨明聽候部覆照例
在於江寧藩庫動撥補給至給過道光拾壹年
分修造黃快船隻用過工料銀兩照例造冊另
詳請

江蘇巡撫林則徐題本　核銷江寧省衛歸并州縣道光十一年份黃快丁銀收支各數
道光十二年九月二十八日

題查該年並無屆造改修船隻節省銀兩又應付
雲南差委署羅平州事請補楚雄縣知縣聶光
譯管解道光拾年加運壹起銅斤進京勘合内
填船拾捌隻内黃快船拾隻沙船叁隻外宣樓
船伍隻查應付銅差黃快沙船均於黃快奏銷
冊内登報其宣樓船並不動支黃快丁銀向不
造入黃快冊内又應付江西委員浮梁縣景德
司巡檢董萬清管解道光玖年毛竹進京江西
雇用民船陸隻運至江寧換用站船拾隻此係
江西勘合内所填船數而江寧向例應付船捌
隻合並聲明等情據此該臣查得江寧省衛歸
并州縣應徵道光拾壹年分黃快丁銀收支完

欠存剩各數案經照例飭行臬司會同江南鹽
巡道造報奏銷去後今據署江蘇按察使臣祿謙
兼護江南鹽巡道江寧府知府趙炳言會詳稱
道光拾壹年黃快丁銀項下舊管無項新收銀
捌千貳百柒拾叁兩零開除放給過差修拆造
工食等銀捌千貳百柒拾叁兩零實存無項造
冊會詳請
題并聲明道光拾壹年應給黃快等船差修拆造
工食等銀壹萬伍千貳百伍拾兩零除據各屬
徵解銀捌千貳百柒拾叁兩零計缺給黃快船
工食銀陸千玖百柒拾陸兩零另造缺給款冊
詳咨聽候部覆動撥補給至道光拾壹年分修

江蘇巡撫林則徐題本 核銷江寧省衛歸并州縣道光十一年份黃快丁銀收支各數
道光十二年九月二十八日

造黃快船隻用過工料銀兩照例另行造冊詳
題等情前來臣覆核無異除冊送部外臣謹具
題伏乞
皇上聖鑒勅部議覆施行謹題請
旨

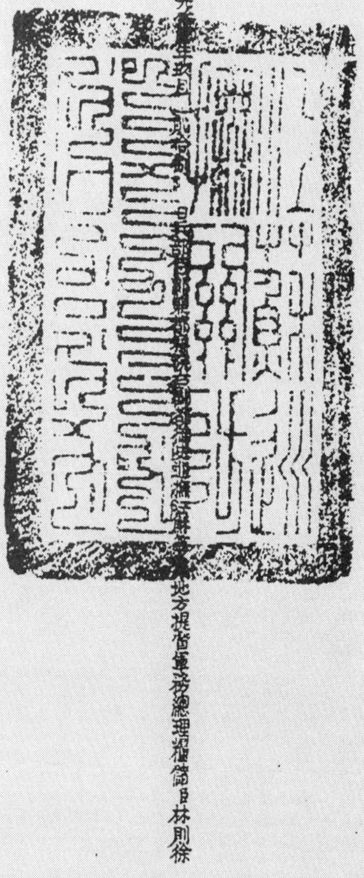

道光[illegible]年[illegible]地方提督軍務總理糧儲臣林則徐

江蘇巡撫林則徐題本　核銷江寧省衛歸并州縣道光十一年份黃快丁銀收支各數

道光十二年九月二十八日

兵部侍郎兼都察院右副都御史巡撫江蘇等處地方提督軍務總理糧儲臣林則徐謹
題爲奏銷道光拾壹年分收支黃快丁銀事該臣
查得江寧省衛歸并州縣應徵道光拾壹年分
黃快丁銀收支完欠存剩各數案經照例飭行
臬司會同江南鹽巡道造報奏銷去後今據署
江蘇按察使葆謙兼護江南鹽巡道江寧府知
府趙炳言會詳稱道光拾壹年黃快丁銀項下
舊管無項新收銀捌千貳百柒拾叁兩零開除
銀捌千貳百柒拾叁兩零實存無項造冊會詳
請
題并聲明道光拾壹年缺給黃快船工食銀陸千
玖百柒拾陸兩零另造缺給款冊詳咨撥給等
情前來臣覆核無異除冊送部外謹題請
旨

江蘇巡撫林則徐題本

核銷蘇州布政使所屬道庫道光十年份津貼錢糧數

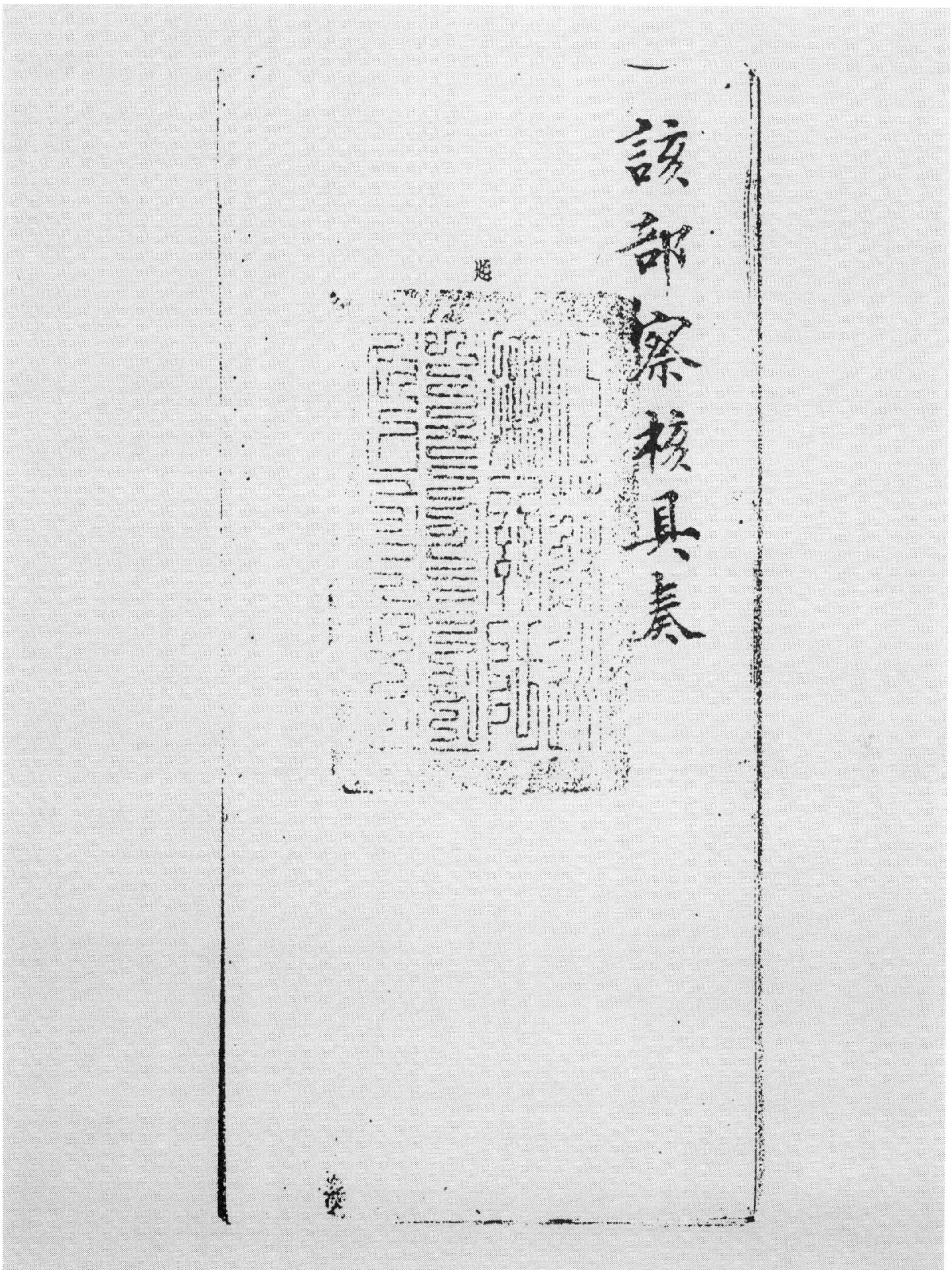

該部察核具奏

江蘇巡撫林則徐題本　核銷蘇州布政使所屬道庫道光十年份津貼錢糧數

道光十二年九月二十八日

兵部侍郎兼都察院右副都御史巡撫江蘇等處地方提督軍務總理糧儲臣林則徐謹
題爲奏銷道光拾年津貼錢糧事據署蘇州布政
使額騰伊詳稱竊照江蘇省各幫議徵津貼銀
兩奉准户部咨每年捌月前徵解道庫給丁濟
運於次年拾月内造具經徵職名奏銷清册由
司轉造詳送核
題嗣奉户部先後覆准例後續典屯田并運丁自
執田畝一體加徵津貼並帶徵貼造銀兩一并
按畝徵收給丁濟運等因遵照彙册造報在案
所有道光玖年以前應徵津貼銀兩俱已遵照
部行造册奏銷外今查道光拾年分鎮海衛歸
并金山幫原額屯田貳百陸拾頃玖拾柒畝柒

分叁釐伍毫又乾隆肆拾陸年一件清查陞除
等事案內裁汰旗丁糧麥九漕船新增屯田貳
頃貳拾壹畝柒分肆釐貳毫又於嘉慶拾叁年
肆月內奉准部文加增例後續典屯田貳拾玖
頃叁畝陸分玖釐壹毫又加增現存運丁執業
田肆拾陸頃柒拾貳畝捌分肆釐玖毫柒絲共
該津貼屯田叁百叁拾捌頃玖拾陸畝壹釐柒
毫柒絲額徵津貼銀伍千貳百壹拾玖兩伍錢
肆分柒釐又裁汰旗丁糧麥九漕船屯田應增
徵津貼銀肆拾肆兩叁錢肆分玖釐又於嘉慶
拾叁年肆月奉部覆准續典屯田增徵津貼銀
伍百捌拾兩柒錢叁分捌釐又加增運丁執業

屯田增徵津貼銀玖百叁拾肆兩伍錢柒分又
舊津貼銀壹千叁拾捌兩捌錢陸分肆釐共該
新舊津貼銀柒千捌百壹拾捌兩陸分捌釐共
應帶徵貼造銀壹千壹拾陸兩捌錢捌分共應
徵津貼貼造銀捌千捌百叁拾肆兩玖錢肆分
捌釐內奉賢縣經徵津貼銀壹兩柒錢貳分壹
釐帶徵貼造銀貳錢伍分捌釐共銀壹兩玖錢
柒分玖釐據該縣冊報扣至道光拾年捌月底
全完已據批解蘇松糧道庫交收上海縣經徵
津貼銀捌百陸拾陸兩壹錢玖分玖釐又裁汰
旗丁龔參九漕船應增徵津貼銀壹拾伍兩貳
錢叁分伍釐又奉准部文加徵續典屯田增徵

津貼銀叁拾肆兩陸錢伍分玖釐又加增現存
運丁執業屯田增徵津貼銀壹百貳拾捌兩柒
錢壹分伍釐又舊津貼銀壹千叁拾捌兩捌錢
陸分肆釐共該津貼銀貳千捌拾叁兩陸錢柒
分貳釐帶徵貼造銀壹百伍拾陸兩柒錢貳分
壹釐共應徵津貼貼造銀貳千貳百肆拾兩叁
錢玖分叁釐據該縣冊報加至道光拾年捌月
底止已完銀壹千陸百壹拾兩陸錢壹釐已據
批解蘇松糧道庫交收未完銀陸百貳拾玖兩
柒錢玖分貳釐南匯縣經徵津貼銀肆千叁百
伍拾叁兩叁錢肆分捌釐又裁汰旗丁龔麥九
漕船屯田應增徵津貼銀貳拾玖兩壹錢壹分

肆釐又奉准部文加增續典屯田增徵津貼銀
伍百肆拾陸兩柒分玖釐又加增現存運丁執
業屯田增徵津貼銀捌百肆兩壹錢叁分肆釐
共該津貼銀伍千柒百叁拾貳兩陸錢柒分伍
釐內除劃分川沙撫民廳徵銀叁拾陸兩捌錢
捌釐實徵津貼銀伍千陸百玖拾伍兩捌錢陸
分柒釐帶徵貼造銀捌百伍拾玖兩玖錢壹釐
內除劃分川沙撫民廳徵銀伍兩伍錢貳分壹
釐實徵貼造銀捌百伍拾肆兩叁錢捌分共應
徵津貼貼造銀陸千伍百伍拾兩貳錢肆分柒
釐據該縣冊報扣至道光拾年捌月底止已完
銀叁千伍百兩已據批解蘇松糧道庫交收未

完銀叁千伍拾兩貳錢肆分柒釐又新設川沙
撫民廳經徵津貼銀叁拾陸兩捌錢捌釐帶徵
貼造銀伍兩伍錢貳分壹釐共應徵津貼貼造
銀肆拾貳兩叁錢貳分玖釐據該廳冊報扣至
道光拾年捌月底止全完已據批解蘇松糧道
庫交收又丹徒縣歸并江淮興武省衛原額屯
田除空廢壓占外該田貳拾叁頃叁拾肆畝柒
分伍釐伍毫額徵新津貼銀壹拾玖兩壹錢肆
分陸釐據該縣冊報扣至道光拾年捌月底止
全完批解江安糧道庫交收除完解道庫銀兩
應聽各該道按丁給發濟運外今將奉賢上海
南匯川沙丹徒等伍廳縣經徵道光拾年分各

衛幫津貼銀兩轉造已未完職名奏銷司冊呈
送具
題至金山幫散給丁名銀數冊結應俟上海南匯
貳縣未完銀兩徵完解給之日飭令查造詳咨
歸於續完案內一并造報其丹徒縣歸并江淮
興武省衛屯田內中何衛何幫屯田若干津貼
銀若干司中無憑查核請由江安糧道衙門查
明於散給丁名冊內開載由道專案徑詳請咨
其節年例案遵照部文於司總冊首詳細聲敘
詳候核
題等情據此該臣查得各州縣應徵各衛幫津貼
銀兩例應按年核明完欠造冊

題報今據署蘇州布政使額騰伊詳稱道光拾年
分蘇州藩司所屬鎮海衛歸幷金山幫原額新
增實該津貼屯田叁百叁拾捌頃玖拾陸畝壹
釐柒毫柒絲額徵新舊津貼銀捌千捌百叁拾
肆兩玖錢零內奉賢縣經徵銀壹兩玖錢零據
該縣冊報扣至道光拾年捌月底止全完批解
蘇松糧道庫交收上海縣經徵銀貳千貳百肆
拾兩叁錢零據該縣冊報扣至道光拾年捌月
底止已完銀壹千陸百壹拾兩陸錢零已據批
解蘇松糧道庫交收未完銀陸百貳拾玖兩柒
錢零南匯縣經徵銀陸千伍百伍拾兩貳錢零
據該縣冊報扣至道光拾年捌月底止已完銀

叁千伍百兩已據批解蘇松糧道庫交收未完
銀叁千伍拾兩貳錢零又新設川沙撫民廳經
徵銀肆拾貳兩叁錢零據該廳冊報扣至道光
拾年捌月底止全完批解蘇松糧道庫交收又
丹徒縣歸幷江淮興武省衛原額屯田除坍廢
壓占外該田貳拾叁頃叁拾肆畝柒分伍釐伍
毫應徵津貼銀壹拾玖兩壹錢零據該縣冊報
扣至道光拾年捌月底止全完批解江安糧道
庫交收應聽各該道按丁給發濟運外相應轉
造已未完職名奏銷司冊呈送具
題幷聲明金山幫散給丁名銀數冊結應俟上海
南匯貳縣未完銀兩徵完解給之日飭令查造

詳咨歸於續完案內一并造報其丹徒縣歸并
江淮興武省衛屯田內中何衛何幫屯田若干
津貼銀若干司中無憑查核請由江安糧道衙
門查明於散給丁名冊內開載由道專案經詳
請咨其節年例案遵照部文於司總冊首聲敘
等情前來臣覆核無異除冊送部查核外相應
循例具
題伏乞
皇上聖鑒勅部查核施行謹題請
旨

道光[illegible]兵部侍郎兼都察院右副都御史巡撫江蘇等處地方提督軍務總理糧儲臣林則徐

兵部侍郎兼都察院右副都御史巡撫江蘇等處地方提督軍務總理糧儲臣林則徐謹
題為奏銷道光拾年津貼錢糧事該臣查得各州
縣應徵各衛幫津貼銀兩例應按年核明完欠
造冊
題報今據署蘇州布政使額騰伊詳稱道光拾年
分蘇州藩司所屬鎮海衛歸并金山幫原額新
增屯田額徵新舊津貼共銀捌千捌百叁拾肆
兩零內奉賢縣經徵銀壹兩零據該縣冊報扣
至道光拾年捌月底止全完批解蘇松糧道庫
交收上海縣經徵銀貳千貳百肆拾兩零據該
縣冊報扣至道光拾年捌月底止已完銀壹千
陸百壹拾兩零批解蘇松糧道庫交收未完銀

陸百貳拾玖兩零南匯縣經徵銀陸千伍百伍拾兩零據該縣冊報扣至道光拾年捌月底止已完銀叁千伍百兩批解蘇松糧道庫交收未完銀叁千伍拾兩零又新設川沙撫民廳經徵銀肆拾貳兩零據該廳冊報扣至道光拾年捌月底止全完批解蘇松糧道庫交收又丹徒縣歸并江淮興武省衛應徵津貼銀壹拾玖兩零扣至道光拾年捌月底止全完批解江安糧道庫交收相應轉造已未完職名奏銷司冊呈送

具

題等情前來臣覆核無異除冊送部查核外謹題

請

旨

上諭　林則徐拏獲挖隄人犯著穆彰阿嚴審究辦

軍機大臣　字寄
欽差尚書穆　兩江總督陶　江南河道總督張
道光十二年閏九月初一日奉
上諭林則徐奏拏獲挖隄重犯一摺桃南廳屬奸民
聚衆挖隄現據林則徐奏稱已將趙步堂劉開成
海金周並海金周之子海東樓陸續拏獲並獲到
供出之犯證十餘名著穆彰阿等嚴行審訊務得
確情分別究辦此外有無知情同謀之人著向該
犯等根究設法緝拏毋許一名漏網至陳端陳堂
陳光南三名尤為案中要犯著按名拏獲歸案審
辦不得稍有踈縱將此各諭令知之欽此遵
旨寄信前來

上諭　署溧陽縣知縣丁在卯著摘頂撤任蔣封岐著革職勒追

道光十二年閏九月初一日內閣奉
上諭林則徐奏叅知縣欠解兵米屢催未解請撤任勒追等語署溧陽縣知縣試用知州丁在卯欠解米三千二百石前署金山縣試用知縣蔣封岐欠解米一千五百九石零經該撫節次嚴催顆粒未解自未便稍任延誤蔣封岐因交代案內徵存地丁銀兩延不清解現降旨先行革職勒追丁在卯著先行摘去頂帶撤任同蔣封岐一併勒限押追以示懲儆如再遲延著即嚴行叅辦以為玩視兵糈者戒欽此

江蘇巡撫林則徐奏摺　**奏報江蘇省道光十二年八月份雨水糧價情形**

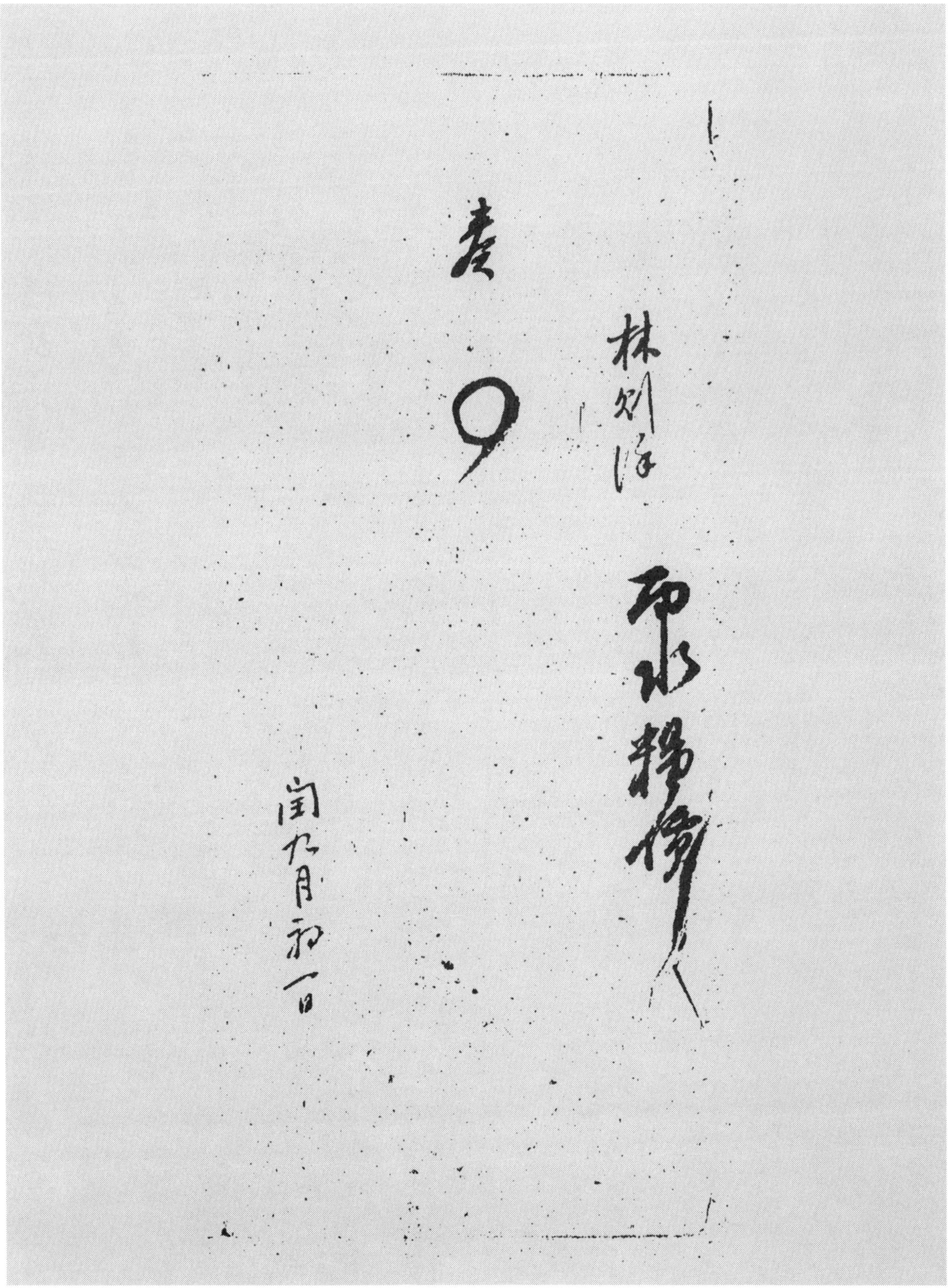
林則徐
雨水糧價
奏
閏九月初一日

江蘇巡撫臣林則徐跪

奏為恭報八月分雨水糧價並田禾情形仰祈

聖鑒事竊照江蘇省本年七月分雨水糧價及田禾間被水

、旱情形業經恭摺

奏報並將江寧蘇州常鎮等屬於八月初一二四

五等日已得雨澤緣由附片陳明在案查桃源縣

被水較重村莊亦分別撫恤

奏請先行撫卹各在案茲據各屬稟報八月上旬初一至

初十中旬十一至二十下旬二十一二三四五七八廿日或

廣霑微雨或連得大雨一二寸至五六寸不等淮海

三府州屬雨水較多高田禾稻已屆收成低窪之區

上年七月間本有積水未及疏消茲復疊被濤流更

雜上晚禾豆民僅久浸，雜糧亦有受傷。至下河各屬
物因濱湖盛漲，各壩齊開，水勢下注，其低圍之田及
有圍而被水沖破者，均不免稍淹，幸早禾先已收穫，
中晚二禾亦多帶青搶割，但穀粒未能結實，值連
旬陰雨，無從曬晾，復多霉爛生芽者不少。惟腹裏高阜
壤承歉遲之處，仍屬有收，民食尚不至遽虞缺乏。至於
常州等屬濱湖以至江南扶雨之屬，倍經雨澤，
偏佔禾稻木棉漸已收穫，結實仍可得數為多。間
有先受旱傷之山田，因得雨較遲，未能一律豐穰，
不免歉薄。該管道府等因秉公續勘，會同該道府確
勘實在情形，另行照例分別辦理外，所有通省糧價，
常州、鎮江、淮安、揚州各府屬暨海門廳，俱有漲增揚

江蘇巡撫林則徐奏摺 奏報江蘇省道光十二年八月份雨水糧價情形

道光十二年閏九月初一日

府屬互有貴賤太倉州屬價較平減餘與上月相同民
情安貼堪以仰慰
宸懷理合恭摺具
奏並將八月分糧價清單恭呈
御覽伏乞
皇上聖鑒謹
奏
道光十二年閏九月初一日奉
硃批知道了欽此

江蘇巡撫林則徐清單

江蘇省道光十二年八月份米糧時價清單

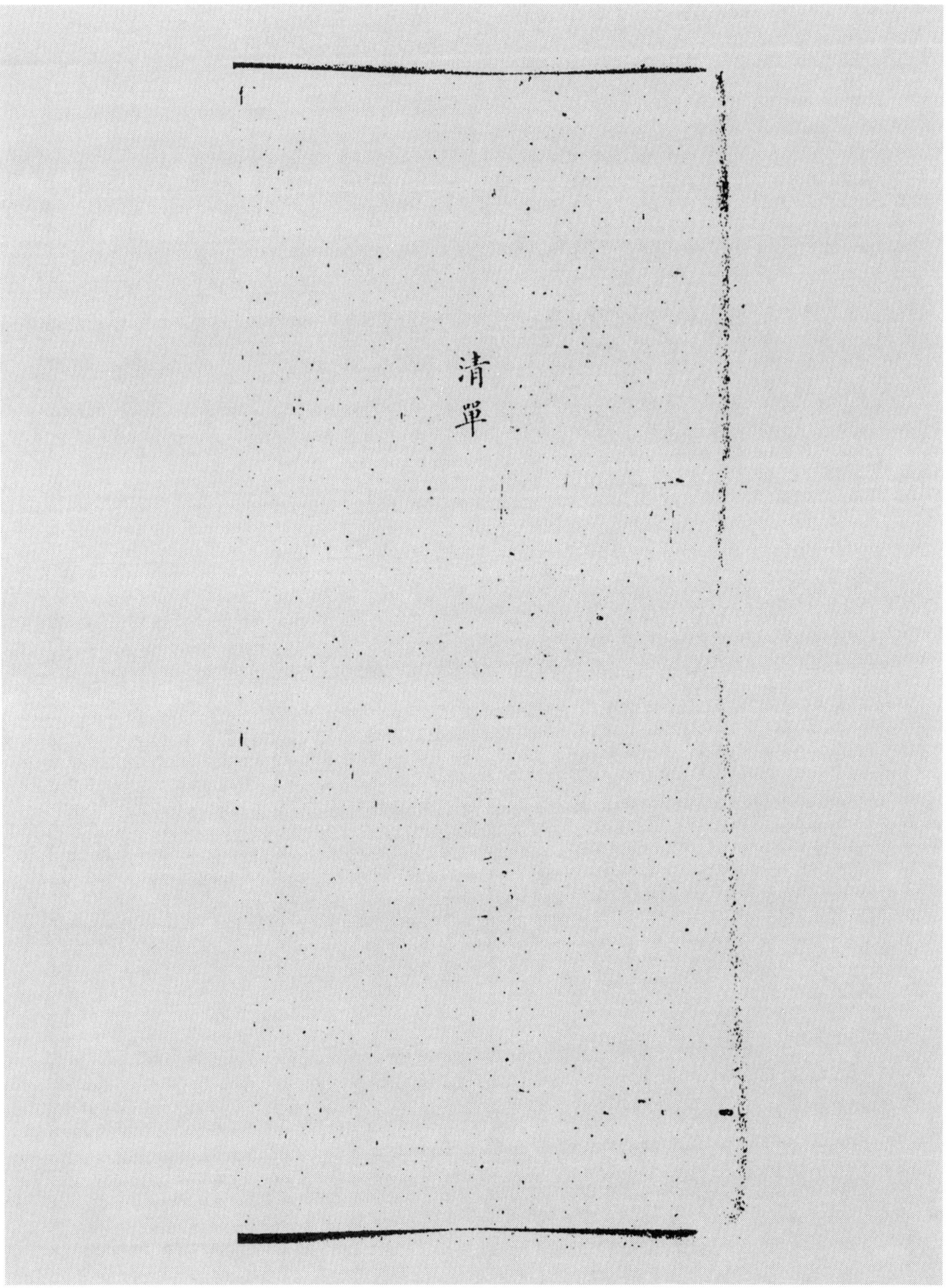
清單

謹將江蘇省道光十二年八月分米糧時價開

繕清單敬呈

御覽

計開

江寧府屬 價貴中

上米每倉石價銀二兩七錢六分至三兩五

錢 與上月同

中米每倉石價銀二兩六錢六分至三兩一

錢九分 與上月同

糙米每倉石價銀二兩五錢六分至三兩

與上月同

小麥每倉石價銀一兩六錢至二兩二錢

與上月同

大麥每倉石價銀八錢五分至一兩四錢五分　與上月同

黄豆每倉石價銀一兩六錢五分至二兩六錢　與上月同

蘇州府屬　價貴中

上米每倉石價銀二兩六錢至三兩一錢

與上月同

中米每倉石價銀二兩五錢至二兩七錢

與上月同

糙米每倉石價銀二兩四錢至二兩五錢

與上月同

小麥每倉石價銀一兩五錢至二兩一錢

與上月同

大麥每倉石價銀七錢五分至九錢五分

與上月同

黄豆每倉石價銀一兩六錢三分至二兩四

錢　與上月同

松江府屬　價貴中

上米每倉石價銀二兩四錢七分至三兩二

錢　與上月同

中米每倉石價銀二兩四錢至三兩　與上

月同

糙米每倉石價銀二兩三錢五分至二兩九

錢　與上月同

小麥每倉石價銀一兩四錢至一兩九錢

與上月同

大麥每倉石價銀八錢五分至一兩　與上

月同

黄豆每倉石價銀一兩四錢至二兩　與上

月同

常州府屬　價貴中

上米每倉石價銀二兩七錢至三兩一錢

較上月貴一錢

中米每倉石價銀二兩六錢五分至三兩

較上月貴一錢

粳米每倉石價銀二兩四錢至二兩九錢
較上月貴一錢
小麥每倉石價銀一兩九錢至二兩二錢
較上月貴二錢
大麥每倉石價銀一兩至一兩三錢　較上
月貴一錢
黃豆每倉石價銀二兩至二兩二錢　與上
月同
鎮江府屬　價貴中
上米每倉石價銀二兩四錢至三兩四錢
較上月貴一錢
中米每倉石價銀二兩二錢至三兩二錢

與上月同

糙米每倉石價銀二兩至三兩　與上月同

小麥每倉石價銀一兩六錢至二兩四錢

較上月貴三錢

大麥每倉石價銀一兩二錢至一兩八錢

較上月貴三錢

黄豆每倉石價銀二兩二錢至二兩三錢

與上月同

淮安府屬　價貴中

上米每倉石價銀三兩一錢至四兩　較上

月貴一錢

中米每倉石價銀三兩至三兩七錢　較上

月貴五分
糙米每倉石價銀二兩六錢五分至三兩五
錢 較上月貴一錢
小米每倉石價銀一兩七錢五分至二兩
與上月同
小麥每倉石價銀一兩五分至二兩 較上
月貴三錢
大麥每倉石價銀一兩至一兩四錢 較上
月貴三錢
黄豆每倉石價銀一兩八錢至二兩五錢
與上月同
秫秫每倉石價銀一兩二錢五分至一兩八

錢　較上月貴二錢

揚州府屬　價貴中

上米每倉石價銀二兩七錢五分至三兩

較上月賤一錢

中米每倉石價銀二兩六錢至二兩九錢

較上月賤一錢

糙米每倉石價銀二兩四錢至二兩八錢

較上月賤一錢

小麥每倉石價銀一兩四錢五分至一兩九

錢　較上月貴五分

大麥每倉石價銀六錢至一兩四錢　較上

月貴四錢

二

黄豆每倉石價銀一兩六錢至二兩四錢

與上月同

秫秫每倉石價銀一兩二錢　較上月賤二
錢

徐州府屬　價貴中

大米每倉石價銀三兩九錢五分至四兩五
錢　較上月貴三錢

小米每倉石價銀二兩五錢至三兩八錢七
分　較上月貴二分

小麥每倉石價銀一兩七錢五分至二兩六
錢　較上月貴五分

大麥每倉石價銀一兩至一兩六錢　較上

月貴二錢五分

黄豆每倉石價銀一兩六錢至二兩六錢

較上月貴五分

秫秫每倉石價銀一兩三錢三分至二兩二

分與上月同

太倉州併屬　價貴中

上米每倉石價銀二兩九錢至三兩三錢五

分與上月同

中米每倉石價銀二兩七錢五分至三兩九

錢五分　較上月賤一錢五分

糙米每倉石價銀二兩五錢五分至三兩七

錢　較上月賤一錢

小麥每倉石價銀一兩一錢五分至一兩九
錢五分　較上月賤一錢五分
大麥每倉石價銀一兩二分至一兩四錢
與上月同
黃豆每倉石價銀一兩七錢至三兩　較上
月賤五分
海州併屬　價貴中
上米每倉石價銀三兩七錢九分至四兩六
錢　與上月同
中米每倉石價銀三兩二錢至四兩四錢五
分　與上月同
糙米每倉石價銀三兩一錢四分至三兩九

錢　與上月同
小米每倉石價銀二兩二錢五分至三兩二
錢　與上月同
小麥每倉石價銀二兩一錢四分至三兩一
錢　與上月同
大麥每倉石價銀九錢五分至一兩六錢
與上月同
黄豆每倉石價銀一兩九錢至三兩六錢
與上月同
秫秫每倉石價銀九錢五分至一兩九錢
與上月同
通州併屬　價貴中

上米每倉石價銀三兩一錢至三兩五錢
與上月同
中米每倉石價銀二兩八錢至三兩三錢五分
與上月同
糙米每倉石價銀二兩七錢至三兩二錢五分
與上月同
小麥每倉石價銀一兩九錢至二兩三錢
與上月同
大麥每倉石價銀一兩五分至一兩三錢
與上月同
黄豆每倉石價銀一兩九錢至二兩二錢五分
與上月同

海門廳 價貴中

上米每倉石價銀六兩一錢 較上月貴三錢

中米每倉石價銀五兩九錢 較上月貴三錢

糙米每倉石價銀五兩二錢 較上月貴三錢

小麥每倉石價銀二兩二錢 較上月貴二錢

大麥每倉石價銀一兩四錢 較上月貴二錢

黄豆每倉石價銀三兩二錢 與上月同

覽

江蘇巡撫林則徐奏片

徐州府屬疊報被淹請動項撫恤

又○據到徐守

再徐州府屬之州縣夏秋以來屢經被淹僅以飭令抽
挖溝渠隨時疏導迨八月間雨仍不止曾飭該管知府
劉鴻翱親歷查看據實稟去後旋據劉鴻翱
稟稱大雨之後黃河異漲八月二十一日啟放銅山縣境
內天然閘減洩黃流因閘下水勢若建瓴兼之東
風大作西堤被刷三處小口由銅山縣境沖入蕭縣
之坊一帶九里溝一帶八里深自三四尺至七尺不
等該縣民田并徐州衛之屯田悉遭淹灌房屋
沖塌居民遷避高阜露宿篷棲情殊可憫又
蕭縣城垣地勢最窪環城之隍河一道上承碭山
豐縣諸水七月間已漫溢入城設法疏消甫竣又

迟八月二十三等日大雨傾注河水復漫過堤岸直
注宿城積潦二三尺至五六尺不等低窪民房均
多倒塌居民奔避高阜雖未淹傷人口而露處
什物已屬蕩析一空經該府親往勘明均係實情
據府該縣等請量為撫卹即由府庫籌動
款項隨查隨散口糧資濟急需俟事後據實核
辦等情前來臣批司轉飭嚴實散放務使災
黎均沾實惠勿任稍有遺漏仍于事後造冊
核銷至其餘被水稍輕之處勘明災分後歸秋災
案內分別辦理合併附片具
奏伏祈
聖鑒謹

江蘇巡撫林則徐奏片 徐州府屬疊報被淹請動項撫恤
道光十二年閏九月初一日

奏

道光十二年閏九月初一日奉

硃批知道了欽此

江蘇巡撫林則徐奏摺　**挖隄案犯遵旨交督臣陶澍審辦**

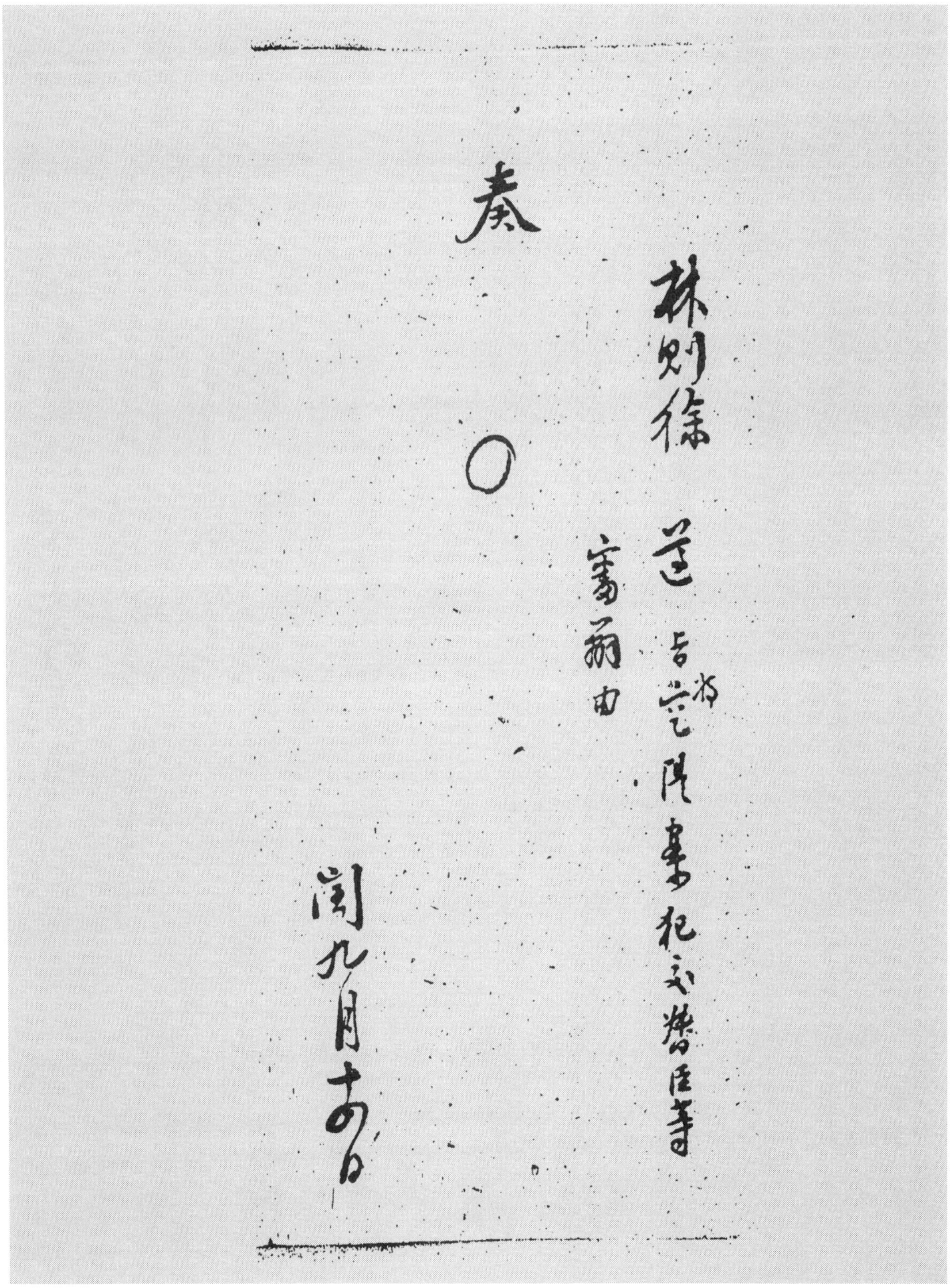
奏

林則徐

○

遵旨將挖隄案犯交督臣等審辦由

閏九月十[illegible]日

江蘇巡撫林則徐奏摺　挖隄案犯遵旨交督臣陶澍審辦
道光十二年閏九月初三日

江蘇巡撫臣林則徐跪
奏為桃南廳屬挖隄人犯遵
旨解交督臣陶澍會同
欽差尚書穆彰阿審辦恭摺奏祈
聖鑒事竊臣前因桃南廳龍窩汛于家灣有奸民挖
隄之案
奏明親赴淮揚查看水勢順赴清江審訊詢於九
月十六日到浦履勘清口暨洩水尚暢湖瀦
已見消落民情均屬乂安當於十八日將查看
情形恭摺具
奏在案二十五日承准軍機大臣字寄欽奉
上諭林則徐奏接准咨會奸民聚衆強挖隄

本由江寧起身前赴沿途查勘水勢情形並將現
獲人犯嘗同審訊一摺奸民聚眾攜帶鳥槍器械
擱截行人阻絕巡兵將大隄刨挖衝動大溜入湖殊
出情理之外前接准并就現獲從犯孫在山訊出係
民人趙步堂僱令挖隄此外認識者尚有本地生
員陳堂監生陳端陳光南劉開成及海會周之子
並稱陳端均有地畝多頃濱臨湖邊連年被水欲
挖放黃水希圖地畝受淤所供殊不足信且奸匪
不止此數自必另有為首之人別圖不法情事
均應徹底根究該撫到彼務將全案逸犯嚴密
速捕毋令聞風遠颺並着細心嚴鞫秉法懲
治毋任一名漏網陶澍前赴安徽等省閱伍接

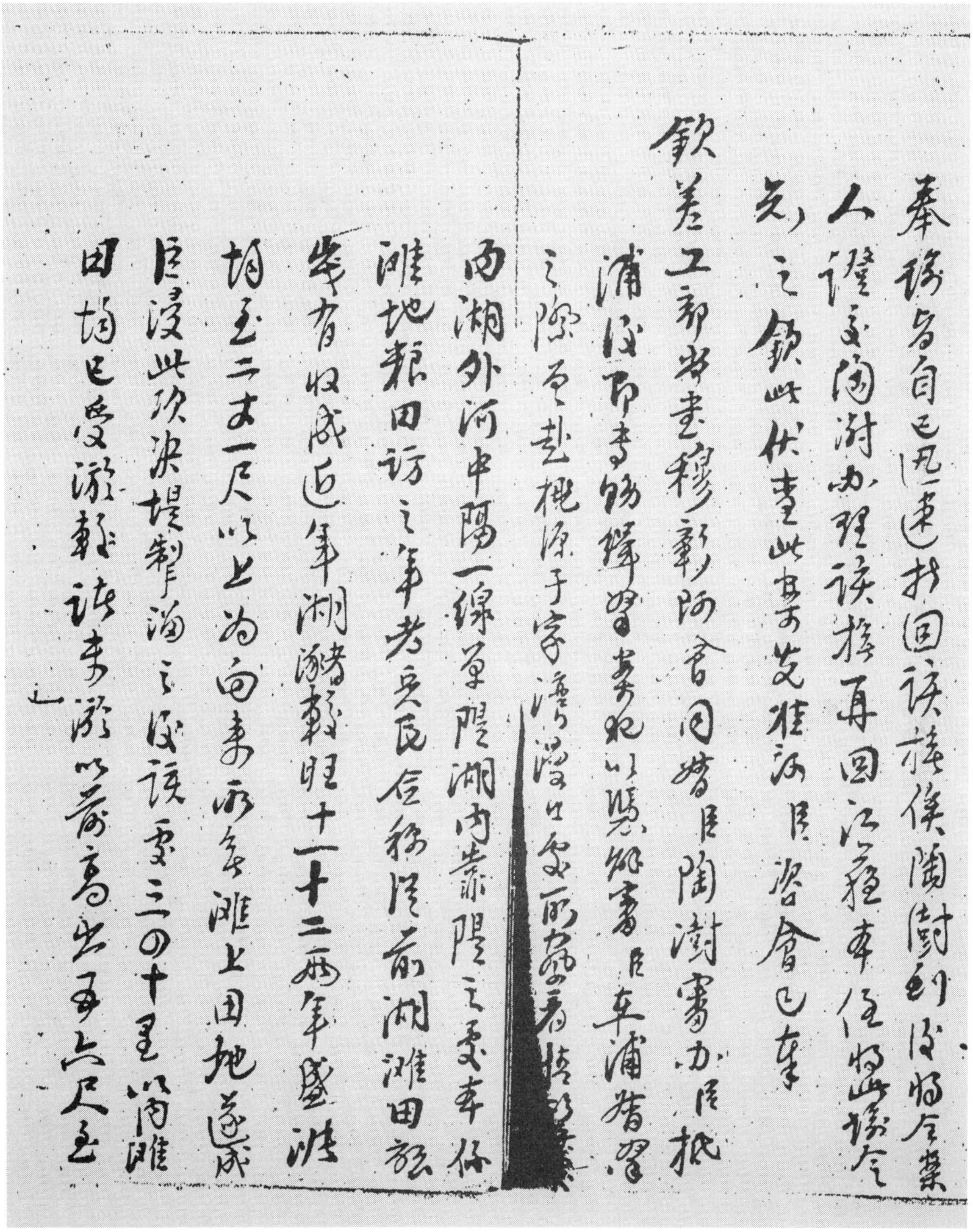
奉諭旨著臣迅速折回該處俟陶澍到後將全案
人證交陶澍辦理該撫再回江寧本任將此諭令
知之欽此伏查此案先准河臣咨會已奉
欽差工部尚書穆彰阿會同督臣陶澍會辦臣抵
浦後即奉飭將案犯解以憑質審臣在浦稽留
之際因赴桃源于家灣決口所查看該處
西湖外河中隔一綫草隄湖內崇隄之東本係
灘地粗田訪之年老良民僉稱從前湖灘田畝
皆有收成近年湖瀦較旺十一十二兩年盛漲
均至二丈一尺以上為向來所無灘上田地遂成
巨浸此次決堤斷溜之後該處三四十里一片湖灘
田均已受淤較未淤以前高出多至六尺至

丈餘不等三四十里以外仍係清水頂托黄流
不能灌入等語經臣隨勘隨量與該兵民所稱
大相脗合是地積受淤之處現已成為膏腴
惟奸民膽敢聚衆刨挖大隄誠如
聖諭殊出情理之外恐有別圖不法情事尤應徹底
根究臣提集各犯除和在山原供有名之趙步
查劉開戚海李楊先經安姚莊安等外拔臣等
桃源縣先獲到屢吳究出徐開太畢錦桂金三郎
金陶方素綱周玉倫馮萬有馮萬和馮殿山即
馮玉倖瀛洲陳同劉獻全楊根玉等犯一併擒獲
研覈所取供詞或認輾轉糾人或認下手刨挖
或僅認在場觀看尚未幫挖對明確並無此外到案

人證一共三十餘名臣等到
齊後當即公同細心嚴鞫正在隨提研審間適
欽差穆彰阿於九月二十八日抵浦督臣陶澍亦於
三十日趕到臣謹即遵
旨移交督辦惟陳端陳堂二犯節經臣等飭屬懸賞勒
拏先經報到韓差送該犯至湖之船戶劉茂和
堂二犯出後該犯皆逃往皖省盱眙縣一帶經署
桃源縣知縣徐麟趾密遣丁役面移盱眙縣
派差會拏旋據該差查有甘二等先後潛匿陳
端陳堂家藏匿隨同拏累急復信盤費輾轉
縱逃已將甘二李七九陳咸陸續獲案即究犯蹤
分赴滁州來安四路追拏其陳光甫一犯據探

與伊文陸鳳山逃往下河阜寧一帶均經分路
懸立重賞勒限掩捕並飛移安徽撫臣鄧
廷楨一體嚴緝務期緝獲毋任稍有鬆懈臣
現已馳蒞浦臣出署兩月有餘亟宜回蘇清
釐一切謹於拜摺後即由清江南下合亟
陳明所有遵
旨將全案移交辦理緣由理合恭摺具
奏伏乞
皇上聖鑒謹
奏
道光十二年閏九月十四日奉
硃批　欽此
閏九月初三日

江蘇巡撫林則徐奏摺　奏報江蘇各屬道光十二年秋禾收成分數

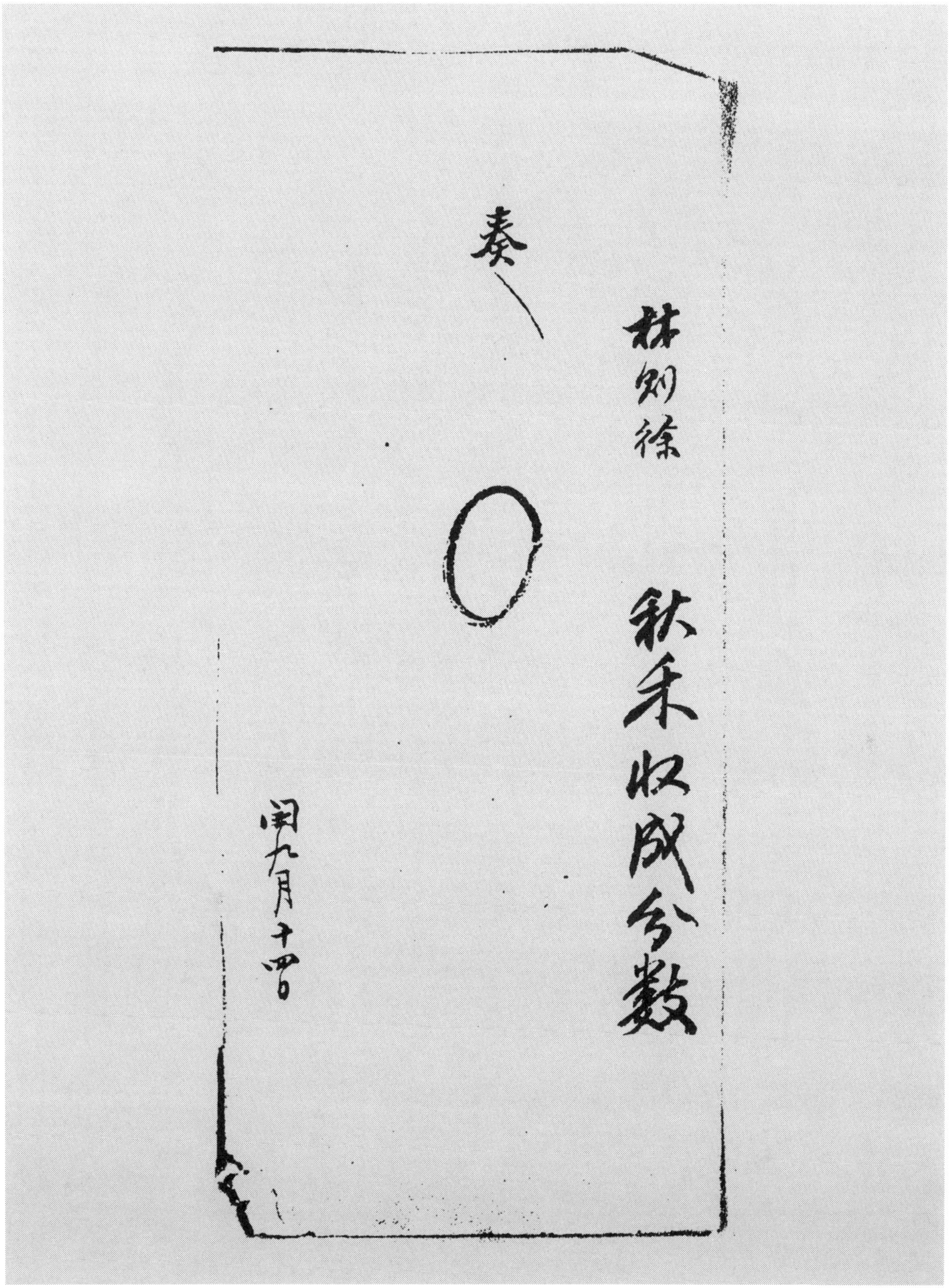
奏
林則徐
秋禾收成分數
閏九月十四

江蘇巡撫林則徐奏摺　奏報江蘇各屬道光十二年秋禾收成分數
道光十二年閏九月初三日

江蘇巡撫林則徐奏摺　奏報江蘇各屬道光十二年秋禾收成分數

道光十二年閏九月初三日

江蘇巡撫臣林則徐跪

奏為恭報秋禾約收分數仰祈

聖鑒事竊照每年秋禾成熟例應先將約收分數彙案核奏據本年

江蘇各屬閒被水旱處收成稍歉現在秋禾將次刈穫

據經臣通飭查報去後茲據江寧布政使趙盛奎署蘇

州布政使怡良查明江屬約收分數先後詳報前來臣覆

加察核內約收七分有餘者蘇州松江常州通州四府州

屬暨海門一廳約收六分有餘者江寧鎮江太倉三府州

屬約收六分者揚州一府屬約收五分有餘者徐州一府屬

約收四分有餘者淮安海州二府州屬通省合計約收

六分有奇據江寧藩司趙盛奎稟稱江北九州縣秋

約收之後盛因大雨如注山水直下又因黃河異漲歷敘

閒瀕水勢下注田廬續被淹浸將來收成恐有[illegible]後更形減少之處統於實收分數案內核實造報等情臣

飭令確查實在收成分數另行照例

題報外所有江蘇省本年秋禾約收分數合先恭摺具

奏伏乞

皇上聖鑒謹

奏

道光十二年閏九月十四日奉

硃批知道了欽此

閏九月初三日

兩江總督陶澍江蘇巡撫林則徐奏片　蘇州府知府員缺委令陳經署理

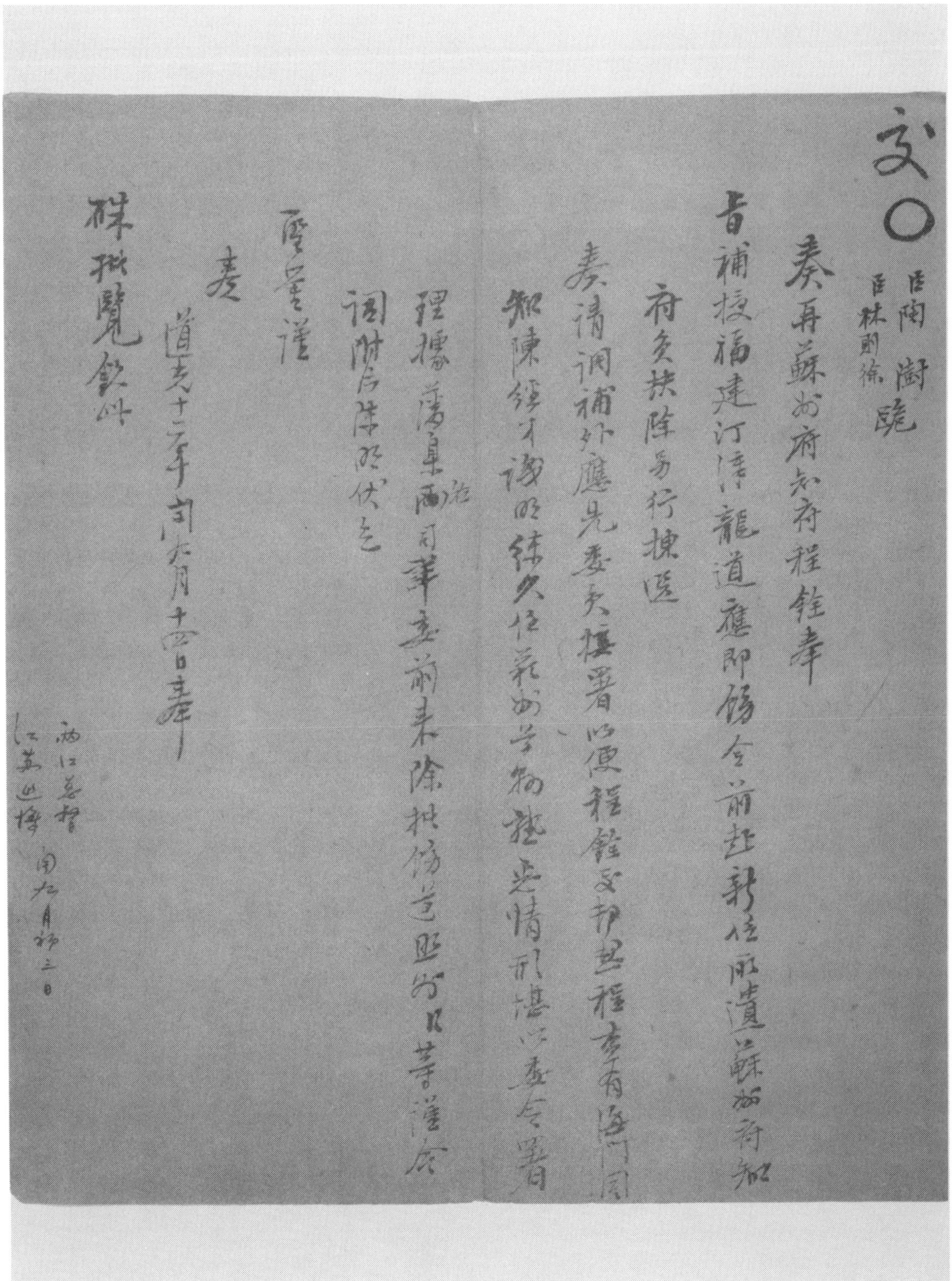

臣陶澍
臣林則徐　跪

奏再蘇州府知府程鑅奉

旨補授福建汀漳龍道應即飭令前赴新任所遺蘇州府知

府員缺除另行揀選

奏請調補外應先委員接署以便程鑅交卸起程查有海門同

知陳經才識明練久任蘇州首郡地方熟悉情形堪以委令署

理據藩臬兩司會詳前來除批飭遵照外臣等謹合

詞附片陳明伏乞

聖鑒謹

奏

道光十二年閏九月十四日奏

硃批覽欽此

兩江總督
江蘇巡撫　閏九月初三日

兩江總督陶澍江蘇巡撫林則徐奏摺　審擬墳丁錢錦雲等占賣塋地案

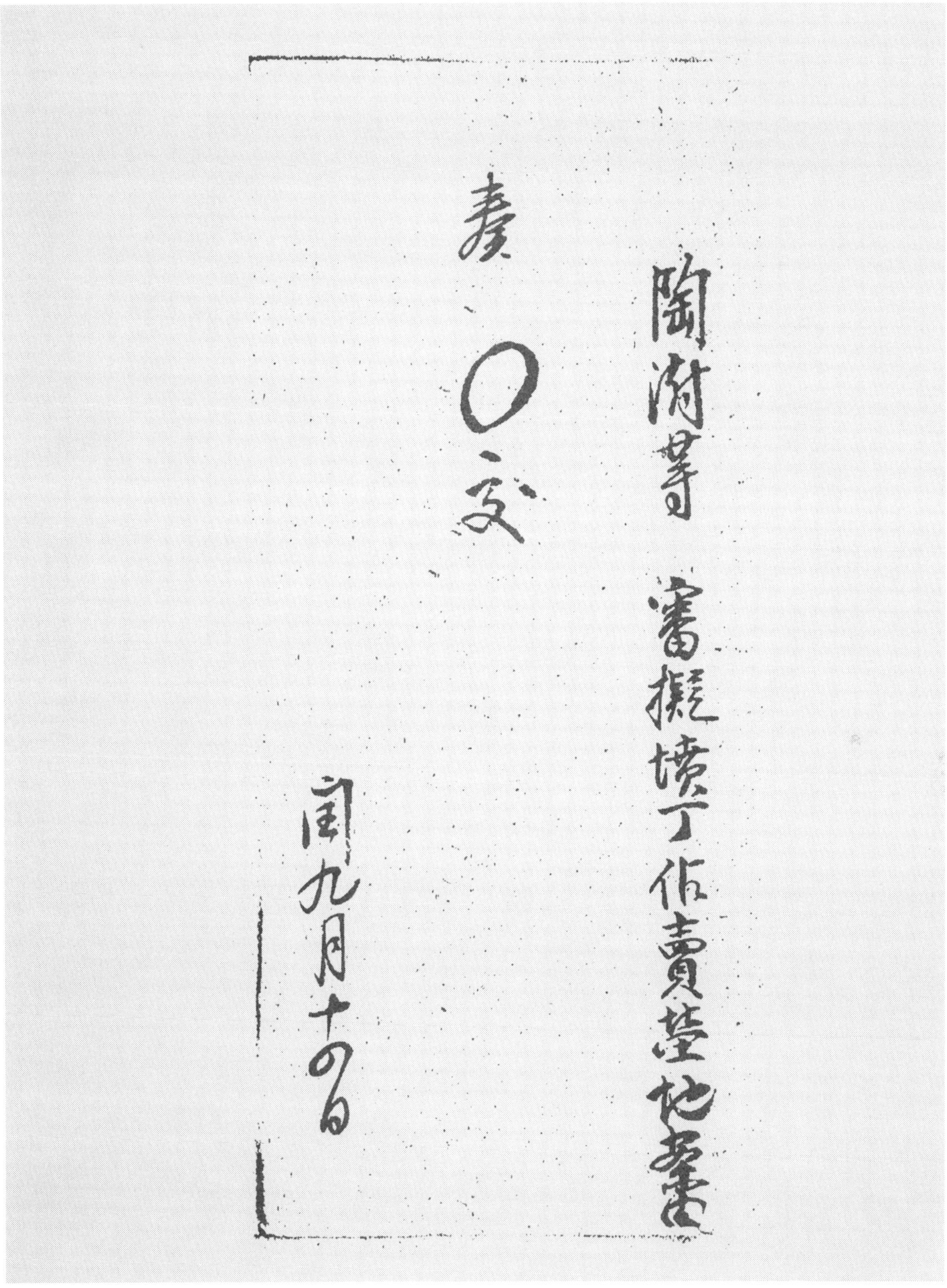
陶澍等　審擬墳丁佔賣塋地案
奏　〇　交
閏九月十四日

兩江總督陶澍江蘇巡撫林則徐奏摺　審擬墳丁錢錦雲等占賣塋地案
道光十二年閏九月初三日

兩江總督陶澍江蘇巡撫林則徐奏摺　審擬墳丁錢錦雲等占賣塋地案
道光十二年閏九月初三日

兩江總督臣陶澍跪
江蘇巡撫臣林則徐
奏爲遵
旨審明墳丁佔賣遠年塋地並無盜挖棺槨情弊按律
問擬恭摺具奏事
聖鑒事竊臣等承准軍機大臣字寄道光十二年
二月二十九日奉
上諭御史范承祖奏據情轉奏延不究辦一摺
據稱江蘇吳縣民孔傳鈺向有墳地係前明工部侍郎
孔鏞賜塋於道光八年被墳丁錢錦雲等掘毀右
邊附葬九棺之地盜賣與楊何等準孔傳鈺起訴
呈控復因取看金罈即林雙查明墳棺骨殖
拋棄池中並據地保湯鳳山親見王勝玉等互相隱

被壞棺之坟扛搖將賣者時喝退即將壞棺更現
葬地係金士元之前收回當出情控縣乃該縣任意耽
延不為嚴究遲迨控蘇州府皆批府查辦又於藩
臬衙門皆批府查辦該府並不審問亦不催結等
語業閱盜掘九棺亟須迅速懲辦以儆效尤該地方
官任聽任意延擱以致多年之久尚未訊結著陶
澍等查明此案原實即行嚴究確情按律定擬具
奏將此諭令知之欽此臣陶澍當即欽遵飭司確
切查勘訊擬詳辦臣林則徐到任後又經催令該
委幹員前詣該塋詳細勘丈並究明有無發
掘平治拋棄骨殖各確情錄供按擬詳辦去後
旋據署按察使蘇糧道會同署蘇州布政使鐵麟

伊隨委蘇州府程鑅會同太湖同知劉大延勘
明提集人證會審議擬由司覆審擬解前來
臣等提集一干人等逐加研鞫緣孔傳鋕孔繼潮
孔繼垚孔繼芳孔繼楨等籍隸吳縣共十世祖
明工部侍郎孔鏞有賜塋一所坐落吳縣九龍塢地
方葬自前明宏治三年蘇州府志載地六十三
畝孔鏞之弟孔鐸子孔彥先俱祔葬正穴厥後
其子姓於左首昭位葬有彥蓉承顏承祖三
穴右首穆位葬有彥博宏毅閔先貞泰等九
棺共四塚均係前明所葬歷年久遠該塋向係
錢錦雲及弟錢惟忠並目相李傳自居諸小弟
等三家祖傳看守錢錦雲錢惟忠居住南首位

自愿積小弟分管北首並南首舊有粗胚石板六
塊石條七塊堆貯塋旁地内出賣與看錢錦雲
南首前明祖墳左孔塋石碑於南首相傳已歷
七代並無契據惟藉錢達邦户歷年完糧印串
執管道光五年四月間錢錦雲因執有糧串同
弟錢惟忠將伊祖墳前餘地九分三厘六毫憑
中陳大忠等得價平十八兩平錢契賣與何順法
七年四月間又將餘地七分二厘憑中邢西莊及
山得價三十兩契賣與楊如松先後造墳營葬均
在錢達邦户内過糧亦賦八年十月孔傳錕等
至塋祭掃見該塋右首葬有楊何兩姓墳塚并
因移住乃緣年久未臨疑被錢錦雲等侵

佔盜賣向錢錦雲理論不服嗣將舊存石板石
條交地保潘鳳山看管赴縣具控前又驗石板
係屬墳板續經提訊經日勝王理變來先錢
錦雲因孔傳鈺等將石板控作墳板恐難分
辨即於是年十一月不記日期與其弟錢惟忠
將石板六塊撩棄金姓池內經從自慮褚小弟
等查知徇隱未報潘鳳山並不知情旋經該縣
傳票勘訊以錢錦雲祖墳基與孔塋毘連且有
糧串執憑斷令錢錦雲等管墳祭掃餘地
歸孔傳鈺等管業並因褚小弟在塋北取土種
有泥潭諭令填平孔傳鈺等因何順德楊如松
等墳係未遷其穆位內擬及舊存石板尚無下

存心懷不甘，節赴藩臬兩司衙門控告。飭府
委員訊詳。差金鑅協同孔傳錩等赴塋查看。孔
傳鉞因訛向有墳板骨殖拋在塋北岸姓池
內之事，字經提訊孔傳錩等，旋各分出為該買
易錢錦雲等亦來到案。十二年二月間，王勝玉為
鄧業壽修池岸水道，以係潘鳳山經手，見池
底露出磚岸之鎖口石塊，疑即孔傳錩所控墳
板，隨指為王勝玉撬起圖賣己之地，係金士元收
買等情，赴轅具控。孔傳錩等聞知，亦以前情控
經前府李國瑞批飭代理吳縣李淳提集
訊明鄧業壽池內實係砌岸之鎖口石，並非墳板，將
混爭之潘鳳山責懲，諭令楊如松等將墳板起還

並既稱小弟填平泥潭孔傳錯等因楊如松等
延不遷填似未具結完案該即都子經前護
李圖瑞等提人卷督同該縣賀縈禧屢訊孔
傳錯等與錢錦雲供詞各執差提要證楊小
弟質訊未到即經御史范承祖奏奉
諭旨交 臣等審辦當查孔傳錯等具控墳後
地在本姓池內繼又控墳板在鄧姓池中其鄧
姓池石訊明係砌岸之鎖口石並非墳板已無疑
義而本姓池內因水深尚未查驗此係案內緊
要情節亟須究明歷委即經諭委太湖縣陳玉
成署吳縣藍蔚雯隨同太湖同知劉大恩於
勘丈該塋之時即至此前本姓池內車乾池水

查驗不特並無骨殖亦未見有石板復提錢
錦雲等嚴訊據供數百年舊塋久經失修早
已平塌陷係掘毀既未掘毀安有骨殖雖塋旁舊時
石板實係撞棄塋南金姓池內並不在章姓鄧
姓兩池其詭稱經要貴在金姓池內起獲石板六塊
均係粗坯標孔佳錢等認明實是原物驗量尺寸
亦與墳板不符原勘誤塋地址僅存十餘有零
原以大石爲界錢錦雲祖墳及伊順法之墳均
在大石界外其下另有伊順法兩葬幼孩二塚及
楊如松家新墳則在大石界內孔塋右首移往
四塚詳加履勘本有形跡可尋雖不甚昭往
三塚之顯露而較之平地界形高實惟因年
久失修潮坡塌卸難辨並無毀掘平治痕迹

時值陞任蘇州府李國瑞卸事現任蘇州
府程鍾會同太湖同知劉大懿復提錢錦
雲等反覆研詰堅供伊等看守孔塋係屬祖
傳賣給楊姓私向順述免地實因執有
錢逵邦尺契單認為自己祖業始以契賣
至擅起石板等係被孔傳鐸等指作墳板
懸難分辨一時糊塗擅棄以冀免累其毀
損情事實之孔傳鐸等倡稱看因塋南堆埒
石板盡被擅棄心料即係墳板是以具控現
經指認明確並非墳板不敢狡執其穆任九
柏四塚亦經指認實係年久失修低塌以致
前次看不清楚錢錦雲等並無毀損平治

等語究詰不移案無遁飾質之查孔傳錢
等祖塋原額亦十三畝現勘僅存十畝有零其為被
人侵佔自不待言第據查孔姓家譜內載前明
天啟年間即已被人吞佔自天啟至今又隔
二百餘年其間被何人於何年盜賣佔葬多
隔久遠無從追究惟有就現在丈明之塋計
十畝九分二厘七毫飭立界石並築碑示禁
凡塋之左右前後永不許別姓盜賣盜葬
孔姓子孫亦不許擅葬以資保護而杜訟源此案
錢錦雲等將孔傳錢等墓旁山地賣與楊何兩
姓葬墳雖訊無毀掘孔塋祔葬墳棺亦無拋
棄墳棺骨殖情事惟孔塋原額亦十三畝地

地甚寬厚錢錦雲等覬賣楊何兩姓之地離
孔塋自百丈至十餘丈不等其為佔賣顯然雖
據供執有契串與有心盜賣者不同究屬不合
又控被控諸情各控虛經孔傳鈺等屢告
屢審堅不承認以致訟延數載尤屬狡詐若使
僅依盜賣山地擬斷錢錦雲錢維忠俱
應照不應重律杖八十加枷號兩個月以示懲
儆但同慶褚小弟承看孔塋既經查見錢錦
雲等擅賣不報徇情隱諱均屬不合亦應不應重
律杖八十各加枷號一個月均俟枷號滿日折責發
落雖于犯在道光十二年五月十三日
恩旨以前所犯在到官後據供所應俱不准援免陳大

忠前西莊金殷山訊無串通盜賣情事但未
經查明還行作中說合居間不應輕律笞四
十板責黃茂舊係儲鳳山於王勝玉為鄧姓何
池經見池內砌岸搭堤特係業內之壙板混行
是實李屬孔是業已由縣責受居間重科但
順德揚如松訊係不知誤買均請免議孔傳錢
等因墳塚平陷並以石板誤作壙板屢行挖
出係為清理祖塋起見居間訊無隨同勝宇之
錢役金鍏及孟來撈賣壙板之王勝玉均免置
議褚小弟等所管泥潭已挖挑土填平所有錢
錦雲祖墳及何順德家墳塚業經勘明俱在孔
塋大石界外毋庸斷還止惟錢錦雲等為墳

塋歸併地均歸孔傳鉦等管業王汝順住宅
幼棺二塚并楊如松宅新墳均在大石界內業
已查飭先期起遷應將遷讓之地一併歸給
孔傳鉦等管業以清墓址該塋未便再令錢
錦雲等看守現據孔傳鉦等供願令王勝玉等
承管飭王承攬之執楊如松等契價供願免追
契據概行銷毀錢錦雲等所執糧串及侵
佃原據錢小第等並無業户糧串一併飭銷查
理以清糧業孔傳鉦等所買字據等件另案結
還起出所拔石塊及原碑石條七塊給孔傳鉦
等領回取結附卷至千省釋再此案誤爲
物無待案先已勘訊定斷代理之盧本源亦經

訊明賄通實因原告孔傳鉉等先將孔出來
經其結定買賣樹株任臣案葬傳經
前府李國瑞以提人盡皆審因要證稍寸
弟等李封該來訊供是該前府並應任受
牽拘涉延不審尚相應參明請免其議除供
招咨部外所有審明定擬緣由謹合詞恭摺
具
奏伏乞
皇上聖鑒敕部覈覆施行謹
奏
道光十二年閏九月十四日
硃批刑部議奏欽此
閏九月初三日

江蘇巡撫林則徐題本 題參署溧陽縣知縣丁在卯等疏防失竊限滿贓犯無獲（首缺）

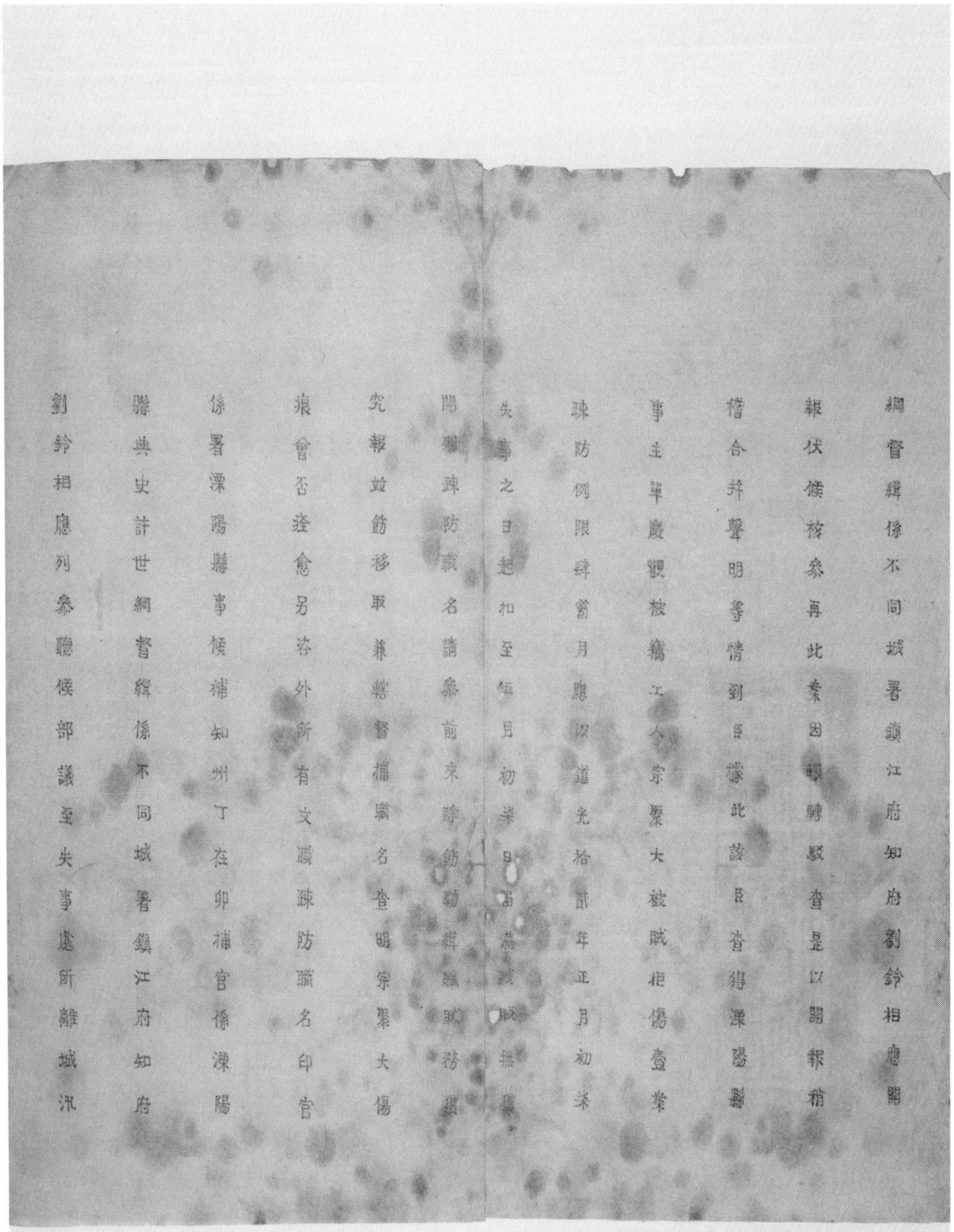
綱督緝係不同城署鎮江府知府劉鈴相應開
報伏候核參再此案因嚴駁查是以開報稍
稽合并聲明等情到臣據此該臣查得溧陽縣
事主單慶觀被竊工人宗聚大被賊拒傷壹案
疏防例限肆箇月應以道光拾貳年正月初柒
失事之日起扣至伍月初柒日限滿賊無獲
開列疏防職名請參前來除飭勒緝賊務獲
究報並飭移取兼轄督捕職名查明宗聚大傷
痕曾否痊愈另咨外所有文職疏防職名印官
係署溧陽縣事候補知州丁在卯補官係溧陽
縣典史許世綱督緝係不同城署鎮江府知府
劉鈴相應列參聽候部議至失事處所離城汛

江蘇巡撫林則徐題本　題參署溧陽縣知縣丁在卯等疏防失竊限滿贓犯無獲
道光十二年閏九月初三日

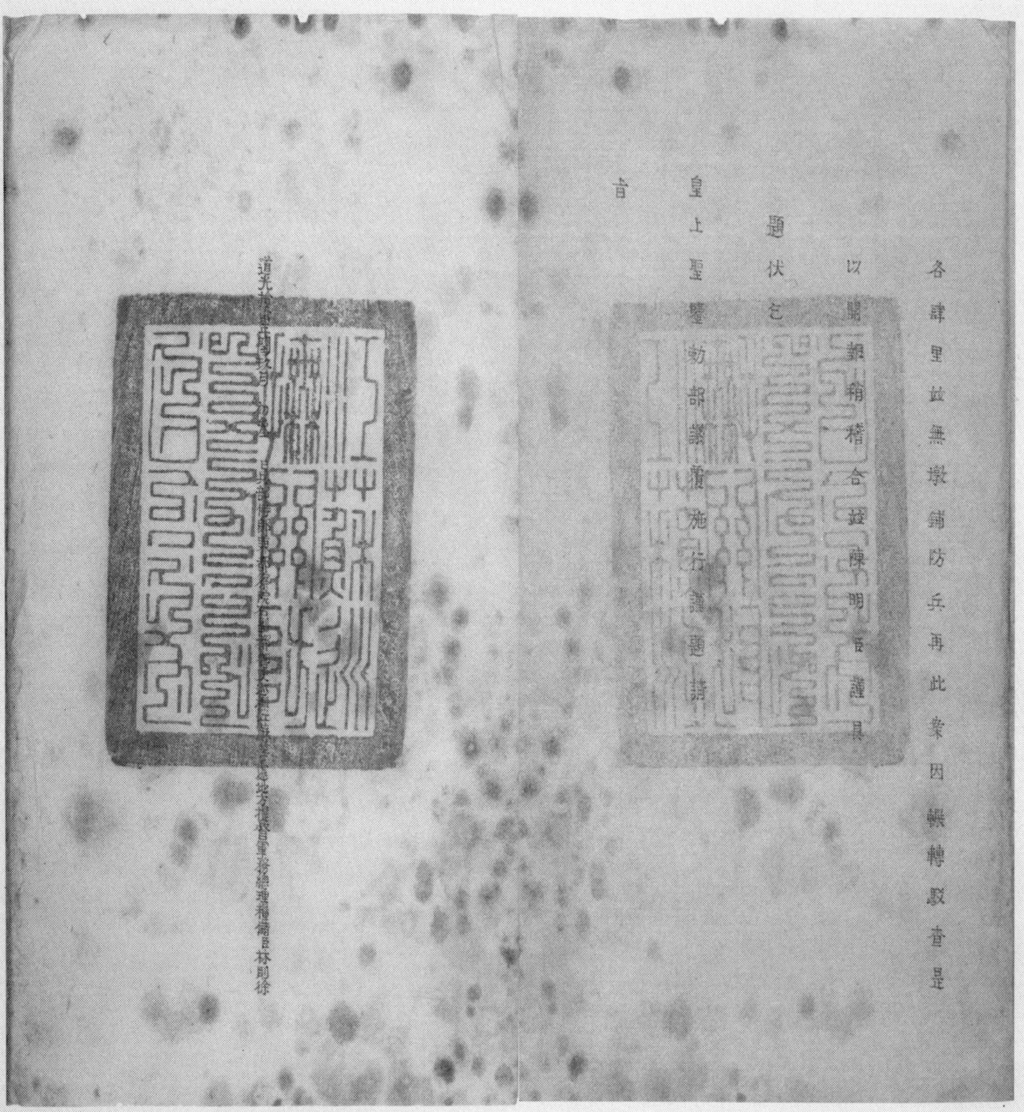
各肆里並無墩鋪防兵再此案因係轉取查是
以
聞謹將稍稽合並陳明謹具
題伏乞
皇上聖鑒勅部議覆施行謹題請
旨

道光十二年閏九月初三日[illegible]理糧儲臣林則徐

江蘇巡撫林則徐題本　題參署溧陽縣知縣丁在卯等疏防失竊限滿贓犯無獲

道光十二年閏九月初三日

兵部侍郎兼都察院右副都御史巡撫江蘇等處地方提督軍務兼理糧餉臣林則徐謹
題爲詳參疏防文職事該臣查得溧陽縣事主單
慶觀被竊工人宗聚大被賊拒傷壹案疏防例
限肆箇月應以道光拾貳年正月初柒失事之
日起扣至伍月初柒日滿贓賊無獲開列疏防
職名請參前來除飭勒緝贓賊務獲究報並飭
移取兼轄督捕職名查明宗聚大傷痕會否拾
愈另咨外所有疏防職名印官係署溧陽縣事
候補知州丁在卯捕官係溧陽縣典史許世綱
督緝係不同城署鎮江府知府劉鈴相應列參
謹題請
旨

江蘇巡撫林則徐題本　題參如皋縣知縣范仕義等疏防失竊限滿贓犯無獲

范仕義等著議處具奏該部
知道

江蘇巡撫林則徐題本　題參如皋縣知縣范仕義等疏防失竊限滿贓犯無獲　道光十二年閏九月初三日

江蘇巡撫林則徐題本　題参如皋縣知縣范仕義等疎防失竊限滿贓犯無獲

道光十二年閏九月初三日

兵部侍郎兼都察院右副都御史巡撫江蘇等處地方提督軍務總理糧餉臣林則徐謹
題爲詳条疎防文職事據署江蘇按察使裕謙詳
稱據通州知州傅璋詳據如皋縣知縣范仕義
詳稱道光拾貳年貳月初拾日准分防主簿牒
據武生吴𩢍臯稱伊兄吴騂送姪赴江陰補考
未回正月貳拾玖日夜生嫂及媼守室被賊撬
門進房用刀嚇禁聲喊將衣物搜刼而出報叩
勘緝等情牒請到縣當經飭牙估計失贓值銀
肆拾捌兩叁錢米分會營勘訊通詳奉批緝条
在案查此案疎防例限已届贓盜無獲合將印
捕疎防職名開報詳条等情由州關列督捕督
緝並准巡道開移兼轄各職名到司除飭勒緝

清宫林則徐檔案匯編　四

江蘇巡撫林則徐題本　題參如皋縣知縣范仕義等疎防失竊限滿贓犯無獲

道光十二年閏九月初三日

贓盜務獲究報外該署江蘇按察使陳諫查得
如皋縣事主吴驊被竊臨時行強壹案疎防例
限肆箇月應以道光拾貳年正月貳拾玖失事
之日起扣至伍月貳拾玖日届滿贓盜無獲所
有文職疎防職名印官係如皋縣知縣范仕義
捕官係署如皋縣分防主簿方承恩督捕係不
同城通州州同高曠督緝係不同城署通州知
州傅璋兼轄係前任常鎮通海道張岳崧查捕
官方承恩於拾貳年叁月初肆未經限滿之先
卸事計承緝壹箇月零四日係署事人員不復
回任應請議結正任主簿姚城於是日差竣回
任接緝應俟接扣限滿另行詳參督捕州同高

囑於拾貳年貳月貳拾貳日因病卸事計督捕
貳拾叁日通州知州傅璋卸於是日兼攝州同
印務至叁月初伍日卸事署州同候補知縣鄧
夢齡於是日到任均係接管捕之員例無處分
兼轄巡道張岳崧亦於拾貳年叁月貳拾貳日
疏防限內陞任兩淮鹽運司卸事不復回任應
請議結現任巡道王瑞徵係接兼轄之員例無
處分再失事處所離城壹百叁拾里離汛里數
及有無墩堡防兵現飭查明另詳合并聲明詳
候核參等情到臣據此該臣查得如臯縣事主
吳肆被竊臨時行強壹案疏防例限肆箇月應
以道光拾貳年正月貳拾玖失事之日起扣至

江蘇巡撫林則徐題本 題參如皋縣知縣范仕義等疎防失竊限滿贓犯無獲

道光十二年閏九月初三日

伍月貳拾玖日屆滿贓盜無獲開列疎防職名
請參前來除飭勒緝贓盜務獲究報外所有文
職疎防職名印官係如皋縣知縣范仕義捕官
係署如皋縣分防主簿方承恩督捕係不同城
通州州同高曠督緝係不同城署通州知州傅
璋兼轄係前任常鎮通海道張岳崧查捕官方
承恩於拾貳年叁月初肆未經限滿之先卸事
計承緝壹箇月零伍日係署事人員不復回任
應行議結正任主簿姚城於是日差竣回任接
緝應俟接扣限滿另行咨參督捕州同高曠於
拾貳年貳月貳拾貳日因病卸事計督捕貳拾
叁日通州知州傅璋卽於是日兼攝州同印務

至叁月初伍日卸事署州同候補知縣鄧夢鯉
於是日到任均係接督捕之員例無處分兼轄
巡道張岳崧亦於拾貳年叁月貳拾貳日疎防
限內陞任兩浙鹽運司卸事不復回任應行議
結現任巡道王瑞徵係接兼轄之員例無處分
相應聲明列叅再失事處所離城壹百叁拾里
離汛里數及有無墩堡防兵現飭查明另咨合
並陳明臣謹具
題伏乞
皇上聖鑒勅部議覆施行謹題請
旨

江蘇巡撫林則徐題本　題參如臯縣知縣范仕義等疏防失竊限滿贓犯無獲

道光十二年閏九月初三日

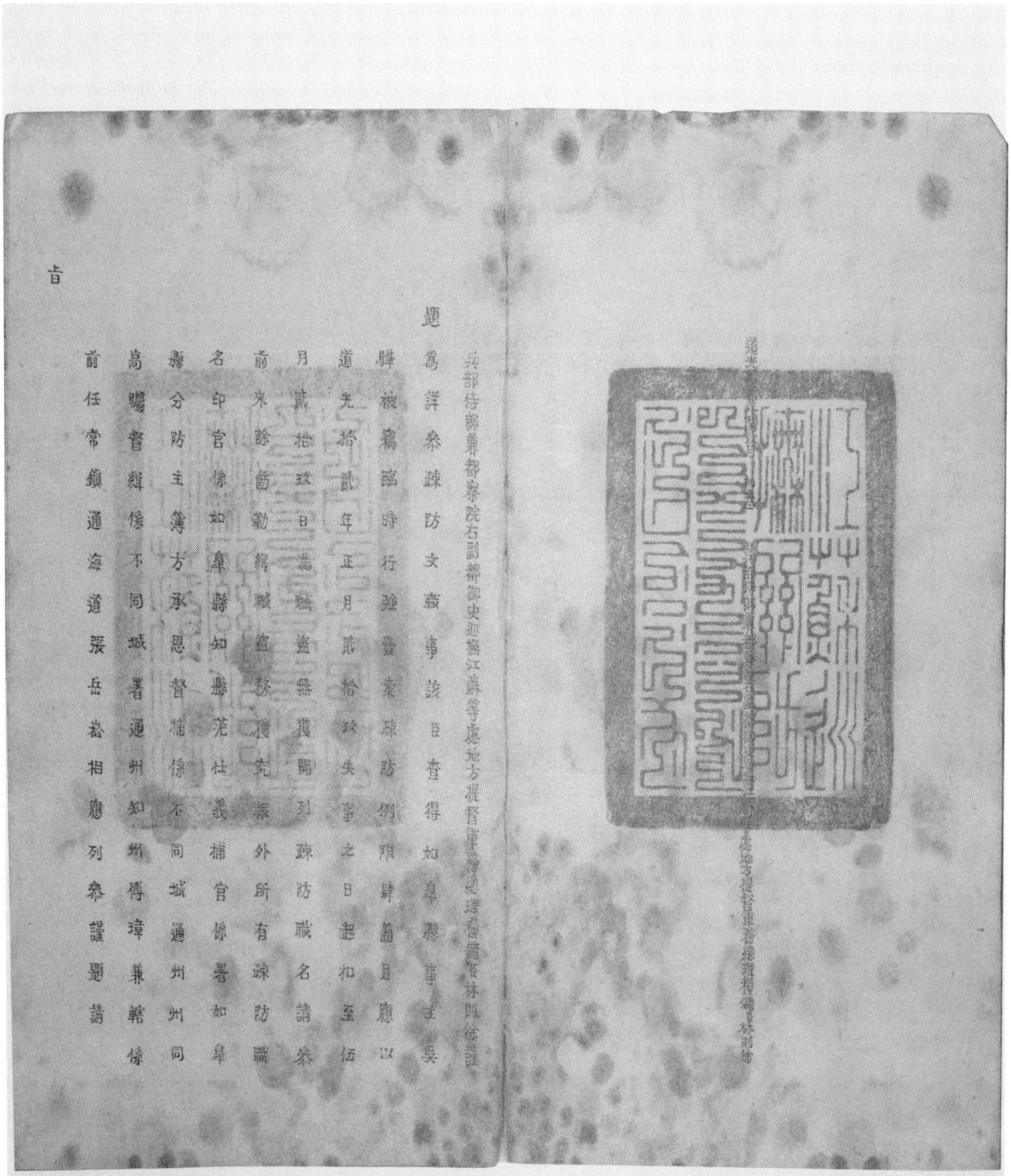
兵部侍郎兼都察院右副都御史巡撫江蘇等處地方提督軍務兼理糧餉臣林則徐謹
題為詳參疏防文職事該臣查得如臯縣事主吳
肆被竊臨時行強壹案疏防例限肆箇月應以
道光拾貳年正月貳拾玖失事之日起扣至伍
月貳拾玖日滿贓盜無獲開列疏防職名請參
前來臣除飭勒緝贓盜務獲究擬外所有疏防職
名印官係如臯縣知縣范仕義捕官係署如臯
縣分防主簿方承恩督捕係不同城通州州同
高曠督緝係不同城署通州知州傅璋兼轄係
前任常鎮通海道張岳崧相應列參謹題請
旨

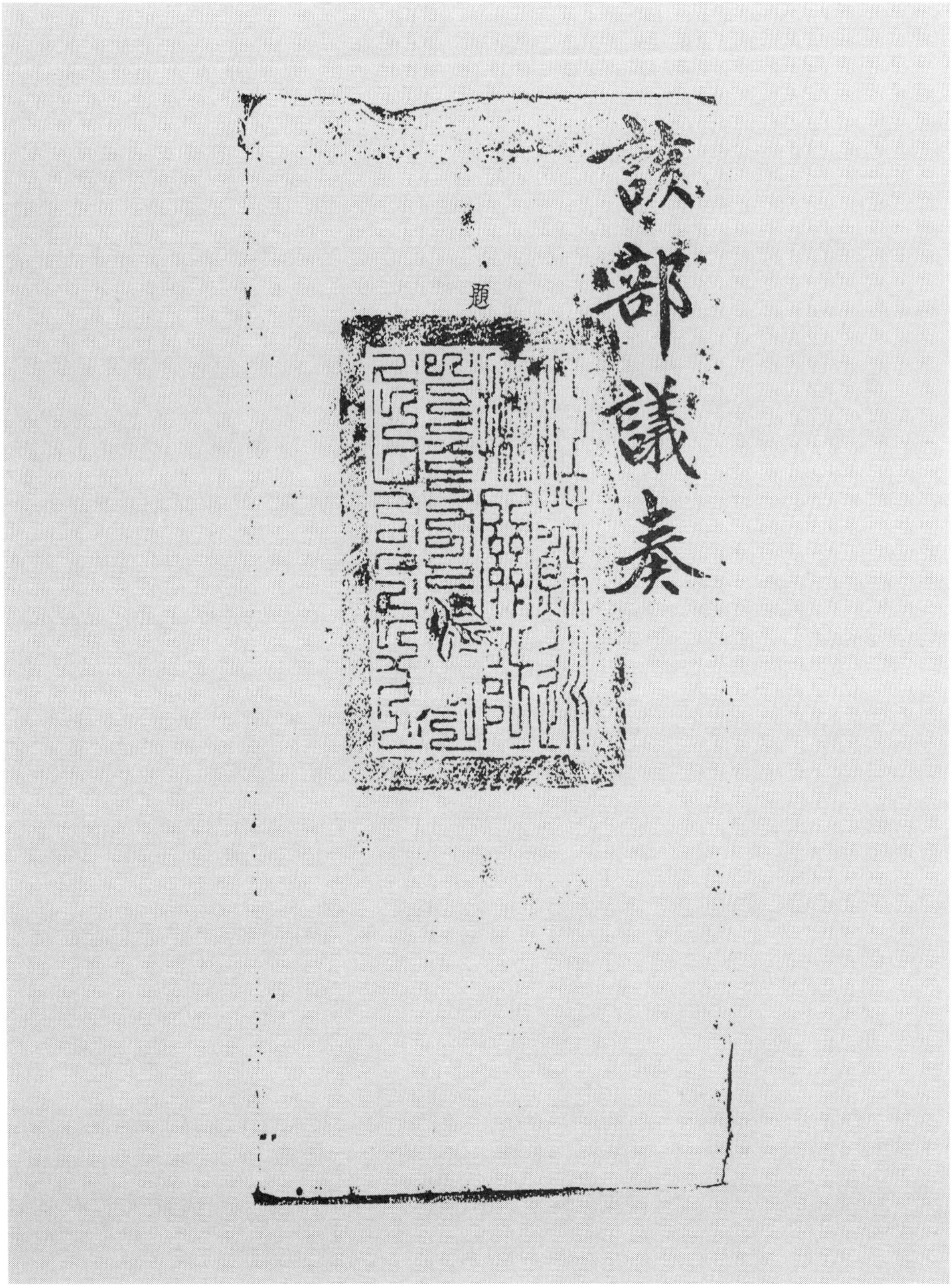
該部議奏
題

江蘇巡撫林則徐題本　**補參前署青浦縣知縣張敦道等疏防停舟被搶限滿贓犯無獲**

兵部侍郎兼都察院右副都御史巡撫江蘇等處地方提督軍務總理糧儲臣林則徐謹
題爲詳參疎防文職事據署江蘇按察使裕謙詳
據松江府詳據青浦縣詳稱道光拾壹年伍月
貳拾伍日據嘉定縣監生黄河瑊稟伍月貳拾
叁日夜船泊青浦吳淞江被匪割斷纜索進艙
口稱搜查鴉片煙土肆行搶刦洋銀稟求勘緝
等情到縣當經前署縣張敦道飭令補詞核勘
旋據黄河上控批飭勘緝經縣飭委新涇司巡
檢蕭試會營詣勘強竊未分飭差嚴緝張敦道
病故署縣鄒秉乾抵任催傳保鄰船戶關傳事
主黄河質訊未到旋卽卸事卑職回任查案詳
蒙批府催傳事主船戶保鄰人等到案訊供與

報詞無異飭牙估計失贓值銀陸拾兩零造冊
通詳奉批緝參行令補參疎防合將文職印捕
職名開報等情由府開列督捕督緝職名詳參
到司據此並准巡道開移兼轄職名前來除飭
勒緝贓盜務獲究報外該署江蘇按察使裕謙
查得青浦縣事主黃河呈報停舟被劫銀洋一
案疎防例限肆箇月應以道光拾壹年伍月貳
拾叁失事之日起扣至玖月貳拾叁日屆滿贓
匪無獲例應開參所有文職疎防職名印官係
前署青浦縣已故知縣張敦道捕官係青浦縣
新涇司巡檢蕭斌督捕係不同城川沙撫民同
知鄭其忠督緝係不同城代辦松江府事署華

亭縣知縣張之果兼轄係不同城前任蘇松太
道陞任廣東鹽運司程懷璟查印官前署青浦
縣張敦道於道光拾壹年柒月初拾日疎防限
内在任病故委縣湯磬光於柒月拾貳日兼理
至柒月拾肆日卸事計在任接緝兩日署縣鄧
秉乾卽於是日到任至玖月貳拾陸日卸事計
接緝兩箇月零拾貳日蔡維新卽於是日回任
除兼理知縣湯磬光接緝不及壹月例得免議
應將鄧秉乾照接緝例開參所有接緝壹月以
上卸事職名係署青浦縣知縣鄧秉乾查鄧秉
乾係署事之員不復回任應請議結蔡維新係
再接緝之員例無處分又代辦松江府事署華

亭縣知縣張之杲已於是月貳拾肆日卸事前
署府黄在厚暨現任知府沈兆澐均係接督緝
之員例無處分相應聲明詳候核參查失事處
所離城叁拾柒里離汛陸里並無墩鋪防兵再
此案因闕傳事主到案訊明補參是以開報較
遲合并聲明等情到臣據此該臣查得青浦縣
事主黄河呈報停舟被刦銀洋壹案疎防例限
肆箇月應以道光拾壹年伍月貳拾叁日失事之
日起扣至玖月貳拾叁日届滿贓盜無獲開列
疎防職名請參前來除飭勒緝贓盜務獲究報
外所有文職疎防職名印官係前署青浦縣已
故知縣張敦道捕官係青浦縣新涇司巡檢蕭

江蘇巡撫林則徐題本　補參前署青浦縣知縣張敦道等疏防停舟被搶限滿贓犯無獲
道光十二年閏九月初三日

斌督浦係不同城川沙撫民同知鄭其忠督緝
係不同城代辦松江府事署華亭縣知縣張之
杲兼轄係不同城前任蘇松太道陞任廣東鹽
運司程懷璟相應列參查印官前署青浦縣張
敦道於道光拾壹年柒月初拾日疏防限內在
任病故婁縣湯磐光於柒月拾貳日兼理至柒
月拾肆日卸事計在任接緝貳日署縣鄧秉乾
節於是日到任至玖月貳拾陸日卸事計接緝
兩箇月零拾貳日蔡維新卽於是日回任除兼
理知縣湯磐光接緝不及壹月例得免議應將
鄧秉乾照接緝例開參所有接緝壹月以上卸
事職名係署青浦縣知縣鄧秉乾查鄧秉乾係

署事之員不復回任應請議結蔡濰新係再接緝之員例無處分又代辦松江府事署華亭縣知縣張之杲已於是月貳拾肆日卸事前署府黄在厚暨現任知府沈兆澐均係接督緝之員例無處分相應聲明列參至失事處所離城叁拾柒里離汛陸里並無墩鋪防兵再此案因關傳事主到案訊明補參是以開報較遲合並陳明臣謹具

題伏乞

皇上聖鑒勅部議覆施行謹題請

旨

江蘇巡撫林則徐題本　補參前署青浦縣知縣張敦道等疎防停舟被搶限滿贓犯無獲
道光十二年閏九月初三日

兵部侍郎兼都察院右副都御史巡撫江蘇等處地方提督軍務總理糧儲臣林則徐謹
題為詳參疎防文職事該臣查得青浦縣事主黃
河呈報停舟被刦銀洋壹案疎防例限肆箇月
應以道光拾壹年伍月貳拾叁日失事之日起扣
至玖月貳拾叁日滿賊盜無獲開列疎防職名
請參前來除飭勒緝賊盜務獲究報外所有文
職疎防職名印官係前署青浦縣已故知縣張
敦道備官係青浦縣新涇司巡檢蕭斌督捕係
不同城川沙撫民同知鄭其忠督緝係不同城
代辦松江府事署華亭縣知縣張之杲兼轄係
不同城前任蘇松太道陞任廣東鹽運司程懷
璟相應列參此案因關傳事主訊明補參是以
開報較遲謹題請
旨

道光拾貳年閏玖月初叁日兵部侍郎兼都察院右副都御史巡撫江蘇等處地方提督軍務總理糧儲臣林則徐

江蘇巡撫林則徐題本　清查寶山縣坍荒占廢田畝請自道光十二年始豁除錢糧

道光十二年閏九月初三日

江蘇巡撫林則徐題本　**清查寶山縣坍荒占廢田畝請自道光十二年始豁除錢糧**

該部議奏

題

兵部侍郎兼都察院右副都御史巡撫江蘇等處地方提督軍務總理糧儲臣林則徐謹

題爲清查陞除坍漲田地以清積弊事據署蘇州
布政使桂良詳稱案據寶山縣知縣毛正坦詳
稱縣境東南一帶舊有土塘日被潮冲道光拾
壹年秋間疊遭颶風大雨江東迎險各段冲殘
之處益形坍卸察看形勢其項家宅坍塌土塘
委因危險難修即加搶填石亦難與水爭衡應
略爲讓進圈築月堤壹道以資經久詳明趕辦
完竣驗收在案該處壓占宅廢并塘外坍荒承
糧地畝例應詳

題豁免銀米當經飭查即據原呈顧三得鍾廷贊
鍾紹文鍾顯廷蘇在明黃日新周大成朱顯臣

等造具四址坵形細冊繪圖呈請勘文前來隨
飭前詣該處勘得月號拾貳拾叁兩圖之黄浦
江東項家宅地方圍築土塘壹道量長貳百丈
底寬伍丈内空廢亦長貳百丈面寬伍丈積步
捌千步計占廢田叁拾叁畝叁分叁釐叁毫又
塘外承糧田畝海潮淹浸荒廢低窪無從樹藝
共坍荒田肆拾伍畝捌分捌釐肆毫通共占廢
坍荒田柒拾玖畝貳分壹釐柒毫内坐落月號
拾貳圖叁斗則田肆拾肆畝玖分貳釐叁毫月
號拾叁圖叁斗則田叁拾肆畝貳分玖釐肆毫
勘文相符除現造具區圖冊結繪圖詳請該管
太倉州勘轉外相應通詳請豁糧額等情到司

江蘇巡撫林則徐題本　清查寶山縣坍荒占廢田畝請自道光十二年始豁除錢糧

道光十二年閏九月初三日

即經批州委員覆勘取造冊結加轉去後茲據
太倉州飭委署嘉定縣知縣姚大成會同寶山
縣知縣毛正坦前詣覆勘均與原報相符並無
以少報多移熟作荒捏坍冒豁情弊所有應徵
銀米請從道光拾貳年爲始照數豁除並請先
行註緩出具會勘印結由州覆勘加結到司並
准巡道覆勘無異加結移請核轉前來該署蘇
州布政使桂良查得各屬坍荒占廢田畝例應
隨時勘實詳請飭委覆勘具結由該管道州覆
勘加結移司詳請
題豁錢糧今寶山縣業戶顧三得等呈報月號各
圖築塘空廢并塘外坍荒叁斗則田柒拾玖畝

貳分壹釐柒毫遵照全書科算核計應蠲折色
銀壹拾壹兩貳錢貳釐米貳石壹斗叁升玖合
伍勺豆捌合柒勺遇閏增蠲銀叁分捌釐米壹
升玖合柒勺飭據印委各員并該管知州層層
覆勘明確出具印結復經蘇松太道覆勘加結
移司似無揑飾所有前項菜塘占廢坍荒田地
錢糧應從道光拾貳年爲始分別豁除仍請先
行註緩以免業户賠累所豁折色銀兩於地丁
漕項款内扣蠲本色米石於南鳳陽倉行月米
款内扣蠲以省各案撥補之繁至道光拾壹年
以前錢糧已據照額全完相應造具應蠲錢糧
並分晰地漕細數款冊加具保結同送到各冊

結圖說一并詳送具
題豁免等情到臣據此該臣查得各屬坍荒占廢
田畝例應豁免錢糧今據署蘇州布政使桂良
詳稱寶山縣業户顧三得等呈報月號各圖業
塘空廢并塘外坍荒叁斗則田柒拾玖畝零遵
照全書科算核計應歸折色銀壹拾壹兩零米
貳石零豆捌合零遇閏增歸銀叁分零米壹升
零既據印委各員并該管知州層層覆勘明確
出具印結復經蘇松太道覆勘加結移司似無
捏飾應從道光拾貳年爲始分別豁除仍請先
行註緩以免業户賠累所豁折色銀兩於地丁
漕項款內扣歸本色米石於南鳳楊倉行月米

款內扣蠲以省各案撥補之繁至道光拾壹年
以前錢糧已據照額全完造具應蠲錢糧並分
晰地漕細數款冊加具保結同送到各冊結圖
說詳送具
題豁免等情前來臣覆核無異除冊結圖送部查
核外謹會同兩江總督臣陶澍漕運總督臣蘇
成額合詞具
題伏乞
皇上聖鑒勅部核覆施行謹題請
旨

江蘇巡撫林則徐題本　清查寶山縣坍荒占廢田畝請自道光十二年始豁除錢糧

道光十二年閏九月初三日

道光十二年閏九月初三日兵部侍郎兼都察院右副都御史巡撫江蘇等處地方提督軍務總理糧儲臣林則徐

兵部侍郎兼都察院右副都御史巡撫江蘇等處地方提督軍務總理糧儲臣林則徐謹

題為清查陞除坍漲田地以清積弊事該臣查得

各屬坍荒占廢田畝例應豁免錢糧今據署蘇

州布政使桂良詳蘇屬寶山縣業戶顧三得等呈

報月浦各圖築塘壓廢并塘外坍荒叁斗則田

柒拾玖畝零遵照全書科算核計應豁折色銀

壹拾壹兩零米貳石零豆捌合零遇閏增豁銀

叁分零米壹升零飭據印委各員并該管知州

層層覆勘明確出具印結復經蘇松太道覆勘
加結移司似無捏飾應從道光拾貳年爲始分
別豁除仍請先行註緩以免業户賠累至道光
拾壹年以前錢糧已據照額全完造具應豁錢
糧並分晰地漕細數款冊加具保結同送到各
冊結圖說詳送具
題豁免前來臣覆核無異除冊結圖送部外謹會
題請
旨

江蘇巡撫林則徐題本　審明沭陽縣民張魁傷斃沈界興案擬絞監候

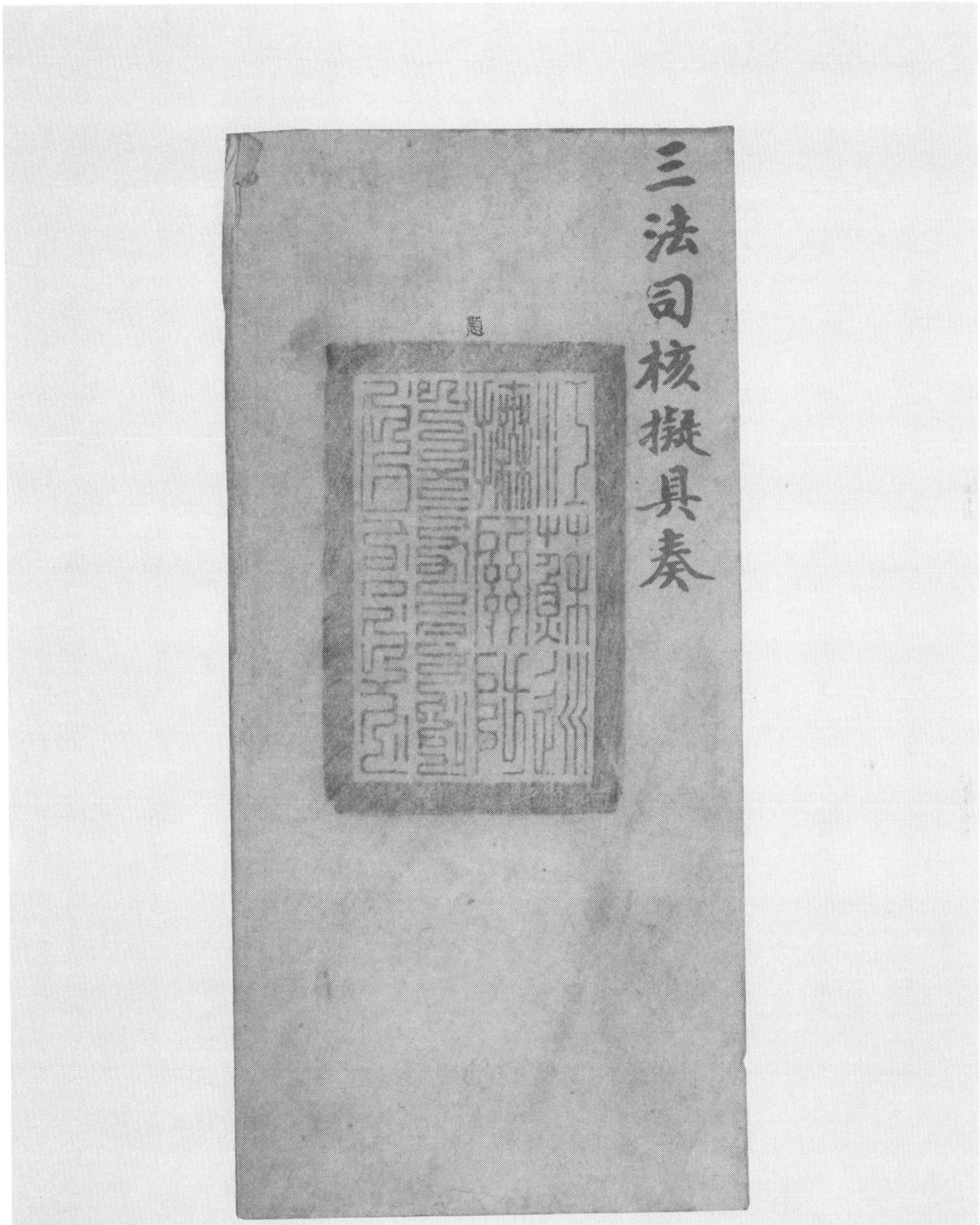

江蘇巡撫林則徐題本　審明沭陽縣民張魁傷斃沈界興案擬絞監候　道光十二年閏九月初三日

江蘇巡撫林則徐題本　審明沭陽縣民張魁傷斃沈界興案擬絞監候
道光十二年閏九月初三日

兵部侍郎兼都察院右副都御史巡撫江蘇等處地方提督軍務總理糧儲臣林則徐謹
題爲移解事據署江蘇按察使葉謙詳據署海州
知州伍家榕詳據署沭陽縣知縣王夢齡詳稱
道光拾壹年拾壹月貳拾肆日准贛榆縣移開
據青口司巡檢余墉督同沭陽贛榆貳縣差役
拏獲沈界興被砍身死案內逃兇張魁移解歸
案訊辦等因卷查道光拾壹年柒月貳拾貳日
據地保喬修政等報據民人沈廷投稱柒月貳
拾壹日傍晚伊子沈界興因向張魁索討借欠
玉林爭鬧被張魁同李懷名高士玉砍傷伊趕
向喝阻奪刀亦被劃傷大指詎伊子傷重即於
是夜因傷身死等語往查屬實理合報驗等情

據卽帶領吏仵親詣屍所如法相驗據仵作徐
順喝報已死沈界興問年叁拾玖歲驗得仰面
不致命左手小指刃傷壹處斜長陸分寬壹分
深至骨骨損致命胷膛右刃傷壹處斜長貳寸
壹分寬壹分深不及分均皮破血污右乳鐵器
傷壹處斜長壹寸玖分寬肆分心坎鐵器傷壹
處斜長貳寸壹分寬肆分均紫赤色不致命左
腿鐵器傷壹處斜長叁寸肆分寬肆分紫紅色
合面不致命右腿肚刃傷壹處斜長叁寸陸分
寬壹分深至骨骨斷皮肉捲縮血污餘無故委
係受傷身死報畢親驗無異塡格取結屍飭棺
殮飭仵驗明沈廷左手大指根節有劃傷壹處

皮破血污塡單附卷飭差勒緝兇犯張魁等務
獲一面錄供通詳奉批緝拏在案茲准前因隨
傳集人證提犯研訊據地保喬修玟尹學魁供
與報詞同據鄰佑許貴供道光拾壹年柒月貳
拾壹日傍晚小的在地看守莊稼沈界興如何
去向張魁索討玉秫起衅爭打被張魁們奪刀
砍傷小的先不知道後來回家據沈界興的父
親沈廷告知纔曉得的不料沈界興傷重就是
那夜因傷死了並沒別故是實據屍父沈廷供
沈界興是小的兒子與張魁素好無嫌道光拾
壹年貳月間張魁向小的兒子借去玉秫伍斗
約俟秋後償還柒月貳拾壹日傍晚小的在地

工作聽說兒子因向張魁索討玉秫爭吵趕去
查看見張魁同李懷名高士玉與兒子爭打張
魁用刀把兒子砍傷倒地小的趕攏喝勸向張
魁奪刀致被劃傷左手大指張魁掙脫同李懷
名們逃跑小的把兒子扶回調治不料兒子傷
重就是那夜因傷死了小的投保報驗的小的
左手大指傷痕已經平復今蒙拏獲張魁到案
只求究抵是實據兇犯張魁供海州人寄居沭
陽縣年叁拾柒歲父親張沅隴年柒拾貳歲母
親周氏年陸拾捌歲並沒弟兄娶妻王氏生有
壹子年纔叁歲與沈界興素好無嫌道光拾壹
年貳月間小的借欠沈界興玉秫伍斗約俟秋

後償還来月貳拾壹日傍晚小的同李懷名高
士玉飲酒回家與沈界興路遇沈界興向小的
索討玉林小的懇緩沈界興不依斥罵小的回
罵沈界興拔出身帶鱔魚頭刀向砍小的閃避
用脚把刀踢落沈界興彎身拾刀李懷名們趕
攏幫護把刀奪過沈界興混罵小的順手接過
刀子用刀背打傷他左腿沈界興奪刀又劃傷
左手小指并胷膛右沈界興撲毆小的又用刀
背打傷他右乳心坎沈界興舉起右脚向踢小
的側身用刀嚇砍適傷他右腿肚倒地有沈界
興的父親沈廷趕到喝勸向小的奪刀致刀口
劃傷他左手大指小的掙脫同李懷名們各自

江蘇巡撫林則徐題本　審明沭陽縣民張魁傷斃沈界興案擬絞監候　道光十二年閏九月初三日

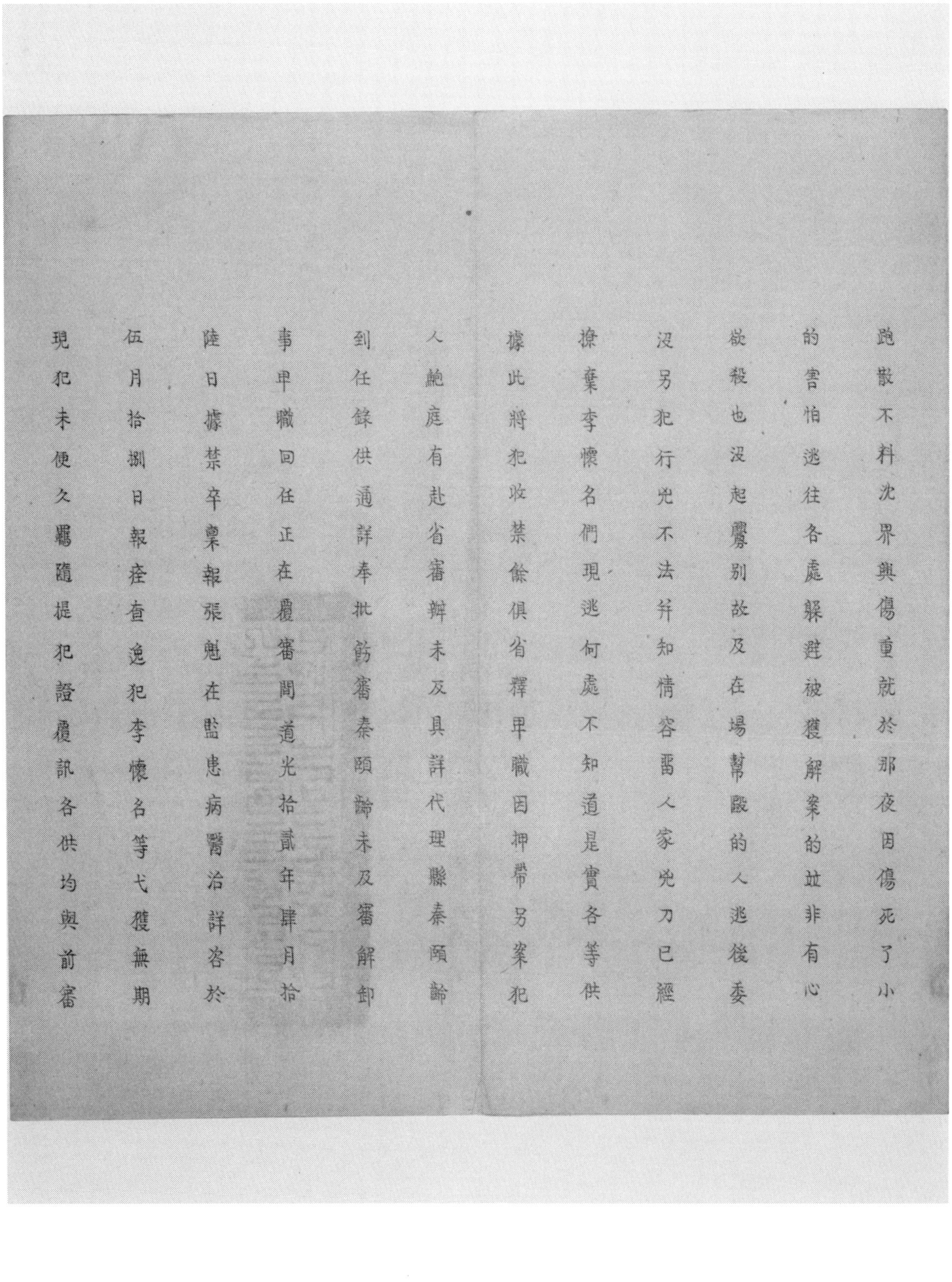
跑散不料沈界興傷重就於那夜因傷死了小
的害怕逃往各處躲避被獲解案的並非有心
欲殺也沒起釁別故及在場幫毆的人逃後委
沒另犯行兇不法并知情容留人家兇刀已經
撩棄李懷名們現逃何處不知道是實各等供
據此將犯收禁餘俱省釋甲職因押帶另案犯
人鮑庭有赴省審辦未及具詳代理縣秦頤齡
到任錄供通詳奉批飭審秦頤齡未及審解卸
事甲職回任正在覆審間道光拾貳年肆月拾
陸日據禁卒稟報張魁在監患病醫治詳咨於
伍月拾捌日報痊查逸犯李懷名等弋獲無期
現犯未便久羈隨提犯證覆訊各供均與前審

無異不敘外該署沭陽縣知縣王夢齡審看得
民人張魁毆砍沈界興身死壹案緣張魁籍隸
海州寄居沭陽與沈界興素好無嫌道光拾壹
年貳月間張魁向沈界興借欠玉秫伍斗約至
秋後償還柒月貳拾壹日傍晚張魁同李懷名
高士玉飲酒回歸途遇沈界興向索玉秫張魁
懇緩沈界興不依斥罵張魁回詈沈界興拔出
身帶鱔魚頭刀向砍張魁閃避用腳將刀踢落
沈界興彎身拾刀李懷名等起攏幫護將刀奪
過沈界興混罵張魁順手接過刀子用刀背毆
傷沈界興左腿沈界興奪刀致劃傷左手小指
并胸膛右沈界興撲毆張魁復用刀背毆傷其

右乳心坎沈界興舉起右脚向踢張魁側身用
刀嚇砍適傷其右腿肚倒地沈界興之父沈廷
趨至喝勸並向奪刀致劃傷左手大指張魁掙
脱同李懷名等各散詎沈界興傷重即於是夜
因傷殞命張魁等逃逸沈廷投保報縣驗訊詳
緝兹據贛榆縣青口司巡檢晉同贛榆沭陽貳
縣差役獲犯移解到縣訊供收禁卑職王夢齡
未及具詳押解另案犯人赴庭有赴省審辦代
理縣秦頤齡到任錄供通詳奉批飭審秦頤齡
未及審解卸事卑職回任提犯研鞫據供前情
不諱究非有心欲殺亦無起釁別故及另有在
場幫毆之人案無遁飾查律載共毆人致死下

江蘇巡撫林則徐題本　審明沭陽縣民張魁傷斃沈界興案擬絞監候
道光十二年閏九月初三日

手致命傷重者絞監候等語此案張魁因沈界興向索玉秫爭詈沈界興拔刀向砍被該犯踢落地經李懷名等幫護奪刀該犯接刀毆砍沈界興身死應照共毆問擬張魁合依共毆人致死下手致命傷重者絞律擬絞監候秋後處決據供父老丁單是否屬實應俟秋審時查明訊取供結辦理該犯逃後訊無另犯不法及知情容留人家應無庸議沈廷傷已平復亦無庸議無干省釋屍棺給屬領埋兇刀供棄免追逸犯李懷名等緝獲另結所有拏獲鄰境逃兇壹名應敘職名係贛榆縣青口司巡檢余墉相應開報再該犯張魁係本縣差役協同拏獲係在初

叅限內所有初叅承緝職名並懇免開等情由
州審解到司該署江蘇按察使葆謙提犯親審
核擬無異解候勘
題等情招解前來適臣前赴江寧辦理文闈監臨
公出飭委署蘇藩司桂良提犯審供相符臣覆
核無異該臣看得沭陽縣民張魁毆砍沈界興
身死壹案緣張魁籍隸海州寄居沭陽與沈界
興素好無嫌道光拾壹年貳月間張魁向沈界
興借欠玉秫伍斗約至秋後償還柒月貳拾壹
日傍晚張魁同李懷名高士玉飲酒回歸途遇
沈界興向索玉秫張魁懇緩沈界興不依斥罵
張魁回詈沈界興拔出身帶鱔魚頭刀向砍張

魁閃避用脚將刀踢落沈界興彎身拾刀李懷
名等趕攏幫護將刀奪過沈界興混罵張魁順
手接過刀子用刀背毆傷沈界興左腿沈界興
奪刀致劃傷左手小指并曾膛右沈界興撲毆
張魁復用刀背毆傷其右乳心坎沈界興舉起
右脚向踢張魁側身用刀嚇砍適傷其右腿肚
倒地沈界興之父沈廷趨至喝勸並向奪刀致
劃傷左手大指張魁掙脫同李懷名等各散詎
沈界興傷重即於是夜因傷殞命張魁等逃逸
沈廷投保報驗詳緝獲犯訊詳審供不諱詰非
有心欲殺亦無起釁別故及另有在場幫毆之
人案無遁飾查律載共毆人致死下手致命傷

重者絞監候等語此案張魁因沈界興向索玉
林爭詈沈界興拔刀向砍被該犯踢落並經李
懷名等幇護奪刀該犯接刀毆砍沈界興身死
應照共毆問擬張魁合依共毆人致死下手致
命傷重者絞律擬絞監候秋後處決據供父老
丁單是否屬實應俟秋審時查明訊取供結照
例辦理該犯逃後訊無另犯不法及知情容留
人家應無庸議沈廷傷已平復亦無庸議無干
省釋屍棺飭埋兇刀供棄免追逸犯李懷名等
飭緝獲日另結所有拏獲鄰境逃兇壹名應敘
職名係贛榆縣青口司巡檢余墉相應開報再
該犯張魁係該縣差役協同拏獲係在初叅限

內所有初叅承緝職名並邀免開臣謹具
題伏乞
皇上聖鑒勅下三法司核覆施行再此案縣審分限
叁箇月應以道光拾壹年拾壹月貳拾肆解犯
到案之日起除封印壹月扣至拾貳年叁月貳
拾肆日滿該縣王夢齡先於貳月拾貳日押解
另案犯人飽庭有赴省卸事代理縣秦頤齡是
日到任前官歷審壹月以上例得加展壹月連
前官剩限應扣至肆月貳拾肆日滿秦頤齡未
及審解於肆月初貳日卸事並未逾違該縣王
夢齡是日回任除犯病壹月前後接扣至陸月
拾肆日滿依限審解至州司院分限各壹月應

江蘇巡撫林則徐題本 審明沭陽縣民張魁傷斃沈界興案擬絞監候

道光十二年閏九月初三日

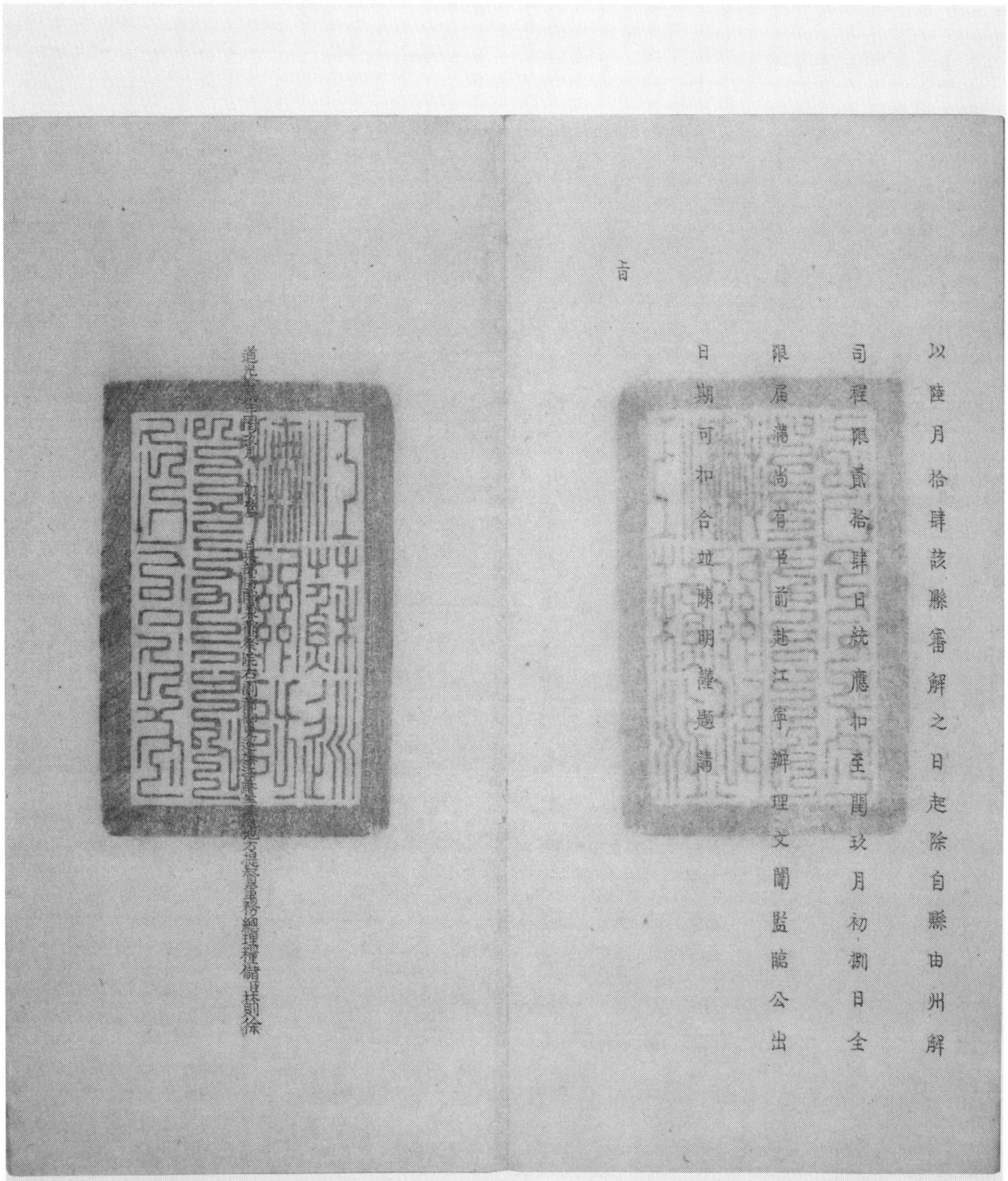
以陸月拾肆日該縣審解之日起除自縣由州解
司程限貳拾肆日統應扣至閏玖月初捌日全
限屆滿尚有已前赴江寧辦理文闈監臨公出
日期可扣合並陳明謹題請
旨

道光拾貳年閏玖月初叁日[illegible]地方提督軍務總理糧儲臣林則徐

江蘇巡撫林則徐題本　審明沭陽縣民張魁傷斃沈界興案擬絞監候

道光十二年閏九月初三日

兵部侍郎兼都察院右副都御史巡撫江蘇等處地方提督軍務總理糧儲臣林則徐謹

題爲移解事。該臣看得沭陽縣民張魁毆砍沈界

興身死壹案，緣張魁與沈界興素好無嫌。道光

拾壹年貳月間，張魁向沈界興借欠玉秫伍斗，

約至秋後償還。本月貳拾壹日傍晚，張魁同李

懷名、高士玉飲酒回歸，途遇沈界興向索玉秫，

張魁懇緩，沈界興不依斥駡，張魁回詈，沈界興

拔刀向砍，張魁用脚踢落，沈界興彎身拾刀，李

懷名等趕攏幫護，將刀奪過。沈界興混駡張魁，

接過刀子，用刀背毆傷沈界興左腿，沈界興奪

刀致劃傷左手小指并胸膛右，沈界興撲毆，張

魁復用刀背毆傷其右乳心坎，沈界興舉起右

脚向踢，張魁用刀嚇砍，適傷其右腿肚，倒地卽

於是夜殞命。報驗詳緝，獲犯審供不諱。張魁依

共毆人致死下手致命傷重者絞律擬絞監候，

秋後處決。謹題請

旨。

軍機大臣 字寄

欽差尚書穆 兩江總督陶 道光十二年閏九月

十四日奉

上諭昨據穆彰阿等奏究隄人犯陳端陳堂等尚未

弋獲降旨令陶澍飭屬嚴拏務獲究辦本日據林

則徐奏督拏各犯除孫在山供出之趙步堂劉開

成海東樓已獲外續究出張開太梁錦柱金三即

金陶方元（泰）綱周玉伶馮萬有馮萬和馮殿山即馮

玉張瀛洲張同劉獻廷楊振玉等並人證共三十

餘名著穆彰阿等先就現獲各犯嚴切跟究其陳

端陳堂二犯據現獲載送該犯過湖之船戶劉慶

和盧二究出該犯等逃往安徽盱眙縣一帶該縣

有廿二等先後窩留聞拏緊急復又縱逃已將廿
二李七張九成獲案其陳光南一犯據探與伊父
陳鳳山逃往下河阜寧一帶已據林則徐分飭掩
捕本日又降旨令林則徐鄧廷楨周之琦不分畛
域飭屬嚴拏務獲歸案究辦著將穆彰阿等提集
全案人證嚴究確情從重懲辦以昭炯戒切戒（勿）因
全河大局無礙稍有寬縱將此諭令知之欽此遵
旨寄信前來

上諭　著林則徐等務將挖隄重犯陳端陳堂四面兜拏歸案

軍機大臣　字寄

江蘇巡撫林　安徽巡撫鄧　江西巡撫周

道光十二年閏九月十四日奉

上諭本日據林則徐奏稱遵旨督拏穵隄逸犯除趙步堂劉開成海東樓先經奏明拏獲外茲復究出張開太梁錦桂金三即金陶方表網周玉伶馮萬有馮萬和馮殿山即馮玉張瀛洲張同劉獻廷楊振玉等犯一併拏獲並此外到案人證一共三十餘名業經移交穆彰阿等審辦惟陳端陳堂二犯節飭府縣懸賞勒拏先經獲到載送該犯過湖之船戶劉慶和盧二究出該犯等逃出往皖省盱眙縣一帶經著桃源縣知縣徐麟趾密遣丁役關移盱

上諭　著林則徐等務將挖隄重犯陳端陳堂四面兜拏歸案
道光十二年閏九月十四日

眙縣派差會拏旋查訪處有甘二等先後窩留陳端陳堂在家藏匿復給盤費輾轉縱逃已將甘二李七張九成一併獲案跟究犯蹤分赴滁州來安四路追拏其陳光南一犯據探與伊父陳鳳山逃往下河阜寧一帶均經分飭勒緝並飛咨安徽飭屬查拏等語聚衆挖隄不法已極亟應密速追捕毋任漏網安徽與江西一水可通該犯等聞拏緊急或又另圖逃竄著林則徐鄧廷楨周之琦即督飭所屬懸賞購線四面兜拏務獲歸案懲辦毋使倖逃法網將此各諭令知之欽此遵
旨寄信前來

兩江總督陶澍江蘇巡撫林則徐奏片 蘇松等屬糧價減落客販過關糧艘應照常徵稅以裕稅課

交〇

臣陶澍
臣林則徐　跪

奏為上年江蘇省被水歉收，米糧價昂貴，奏奉
諭旨米船經過關津查明委係運赴災區售賣者免其
納稅。因思漕船等帶米麥來江銷售，即照米船運赴
災區例暫予免稅一次，係不為例。俟米多價平，商
販米船照常征稅等因。欽此，欽遵行，准揚滸
墅各關遵照辦理。本年五月間糧價減，又經
奏准稍寬期限，俟價平奏明開征在案。茲查江蘇
省本年秋禾仍收，通省合計雖僅六分有餘，而川
湖客販米船源源而至，蘇松等屬糧價現據各
報漸見減落。是等客商情形，似可開征。應請將
以後客販過關米麥豆載，及一切應稅糧食

兩江總督陶澍江蘇巡撫林則徐奏片　蘇松等屬糧價減落客販過關糧艘應照常徵稅以裕稅課

道光十二年閏九月十四日

均即照常徵收，以裕稅課。至回空糧船攜帶豆麥，
上年
奏准暫予免稅一次，本年空船業已陸續南下，如有
攜帶各項糧食過關，亦即照例輸稅，以符原案
而歸畫一。除一面咨行各關出示曉諭，即行開徵
外，謹會同附片具
奏，伏乞
聖鑒。謹
奏。
道光十二年閏九月十四日奉
硃批：戶部知道。欽此。

核銷蘇松常鎮太五府州屬道光九年份支給囚糧錢文（首缺）

柒斗零吳縣經徵縣丞各年佃欠未完米捌拾
捌石捌斗零溧陽縣經徵縣丞各年佃欠未完
米貳百伍拾柒石捌斗零現均分飭勒限比追
完報又遞犯口糧項下長洲等壹拾玖縣給過
遞犯口糧米陸拾捌石伍斗零內遵部飭在於
司獄司租米內動支米貳石零實動常平倉穀
項下碾放米陸拾陸石伍斗零又錢肆拾壹千
叁百伍文按照各該縣每月報部銀錢時價合
銀叁拾壹兩零於司庫耗羨銀內動支所有給
過米錢覆加察核並無浮冒分款彙造冊結同
獄田租息花名各冊結詳送
題銷少送金匱縣因遞犯口糧縣府結現飭補送

俟送到另呈補咨所有造報遲延職名現在飭

取另行補參再節年例案遵於司總冊首分別

臚列等情前來臣覆核無異除冊結送部查核

外相應恭疏具

題伏乞

皇上聖鑒勅部核銷施行謹題請

旨

江蘇巡撫林則徐題本　核銷蘇松常鎮太五府州屬道光九年份支給囚糧錢文

道光十二年閏九月十八日

兵部侍郎兼都察院右副都御史巡撫江蘇等處地方提督軍務總理糧儲臣林則徐謹

題爲報銷囚遞人犯口糧事該臣查得江蘇省支
給囚遞人犯口糧例應按年分款造冊彙

題茲據署蘇州布政使桂良江蘇按察使額騰伊
會詳稱道光玖年分蘇州松江常州鎮江太倉
伍府州屬共支給囚糧米貳千貳百陸石貳斗
零動支獄租常平倉米又鹽菜錢壹千叁百貳
拾玖千肆拾伍文除動司獄易存錢抵給外
實該錢文於司庫耗羨銀内動支又遞犯口糧
共給米陸拾捌石伍斗零於司獄租米並常平
倉項下動支又錢肆拾壹千叁百伍文於司庫
耗羨銀内動支所有給過米錢覆加察核並無
浮冒分款彙造冊結詳送

題銷前來臣覆核無異除冊結送部外謹題請

旨

道光拾貳年閏玖月拾捌日兵部侍郎兼都察院右副都御史巡撫江蘇等處地方提督軍務總理糧儲臣林則徐

工部尚書穆彰阿奏摺　**林則徐捕務疎懈逸犯未獲陶澍未予參劾請一併交部議處**

工部尚書穆彰阿奏摺　林則徐捕務疏懈逸犯未獲陶澍未予參劾請一併交部議處

道光十二年閏九月二十二日

臣穆彰阿跪

奏為首犯日久未獲捕務疎懈據實參奏仰祈

聖鑒事竊臣奉

命前來江南會同督臣陶澍嚴審桃源縣奸民窋隄

決口一案案內陳端一犯尤為首要乃與陳堂

陳光南等日久潛逃杳無弋獲臣抵清江浦後

節次向該督撫面催屢復行文咨催督臣陶澍

於九月三十日甫至清江浦距犯逃之日已歷

月餘先後疊檄文武員弁四路訪拏仍無弋獲

實信該督不將該管地方專責之員立時參劾

殊失寬縱應請

旨將陶澍交部議處撫臣林則徐於九月十六日即

至清江浦如果及早查緝并親提到案人證根
究陳端等逃逸蹤跡何至經月累時任其愈颺
愈遠乃該撫並未遵
旨密速掩捕又不親提研鞫僅以移交塞責現計回
至蘇州又將兩旬於陳端陳堂陳光南等首要
逸犯終未弋獲一名視若隔膜漫不以公事為
重應請
旨將林則徐一併交部議處責成該督撫一體提緊
嚴緝勿任視同海捕具文致滋漏網連次接奉
廷寄
諭旨飭令臣等悉心研鞫從重究辦臣受
恩深重於

特交要案斷不敢草率從事尤不敢因全河大局無礙稍存寬縱屢經親提各犯逐加究詰陳端下落均實不知現在去向而其起意為首則已衆供確鑿毫無疑義將來陳端等就獲即可由督臣陶澍審擬盡法懲治用昭炯戒現在無可再訊之處未便守候稽時拜摺後當即率同司員啓程回京覆
命合併陳及臣為慎重捕務起見謹據實參奏伏乞
皇上聖鑒謹
奏

奸民盜決大隄即係地方廢弛之故此等要犯日久竟無一名弋獲深堪憤恨汝須折回尚有文

工部尚書穆彰阿奏摺　林則徐捕務疏懈逸犯未獲陶澍未予參劾請一併交部議處
道光十二年閏九月二十二日

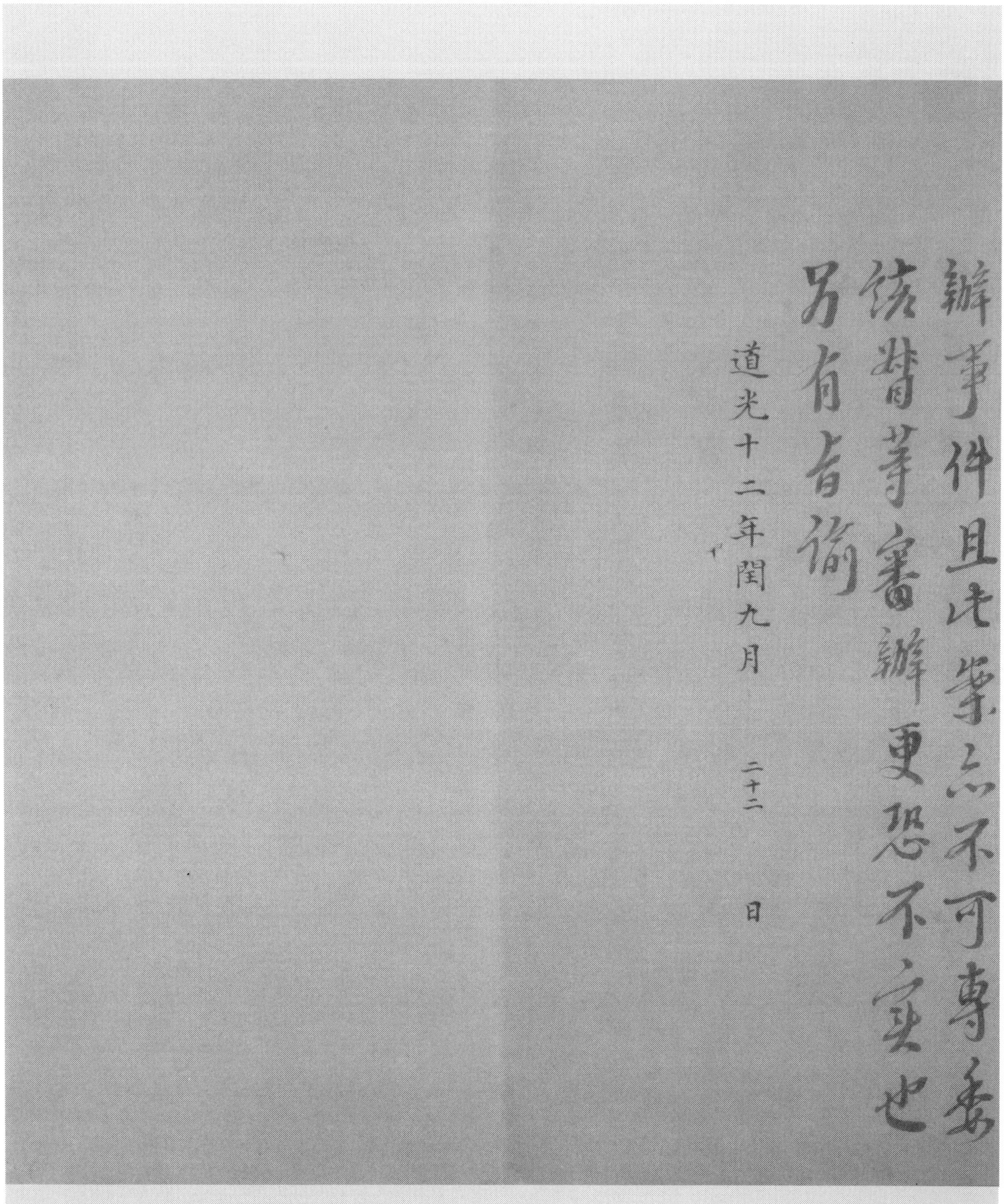
辦事件且比案亦不可專委
該督等審辦更恐不宜也
另有旨諭

道光十二年閏九月　二十二　日

江蘇巡撫林則徐奏摺

奏報江蘇省道光十二年九月份雨水糧價及田禾情形

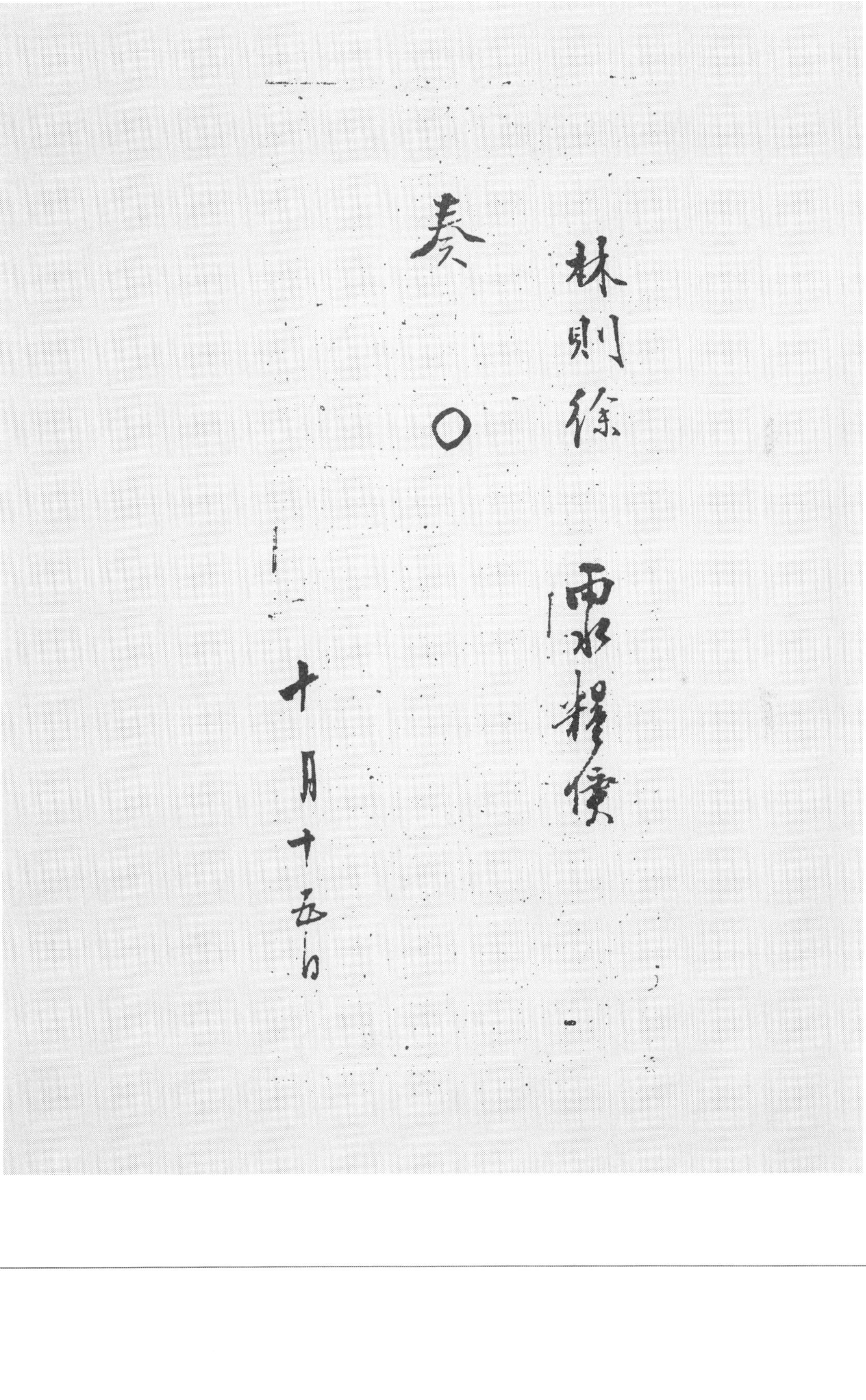
林則徐 雨水糧價

奏〇

十月十五日

江蘇巡撫臣林則徐跪

奏為恭報九月分雨水糧價情形仰祈

聖鑒事竊照江蘇省本年八月分雨水糧價及田禾

情形經臣恭摺具

奏在案茲據各屬呈報九月上旬初一二三六九十等日

中旬十三七九二十等日下旬二十一二十三二十六七八九等日或

得有微雨或得雨一二三四寸不等蘇松等屬禾

稻木棉次第登場覈其收數為豐稔之象即其經

二稍歉處所亦屬勘不成災其江北被水之區俟湖

河水勢漸落各壩次第堵閉即將存田積水

設法趕緊疏消以期無悞種麥所有被水被

旱田地現已陸續勘明另摺具

奏報江蘇省道光十二年九月份雨水糧價及田禾情形　道光十二年閏九月二十七日

奏。办陳至通省糧價比蘇松江常州鎮江揚州
太倉通州七府州屬暨海門一所價稍平減
惟淮安徐州海州三府州屬稍為加增錄與上
月相同民情安帖堪以仰慰
宸懷。所有恭摺具
奏并繕九月分糧價清單敬呈
御覽伏乞
皇上聖鑒謹
奏。
道光十二年十月十五日奏
硃批：知道了。欽此。閏九月二十七日

江蘇巡撫林則徐清單

江蘇省道光十二年九月份米糧時價清單

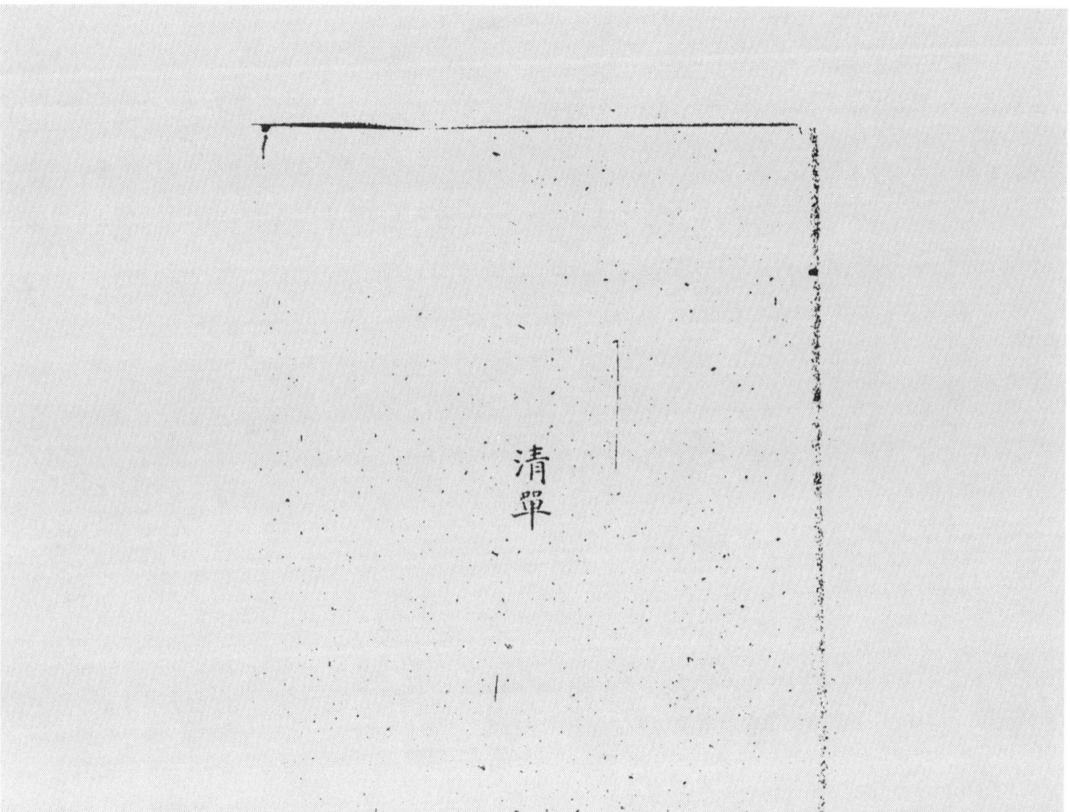
清單

謹將江蘇省道光十二年九月分米糧時價開
繕清單敬呈
御覽
計開
江寧府屬 價貴中
上米每倉石價銀二兩三錢八分至三兩二
錢五分 較上月賤二錢五分
中米每倉石價銀二兩二錢八分至三兩一
錢 較上月賤九分
糙米每倉石價銀二兩一錢八分至二兩九
錢 較上月賤一錢
小麥每倉石價銀一兩六錢至二兩一錢五

分　較上月賤五分

太麥每倉石價銀八錢五分至一兩四錢

較上月賤五分

黄豆每倉石價銀一兩六錢至二兩五錢二

分　較上月賤八分

蘇州府屬　價貴中

上米每倉石價銀二兩六錢至三兩一錢

與上月同

中米每倉石價銀二兩五錢至二兩七錢

與上月同

糙米每倉石價銀二兩四錢至二兩五錢

與上月同

小麥每倉石價銀一兩九錢至二兩一錢

與上月同

大麥每倉石價銀七錢五分至九錢五分

與上月同

黃豆每倉石價銀一兩六錢三分至二兩四錢

與上月同

松江府屬 價貴中

上米每倉石價銀二兩四錢七分至三兩二錢

與上月同

中米每倉石價銀二兩四錢至二兩九錢

較上月賤一錢

糙米每倉石價銀二兩二錢至二兩七錢

較上月賤二錢

小麥每倉石價銀一兩三錢至一兩九錢
與上月同

大麥每倉石價銀八錢五分至一兩　與上
月同

黄豆每倉石價銀一兩三錢至二兩　與上
月同

常州府屬　價貴中

上米每倉石價銀二兩五錢五分至二兩九
錢　較上月賤二錢

中米每倉石價銀二兩四錢五分至二兩七
錢五分　較上月賤二錢五分

糙米每倉石價銀二兩二錢至二兩六錢
較上月賤三錢
小麥每倉石價銀一兩九錢至二兩二錢
與上月同
大麥每倉石價銀一兩至一兩三錢　與上
月同
黄豆每倉石價銀一兩九錢至二兩二錢
與上月同
鎮江府屬　價貴中
上米每倉石價銀二兩四錢至三兩四錢
與上月同
中米每倉石價銀三兩二錢至三兩二錢

與上月同
糙米每倉石價銀二兩至三兩　與上月同
小麥每倉石價銀一兩五錢至二兩四錢
與上月同
大麥每倉石價銀一兩一錢至一兩六錢
較上月賤二錢
黄豆每倉石價銀二兩一錢至二兩二錢
較上月賤一錢
淮安府屬　價貴中
上米每倉石價銀三兩一錢至四兩五分
較上月貴五分
中米每倉石價銀二兩九錢五分至三兩七

錢　與上月同
糙米每倉石價銀二兩五錢三分至三兩五
錢　與上月同
小米每倉石價銀一兩七錢五分至二兩五
分　較上月貴五分
小麥每倉石價銀一兩四錢五分至二兩
與上月同
大麥每倉石價銀一兩至一兩四錢　與上
月同
黃豆每倉石價銀一兩八錢至二兩五錢
與上月同
秫秫每倉石價銀一兩二錢五分至一兩八

錢與上月同

揚州府屬價貴中

上米每倉石價銀二兩六錢五分至二兩九

錢較上月賤一錢

中米每倉石價銀二兩五錢至二兩八錢

較上月賤一錢

糙米每倉石價銀二兩三錢至二兩七錢

較上月賤一錢

小麥每倉石價銀一兩四錢五分至一兩九

錢與上月同

大麥每倉石價銀六錢至一兩四錢與上

月同

黄豆每倉石價銀一兩六錢至二兩四錢
與上月同
秫秫每倉石價銀一兩二錢 與上月同
徐州府屬 價貴中
大米每倉石價銀三兩九錢五分至四兩五
錢 與上月同
小米每倉石價銀二兩五錢至四兩一分
較上月貴一錢四分
小麥每倉石價銀一兩八錢五分至二兩八
錢 較上月貴二錢
大麥每倉石價銀一兩一錢至一兩八錢
較上月貴二錢

黃豆每倉石價銀一兩六錢五分至二兩七
錢五分　較上月貴一錢五分
秫秫每倉石價銀一兩四錢三分至二兩一
錢一分　較上月貴九分
太倉州併屬　價貴中
上米每倉石價銀二兩七錢五分至三兩三
錢五分　與上月同
中米每倉石價銀二兩六錢至三兩五錢五
分　較上月賤四錢
糙米每倉石價銀二兩四錢至三兩二錢
較上月賤五錢
小麥每倉石價銀一兩一錢五分至一兩八

錢五分　較上月賤一錢

大麥每倉石價銀九錢二分至一兩四錢

與上月同

黄豆每倉石價銀一兩七錢至二兩六錢

較上月賤四錢

海州併屬　價貴中

上米每倉石價銀三兩八錢六分至四兩八

錢　較上月貴二錢

中米每倉石價銀三兩二錢七分至四兩六

錢　較上月貴一錢五分

糙米每倉石價銀三兩一錢七分至四兩一

錢　較上月貴二錢

小米每倉石價銀二兩二錢五分至三兩三
錢　較上月貴一錢
小麥每倉石價銀二兩二錢五分至三兩三
錢　較上月貴二錢
大麥每倉石價銀一兩五分至一兩八錢
較上月貴二錢
黃豆每倉石價銀一兩九錢至三兩八錢
較上月貴二錢
秫秫每倉石價銀一兩至二兩五分　較上
月貴一錢五分
通州併屬　價貴中
上米每倉石價銀三兩一錢至三兩四錢

較上月賤一錢

中米每倉石價銀二兩八錢至三兩二錢五分　較上月賤一錢

糙米每倉石價銀二兩七錢至三兩一錢五分　較上月賤一錢

小麥每倉石價銀一兩九錢至二兩二錢　較上月賤一錢

大麥每倉石價銀一兩五分至一兩三錢　與上月同

黄豆每倉石價銀一兩九錢至二兩一錢　較上月賤一錢五分

海門廳　價貴中

上米每倉石價銀五兩六錢　較上月賤五錢

中米每倉石價銀五兩四錢　較上月賤五錢

糙米每倉石價銀四兩七錢　較上月賤五錢

小麥每倉石價銀二兩二錢　與上月同

大麥每倉石價銀一兩四錢　與上月同

黄豆每倉石價銀二兩七錢　較上月賤五錢

覽

兩江總督陶澍江蘇巡撫林則徐奏摺 **蘇州知府員缺請以劉鴻翱調補**

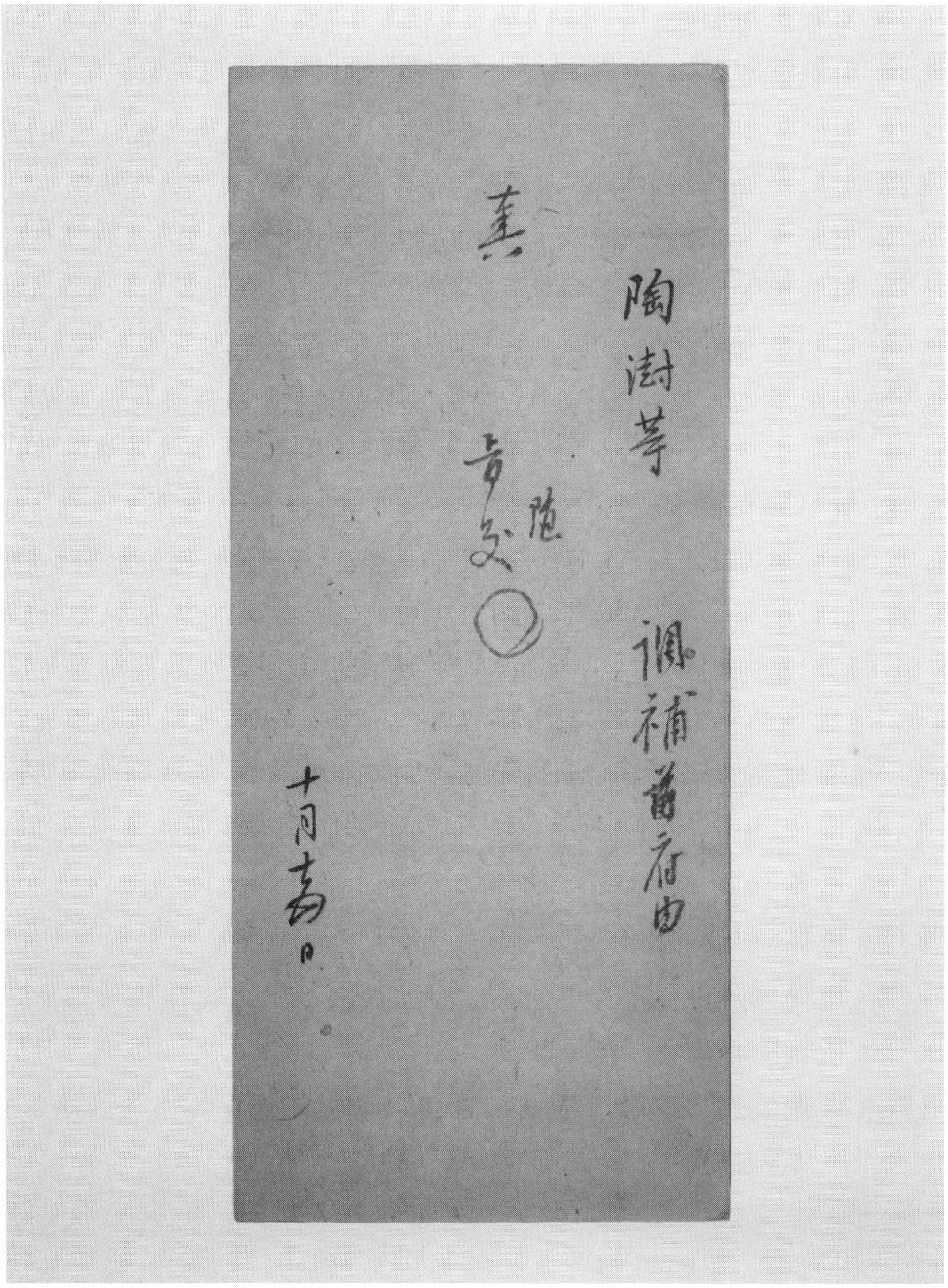
陶澍等
調補藩府由
奏
隨
旨
十月[illegible]日

兩江總督陶澍江蘇巡撫林則徐奏摺 蘇州知府員缺請以劉鴻翱調補

道光十二年閏九月二十七日

兩江總督陶澍江蘇巡撫林則徐奏摺　蘇州知府員缺請以劉鴻翱調補

道光十二年閏九月二十七日

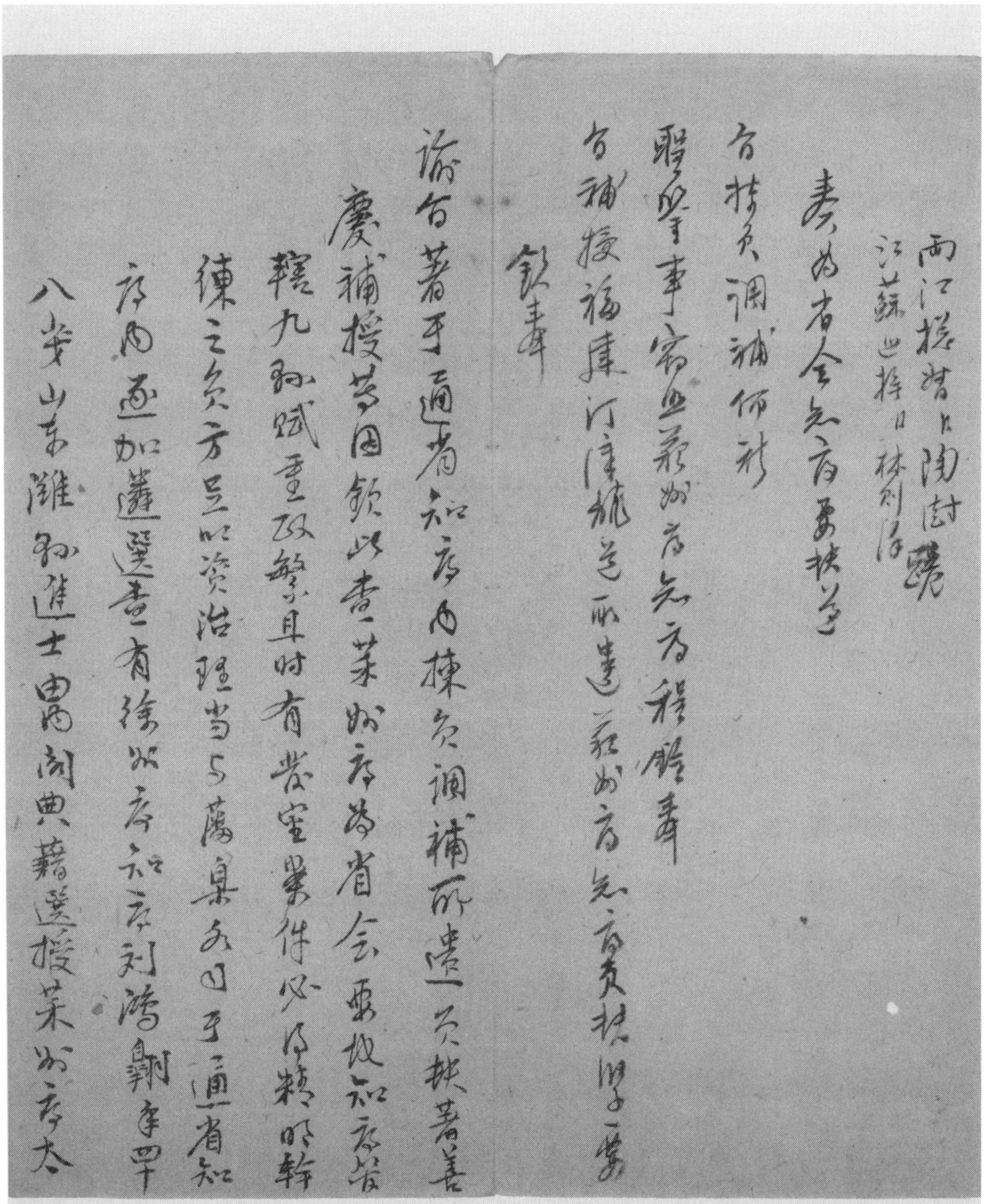
兩江總督臣陶澍跪
江蘇巡撫臣林則徐
奏為省會知府要缺請
旨揀員調補仰祈
聖鑒事竊照蘇州府知府程矞采奉
旨補授福建汀漳龍道所遺蘇州府知府員缺係要
缺欽奉
諭旨著於通省知府內揀員調補所遺員缺著善
慶補授等因欽此查蘇州府為省會要缺知府管
轄九州縣賦重政繁且時有要案件必須精明幹
練之員方足以資治理當與藩臬兩司于通省知
府內逐加遴選查有徐州府知府劉鴻翱年四十
八歲山東濰縣進士由內閣典籍選授萊州府太

兩江總督陶澍江蘇巡撫林則徐奏摺　蘇州知府員缺請以劉鴻翱調補　道光十二年閏九月二十七日

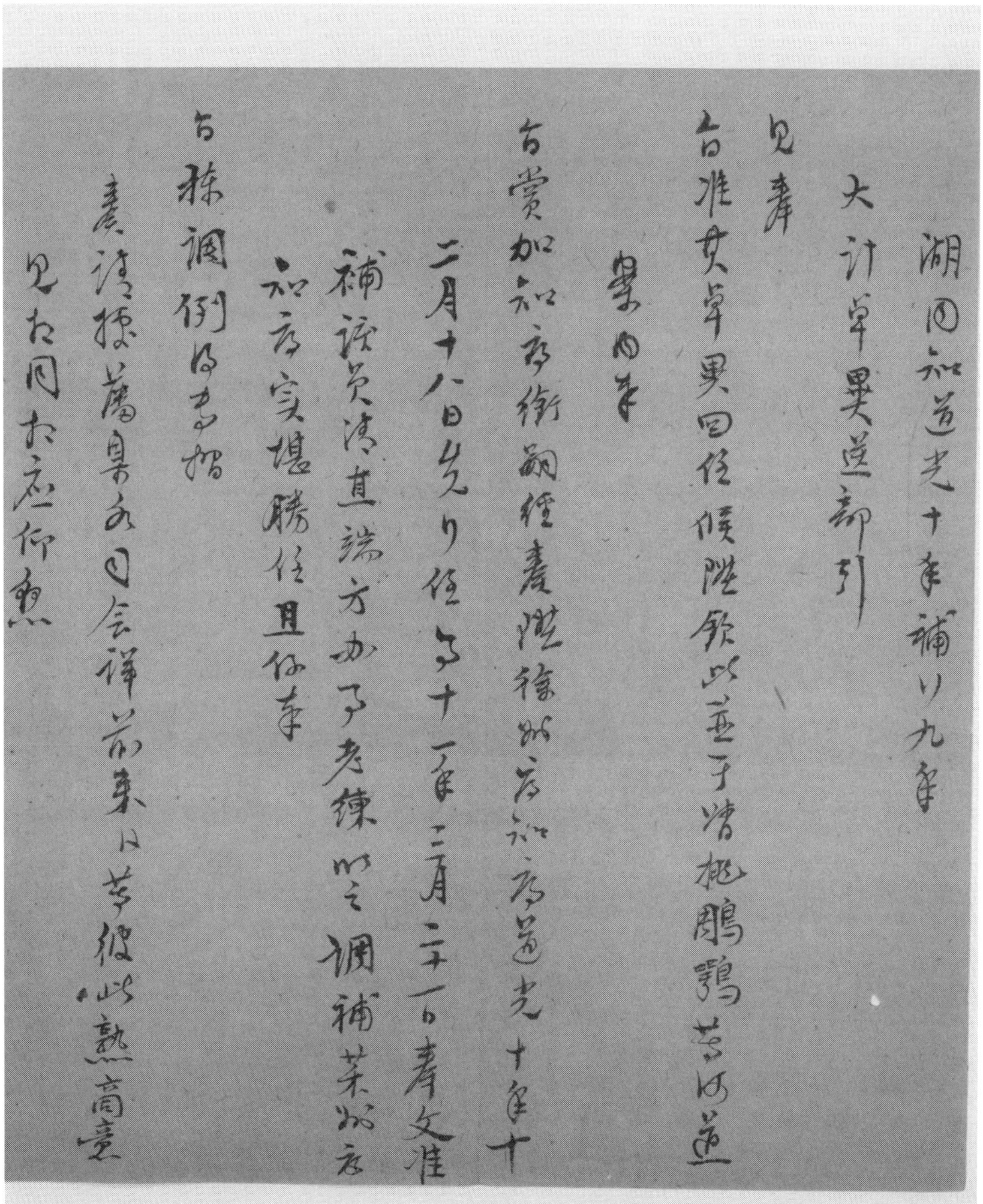

湖同知道光十年補授九年
大計卓異送部引
見奉
旨准其卓異回任候陞欽此並于擢拔鵰鶚等河道
案內奉
旨賞加知府銜嗣經奏陞徐州府知府道光十年十
二月十八日先行任事十一年二月二十一日奉文准
補該員清直端方勤事老練以之調補蘇州府
知府實堪勝任是否合
旨揀調例得專摺
奏請據藩臬兩司會詳前來臣等彼此熟商意
見相同相應仰懇

兩江總督陶澍江蘇巡撫林則徐奏摺　蘇州知府員缺請以劉鴻翱調補

道光十二年閏九月二十七日

天恩俯准以劉鴻翱調補蘇州府知府，實于首郡

要缺有裨。如蒙

俞允，該員係現任知府調補，知府銜缺相當，無庸送

部引

見。除飭將罰俸銀兩依限完繳清楚另行具

奏。前補調任蘇州府遺缺知府之善慶，容俟另案

看才具再行請補。謹合詞恭摺具

奏，伏乞

皇上聖鑒訓示。謹

奏。

道光十二年十月十五日奉

硃批：欽此。

兩江總督陶澍江蘇巡撫林則徐奏摺 蘇州知府員缺請以劉鴻翱調補

道光十二年閏九月二十七日

閏九月二十七日

兩江總督陶澍江蘇巡撫林則徐奏摺 **如皋縣典史楊慶恩代理縣事徐森失防監犯縱火自盡請革職撤任**

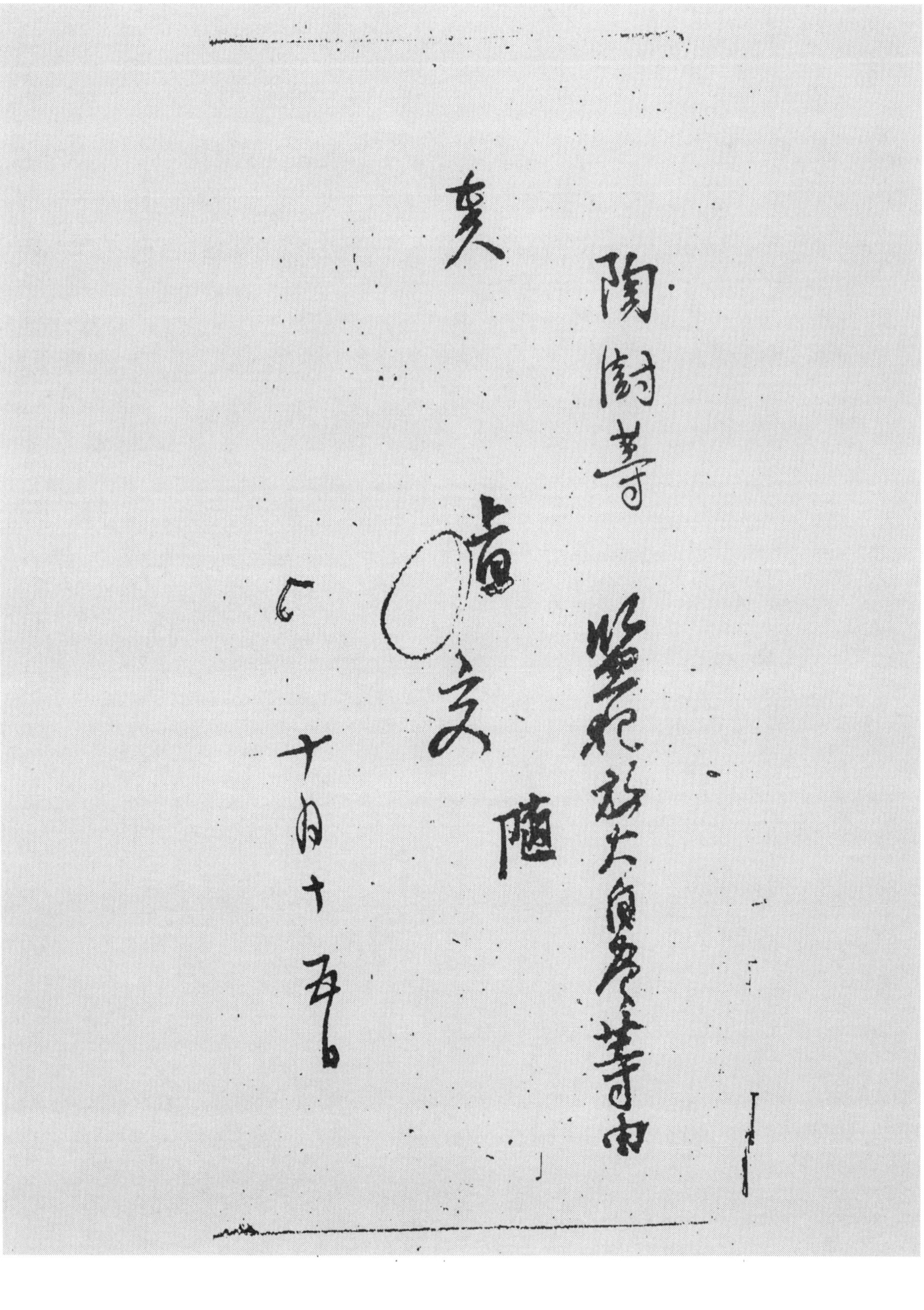

兩江總督陶澍江蘇巡撫林則徐奏摺 如皋縣典史楊慶恩代理縣事徐森失防監犯縱火自盡請革職撤任
道光十二年閏九月二十七日

兩江總督臣陶澍
江蘇巡撫臣林則徐 跪

奏為斬犯在監放火，即經兵役撲熄，圖脫未遂，同時
乘間自盡，恭摺
奏請
旨將疏防獄官分別撤革提省審辦，以肅
功令事。據署通州知州傅璋上年稟：九月二十九日代理
如皋縣知縣候補通判徐森因距城八十里之金
河鎮有戴長昆毆死房在俊命案，公出相
驗。三十日旁晚，該縣監犯支世紅等在監商同
放火延燒房屋，希冀脫逃，經署典史楊慶恩
督同禁卒人等撲救，將支世紅等提出關禁。
查其詎支世紅乘[illegible]六七[illegible]因圖脫未

兩江總督陶澍江蘇巡撫林則徐奏摺　如臯縣典史楊慶恩代理縣事徐森失防監犯縱火自盡請革職撤任

道光十二年閏九月二十七日

並于救火急忙之際同時乘間自縊斃命該縣在
途次得信趕回會同該州赴縣查勘內監西號
被焚一間支世紅等本在此號羈禁因火起移
禁於號屋該州驗明實係自縊身死訊據禁
卒人等以同監各犯稔悉支世紅等自知罪
重處以刑戳用火點燃所墊乾草延燒監號
冀圖乘火脫逃該典史趕至撲救即將各犯免
脫暫令提禁空號維時救火水龍折毀失街西柵
忙迫之時支世紅等料知不能脫逃畏罪情急掙
斷手拷用帶自縊火經撲熄犯已身死之[illegible]請
參辦並聲明其餘同監人犯均無疎虞等情
臣
等查支世紅係故殺吳加喜身死案長

係砍殺十四法詳自盡供依律擬斬監候彙入上年秋

審情實案

奉旨停勾本年仍擬情實現奉部文應行處決之犯審

擬之係聽從姘婦李王氏謀死緦麻本夫李林擬

斬監候入于本年秋審情實現准部咨之犯該典

史不能督率刑禁人等嚴加防範以致情實重

囚放火圖脫維之時將火撲滅手犯並未脫逃但既

移禁卒之等未能小心看守致復自縊身死俾逃

顯戮實屬疏玩且現係刑禁人等無私鬆刑

具情事自應嚴行參究代理知縣候補通判

徐森雖赴迎鄉試公出第未能先事豫

防亦難辭咎據司道會詳前來相應請

旨將署如皋縣典史楊慶恩革職代理如皋縣事候補
巡檢徐森撤任以便提同刑禁人等至省嚴審確
情按例辦理除飭將被焚監房趕緊賠修完整
外臣等謹合詞恭摺具
奏伏乞
皇上聖鑒謹
奏
道光十二年十月十五日奉
硃批　欽此
閏九月二十七日

兩江總督陶澍江蘇巡撫林則徐奏摺　查明江蘇省道光十二年秋禾成災請給賑蠲緩賞給口糧

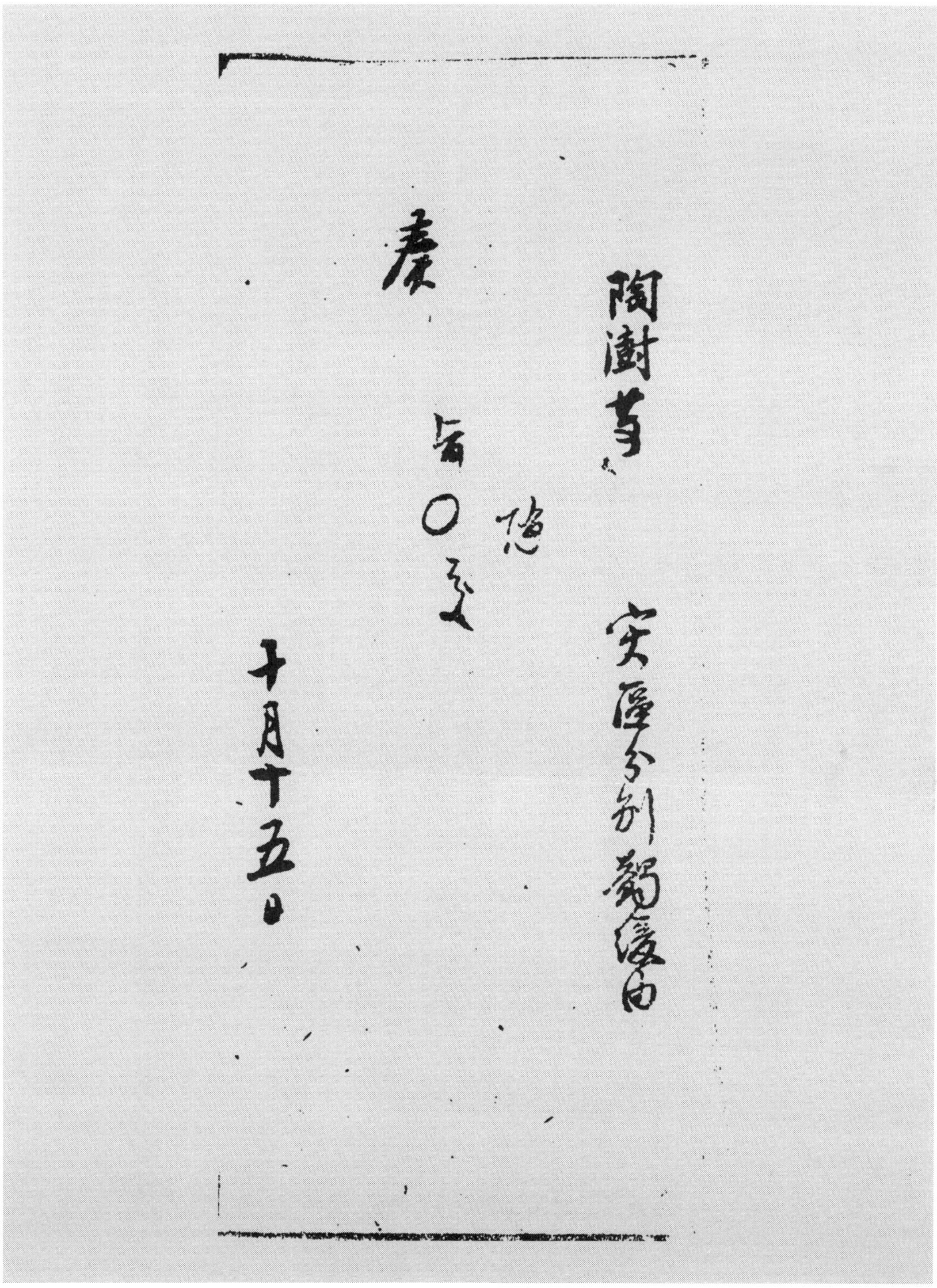
陶澍等

奏

十月十五日

兩江總督陶澍江蘇巡撫林則徐奏摺　查明江蘇省道光十二年秋禾成災請給賑糶緩賞給口糧

道光十二年閏九月二十七日

兩江總督臣陶澍
江蘇巡撫臣林則徐跪

奏爲查明江蘇省各州縣衛秋禾被水被旱成災
分數及勘不成災情形，籲懇
天恩分別給賑蠲緩借給籽種口糧，仰懇
皇仁仰祈
聖鑒事。竊照江蘇省本年六七月間，江北雨水過多，
江南雨澤稀少，迨八月以後江南各屬方得透雨，
仍下屬有秋雜高田已受旱傷，收成歉薄。江北
各屬或因山水暴發，江湖泛漲，不及疏消；或因
湖河漫溢，各堤壩放減，水下注，並因桃南廳河
陡決，以致掣溜直入湖，值霜雪所難以宣洩，田廬節
次
洪被淹，歷經臣林則徐于月親兩水糧價抑内陸

兩江總督陶澍江蘇巡撫林則徐奏摺　查明江蘇省道光十二年秋禾成災請給賑䘏緩賞給口糧　道光十二年閏九月二十七日

謹奏
聞，一面行司委員勘辦，并將極沉蕭邑三分暨徐州
衛之貧年民先以奏蒙
恩准撫卹在案。前據江寧布政使趙盛奎詳稱，
撫據各屬被災之後，因臣陶澍出委令代
行，並臣林則徐
奏委監辦文闈事務，未能出省查勘，行道府州暨
同知委員陸續確勘，詳覆由司覆明被淹
海州、大河三州衛被淹較重，成災九分、八分、六
分不等；山陽、清河、銅山、蕭縣、沭陽、睢州等六
縣衛被淹稍輕，成災五分；句容、江浦、六合、阜寧、
安東、鹽城、高郵、泰州、東臺、江都、甘泉、儀徵、興化

府屬沛縣碭山邳州宿遷睢寧贛榆淮安揚州等二十三州縣衛均係勘不成災之例分別借賑蠲緩又據署蘇州布政使桂良詳稱本年蘇松等屬被旱歉收各州廳縣衛業經委員查勘由司覈明武進丹徒丹陽金壇溧陽鎮洋等六縣均係勘不成災之例緩征又長洲元和吳縣吳江震澤常熟昭文崑山新陽華亭奉賢婁縣金山上海南匯青浦川沙宜興荊溪靖江太倉等二十一州廳縣及蘇州太倉鎮海金山等四衛幫收成減色除本年新賦照常征收外請將舊欠正雜分別遞緩各等情詳請具奏前來臣等伏查江蘇省各州廳縣衛本年被水

被旱情形已据該州道府同印委各員履
勘明確詳有成災六分以上之桃源沭陽海
州及大河衛小民生計維艱相應籲懇
皇上天恩俯准按照災分查明極次貧戶口分別給
賑貧生兵家紳一律查辦概以折色散放照
例每大口給銀一錢五分小口七分五厘小建扣除
所需賑濟銀兩另行專案
奏明撥用該州縣衛成災九分八分六分五分田地
並山陽清河銅山蕭縣沭陽徐州六縣衛成
災五分田地應徵道光十二年地丁屯折漕糧
漕項銀米按分蠲免蠲剩銀米照例分別帶
徵以上各屬成災境內有勘不成災之區同向徵

江浦六合武進丹徒丹陽金壇溧陽阜寧安東
鹽城高郵泰州東臺江都甘泉儀徵興化寶應
豐縣沛縣碭山邳州宿遷睢寧鎮洋贛榆淮安
揚州等二十九州縣衛勘不成災田地應征道光十
二年地漕各項不分緩至道光十三年秋成
以分作二年帶征又成災及勘不成災田地應
征癸巳年新賦亦請緩至該年秋成後啟征又
淮揚等屬減則竈户帶田地並海州沭陽縣
一水一麥田地應征下忙請照歷屆成案一律
緩征至各州縣竈户課學租河灘場租攤征河工
出借籽種口糧新墾竈户等牧馬各草場緩賦
等銀等款並抄沒入官地畝攤雜民田之內供出

坐落地方一律分別查辦。鹽場竈地坡向由鹽
政衙門辦理。至六分災之次貧、五分災及勘不成
災之貧民，例不給賑，惟桃源、海沭陽三州縣及大
河衛坐落桃源、沭陽二州縣之軍民，均因頻年積歉，
戶鮮蓋藏，被淹之餘益形困苦，並請於今冬
賞給一月口糧。所餘各災屬無力貧民，如有應行酌借
籽種之處，俟來春察看情形，分別查辦。又查賑
員役薪水飯食公費紙張等項，例于撫卹銀內
動撥，毋庸動支耗羨，設有不敷，另行
奏咨，等給予後造冊報銷。又阜寧、清河、桃源、宿遷、
海州、沭陽、贛榆等七州縣漕糧，向例民折官辦，
本年被災州縣均有災歉，應請查照舊案等十五

年秋災案內
奏准章程收災田米麥緩俟成熟之年再行採辦
熟田米麥分別辦運所有應緩漕價各數統于
奏銷案內照數聲叙又江淮各屬應行帶完道
光二年以前舊欠地漕等項銀米麥豆因係積歉之
區迭經前督撫臣
奏准自道光三年並四年秋成不越又就最遠
年分帶征一年本年復被災歉民力拮据應請將
征案內應帶最遠一年及已啟征未完並道
光三年至十一年災熟錢糧凡坐落本年以災區
者一併緩至道光十三年秋收分別啟征其熟
田項下應行帶征舊欠錢糧本應按限啟征惟據

各州縣以頻年積歉民力維艱詳請遞緩現經
飭司體察民情覆加確覈俟詳到另行具
奏又武進丹徒丹陽金壇溧陽鎮洋等六州縣不
成災之區請節年舊欠分項錢糧應請照例緩征
於其成熟田地收成亦未能甚豐若將新舊錢
糧一律征輸民力實有未逮並請將該六州縣附
近歉區未完舊欠同長洲元和吳縣吳江震澤
常熟昭文崑山新陽華亭奉賢婁縣金山上海
南匯青浦川沙宜興荊溪靖江太倉等二十一州
廳縣及蘇州太倉鎮海金山等四衛幫應征道
光十一年以前帶征緩欠舊錢米分四年征屆限及
遞緩之年限分別遞展征收其熟田新賦仍行

兩江總督陶澍江蘇巡撫林則徐奏摺　查明江蘇省道光十二年秋禾成災請給賑蠲緩賞給口糧　道光十二年閏九月二十七日

照常啟征隨將各屬秋水被旱情形并新舊

蠲緩各數另行

題咨外所有日前查明分別辦理緣由謹會同

恭摺具

奏伏乞

皇上聖鑒訓示謹

奏

道光十二年十月十五日奉

硃批

欽此

閏九月二十七日

江蘇巡撫林則徐題本

題參署婁縣知縣周恭壽等疎防盜案限滿贓犯無獲

題

周恭壽等著議處具奏該部知道

江蘇巡撫林則徐題本　題參署婁縣知縣周恭壽等疏防盜案限滿贓犯無獲

道光十二年閏九月二十七日

兵部侍郎兼都察院右副都御史巡撫江蘇等處地方提督軍務總理糧儲臣林則徐謹

題爲詳參疏防文職事據江蘇按察使額騰伊詳

據松江府知府沈兆澐詳據署婁縣知縣周恭

壽詳稱道光拾貳年肆月初壹日據刑部主事

張祖騫遣家屬張陞具報叁月貳拾玖日夜伊

家被賊撬門進内竊去錢洋衣物張陞聞喊起

捕被賊扭跌受傷賊匪逃逸報候勘緝等情到

縣據經會營勘明被竊情形查驗張陞左小臂

有跌墊傷壹處填單附卷提訊事主地保人等

供與報詞相同飭牙估贓值銀貳拾陸兩捌錢

柒分造冊詳奉批飭緝參在案茲查此案疏防

限届贓賊無獲差查張陞傷已平復合將印捕

職名。開報等情由府道遞開督捕督緝兼轄職
名到司除飭勒緝贓賊務獲究報外該江蘇按
察使額騰伊查得婁縣事主職員張祖騫家被
竊拒捕壹案疏防例限肆箇月應以道光拾貳
年叄月貳拾玖失事之日起扣至柒月貳拾玖
日滿所有文職疏防職名印官係署婁縣知縣
周恭壽捕官係署婁縣典史鄒承謨督捕係前
護理柘林通判張慶瑗督緝係同城松江府知
府沈兆澐兼轄係不同城前任分巡蘇松太道
程懷璟理合開報查捕官鄒承謨已於柒月貳
拾日疏防限內卸事督捕通判張慶瑗亦於陸
月貳拾肆日未經限滿之先回任華亭縣卸事

均係署事護理人員不復回任應請議結兼轄
巡道程懷璟亦於肆月拾捌日未經限滿之先
陞任廣東運司卸事并請議結現任巡道吳其
泰及通判孫宗渭均係接督緝之員例無處分
相應聲明詳候核參至此案失事處所離城陸
里離汛柒里並無墩鋪防兵合并聲明等情到
臣據此該臣查得婁縣事主職員張祖騫家被
竊拒捕登案疏防例限肆箇月應以道光拾貳
年叁月貳拾玖失事之日起扣至柒月貳拾玖
日滿贓賊無獲開列疏防職名請參前來除飭
勒緝贓賊務獲究報外所有文職疏防職名印
官係署婁縣知縣周恭壽捕官係署婁縣典史

江蘇巡撫林則徐題本　題參署婁縣知縣周恭壽等疎防盜案限滿贓犯無獲　道光十二年閏九月二十七日

郭承謨督緝係前護理柘林通判張慶瑗督緝
係同城松江府知府沈兆澐兼轄係不同城前
任分巡蘇松太道程懷璟相應列參聽候部議
查捕官郭承謨已於柒月貳拾日疎防限內卸
事督捕通判張慶瑗亦於陸月貳拾肆日未經
限滿之先回任華亭縣卸事均係署事護理人
員不復回任應請議結兼轄巡道程懷璟亦於
肆月拾捌日未經限滿之先陞任廣東運司卸
事并請議結現任巡道吳其泰及通判孫宗渭
均係接督緝之員例無處分再此案失事處所
離城陸里離汛柒里並無墩鋪防兵合並陳明
臣謹具

題伏乞

皇上聖鑒勅部議覆施行謹題請

旨

道光[illegible]處地方提督軍務總理糧儲臣林則徐

江蘇巡撫林則徐題本 題參署婁縣知縣周恭壽等疏防盜案限滿贓犯無獲

道光十二年閏九月二十七日

兵部侍郎兼都察院右副都御史巡撫江蘇等處地方提督軍務總理糧儲臣林則徐謹
題爲詳參疏防文職事該臣查得婁縣事主職員
張祖壽家被竊拒捕壹案疏防例限肆個月應
以道光拾貳年叁月貳拾玖失事之日起扣至
柒月貳拾玖日滿贓賊無獲開列疏防職名請
參前來除飭緝贓賊務獲究報外所有文職
疏防職名印官係署婁縣知縣周恭壽捕官係
署婁縣典史鄒承謨督捕係前護理柘林通判
張慶瑗督緝係同城松江府知府沈兆澐兼轄
係不同城前任分巡蘇松太道程懷璟相應列
參聽候部議謹題請
旨

江蘇巡撫林則徐題本　**審明武進縣民張阿二淹斃張組保案擬絞監候**

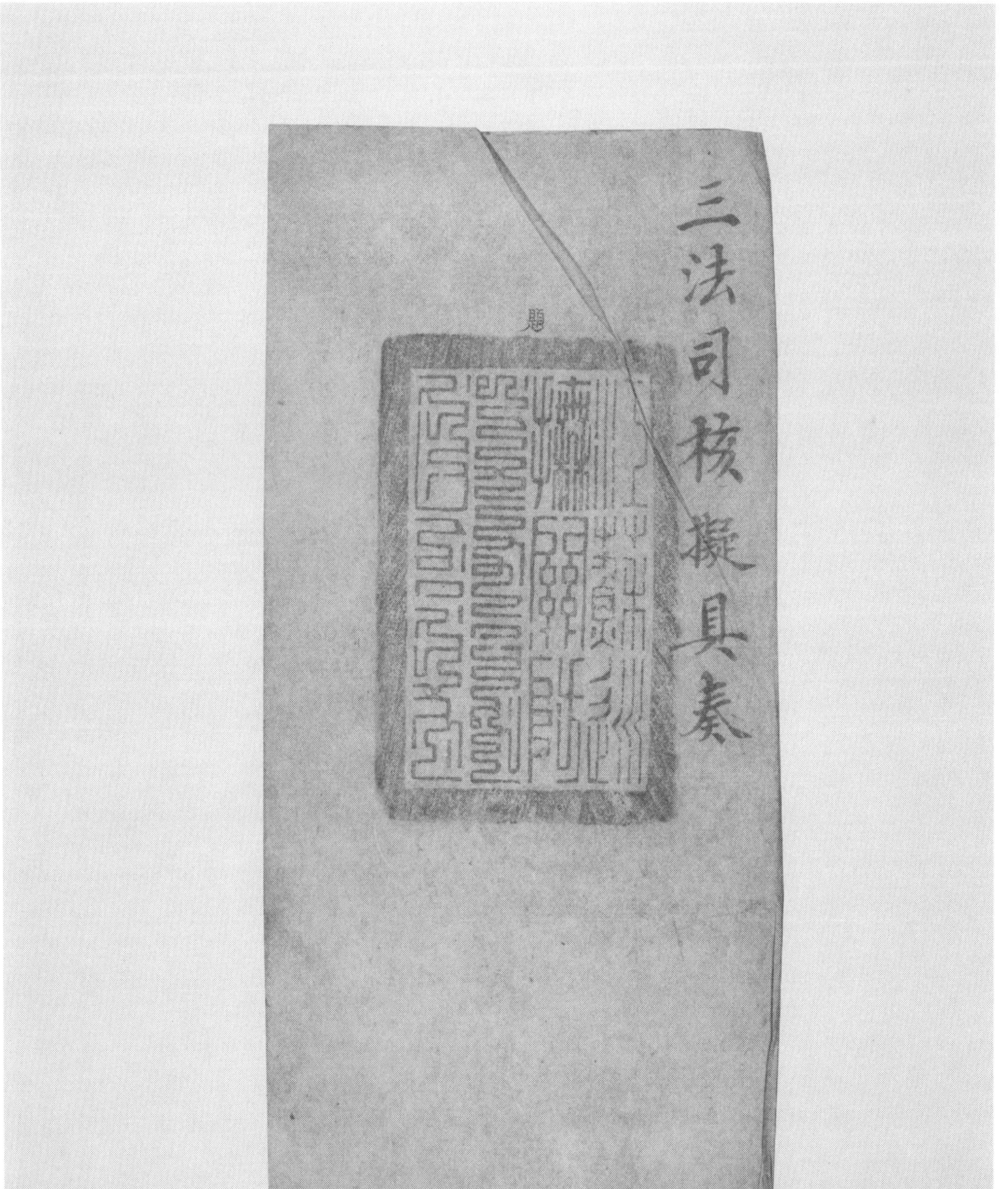
三法司核擬具奏

題

江蘇巡撫林則徐題本　審明武進縣民張阿二淹斃張組保案擬絞監候

道光十二年閏九月二十七日

兵部侍郎兼都察院右副都御史巡撫江蘇等處地方提督軍務總理糧儲臣林則徐謹
題為報驗事據江蘇按察使額騰伊詳據常州府
知府羅士菁詳據署武進縣知縣姚瑩詳稱道
光拾貳年叁月貳拾捌日據地保張川柱報據
民婦張凌氏投稱叁月貳拾柒日伊夫族弟張
阿二向伊夫張組保借錢口角彼此扭結同跌
落溝致伊夫張組保被淹身死等詞往查屬實
報候驗訊等情到縣據此即帶領吏仵前詣屍所
勘得該處有南北溝壹道溝面闊貳丈陸尺水
深柒捌尺不等勘畢如法相驗據仵作朱洽喝
報已死張組保問年肆拾陸歲驗得仰面兩眼
胞微閉兩鼻竅有水沫流出口合有水沫流出

致命咽喉抓傷壹處皮微碎兩手向前兩手心
皺白十指甲縫有泥沙肚腹膨脹拍有水聲合
面右臂膊有擦傷壹處皮碎細小難量分寸兩
脚心皺白餘無故委係生前溺水身死報畢親
驗無異填格取結屍飭棺殮隨訊據地保張川
柱供與報詞同據鄰證張燦林張東林張阿朋
張阿川同供道光拾貳年叁月貳拾柒日小的
們見張阿二在溝邊撞遇張組保向借錢文張
組保不允彼此口角扭結一同滾跌落溝小的
們連忙上前勸散不料張組保已被淹身死小
的們就通知張組保的妻子張凌氏走來看明
投保報驗的小的們勸阻不及是實據屍妻張

江蘇巡撫林則徐題本　審明武進縣民張阿二淹斃張組保案擬絞監候　道光十二年閏九月二十七日

凌氏供已死張組保是丈夫道光拾貳年叁月
貳拾陸日丈夫外出有飢民來家討錢吵鬧是
夫族弟張阿二走來勸散的貳拾柒日早丈夫
知何與張阿二會遇因張阿二借錢口角彼此
扭結同跌落溝婦人先不知道是張燦林們趕
來通知婦人連忙趕去查看不料丈夫已被淹
身死婦人訪查並沒別故求究依審究犯張阿
二供武進縣人年肆拾肆歲父母俱故哥子張
阿九妻子李氏沒生子女與無服族兄張組保
鄰好無嫌道光拾貳年叁月貳拾陸日張組保
外出有飢民在他家討錢吵鬧小的走去勸散
貳拾柒日小的與張組保在溝邊會遇告知前

情並向借錢數千約日歸還張組保不肯反說
飢民是小的串囑往搶把小的混罵小的生氣
回罵張組保揪住小的髮辮要打小的也回揪
他衣領致指甲抓傷他咽喉彼此扭結站立不
穩一同滾跌落溝經張燎林們看見把小的們
撈起不料張組保已被淹身死小的實因向張
組保借錢爭角彼此扭結滾跌落溝致張組保
被淹身死並非有心欲殺也沒起釁別故及在
場幫毆的人至張組保右臂膊的傷想是滾跌
落溝時擦傷的是實各等供據此將犯收禁錄
供通詳奉批飭審道光拾貳年伍月貳拾柒日
據禁卒稟報張阿二在監患病醫治詳咨於陸

月貳拾捌日報痊隨提覆訊除各供均與前審
無異不敘外該署武進縣知縣姚瑩審看得民
人張阿二扭跌張組保落溝淹死壹案緣張阿
二籍隸武進與無服族兄張組保鄰好無嫌道
光拾貳年叁月貳拾陸日張組保外出有飢民
在張組保家討錢吵鬧經張阿二勸散貳拾柒
日張阿二與張組保在溝邊會遇告知前情並
向借錢數千文約日歸還張組保不允聲言飢
民係張阿二串囑往擾出言混罵張阿二回詈
張組保揪住張阿二髮辮欲毆張阿二亦揪其
衣領致指甲抓傷張組保咽喉彼此扭結站立
不穩一同滾跌落溝擦傷右臂膊經張燦林等

瞥見務救詐張組保被淹殞命屍妻張凌氏投
保報縣驗訊通詳奉批飭審遵提犯研鞫據
供前情不諱詰非有心欲殺亦無起釁別故及
在場幫毆之人案無遁飾查律載同姓服盡親
屬相毆至死以凡論又鬭毆殺人者不問手足
他物金刃並絞監候等語此案張阿二因向張
組保借錢口角互相扭結同跌落溝致張組保
被淹斃命張組保係張阿二無服族兄自應按
律問擬張阿二合依同姓服盡親屬相毆至死
以凡論鬭毆殺人者不問手足他物金刃並絞
律擬絞監候秋後處決張燦林等勸救不及應
無庸議無干省釋屍棺飭屬領埋等情由府審

解到司該江蘇按察使額騰伊提犯親審核擬
無異解候勘
題等情招解到臣適臣前赴江寧辦理文闈監臨
公出飭委署蘇州布政使桂良提犯審供相同
臣覆核無異該臣看得武進縣民張阿二扭跌
張組保落溝淹死壹案緣張阿二籍隸武進與
無服族兄張組保鄰好無嫌道光拾貳年叁月
貳拾陸日張組保外出有飢民在張組保家討
錢吵鬧經張阿二勸散貳拾柒日張阿二與張
組保在溝邊會遇告知前情並向借錢數千文
約日歸還張組保不允聲言飢民係張阿二串
囑往擾出言混罵張阿二回詈張組保揪住張

阿二髮辮欲毆張阿二亦揪其衣領致指甲抓
傷張組保咽喉彼此扭結站立不穩一同滾跌
落溝滚傷右臂膊經張燦林等瞥見撈救詎張
組保被淹殞命屍妻張凌氏投保報縣驗訊通
詳審供不諱詰非有心欲殺亦無起釁別故及
在場幫毆之人案無遁飾查律載同姓服盡親
屬相毆至死以凡論又鬬毆殺人者不問手足
他物金刃並絞監候等語此案張阿二因向張
組保借錢口角互相扭結同跌落溝致張組保
被淹斃命張組保係張阿二無服族兄自應按
律問擬張阿二合依同姓服盡親屬相毆至死
以凡論鬬毆殺人者不問手足他物金刃並絞

江蘇巡撫林則徐題本　審明武進縣民張阿二淹斃張組保案擬絞監候
道光十二年閏九月二十七日

律擬絞監候秋後處決張煉林等撈救不及應
無庸議無干省釋屍棺飭屬領埋臣謹具
題伏乞
皇上聖鑒勅下三法司核覆施行再此案審限應以
道光拾貳年叁月貳拾捌報驗之日起除犯病
壹月又自縣由府解司程限肆日連閏統應扣
至拾月初貳日全限屆滿合並陳明謹題請
旨

江蘇巡撫林則徐題本　審明武進縣民張阿二淹斃張組保案擬絞監候

道光十二年閏九月二十七日

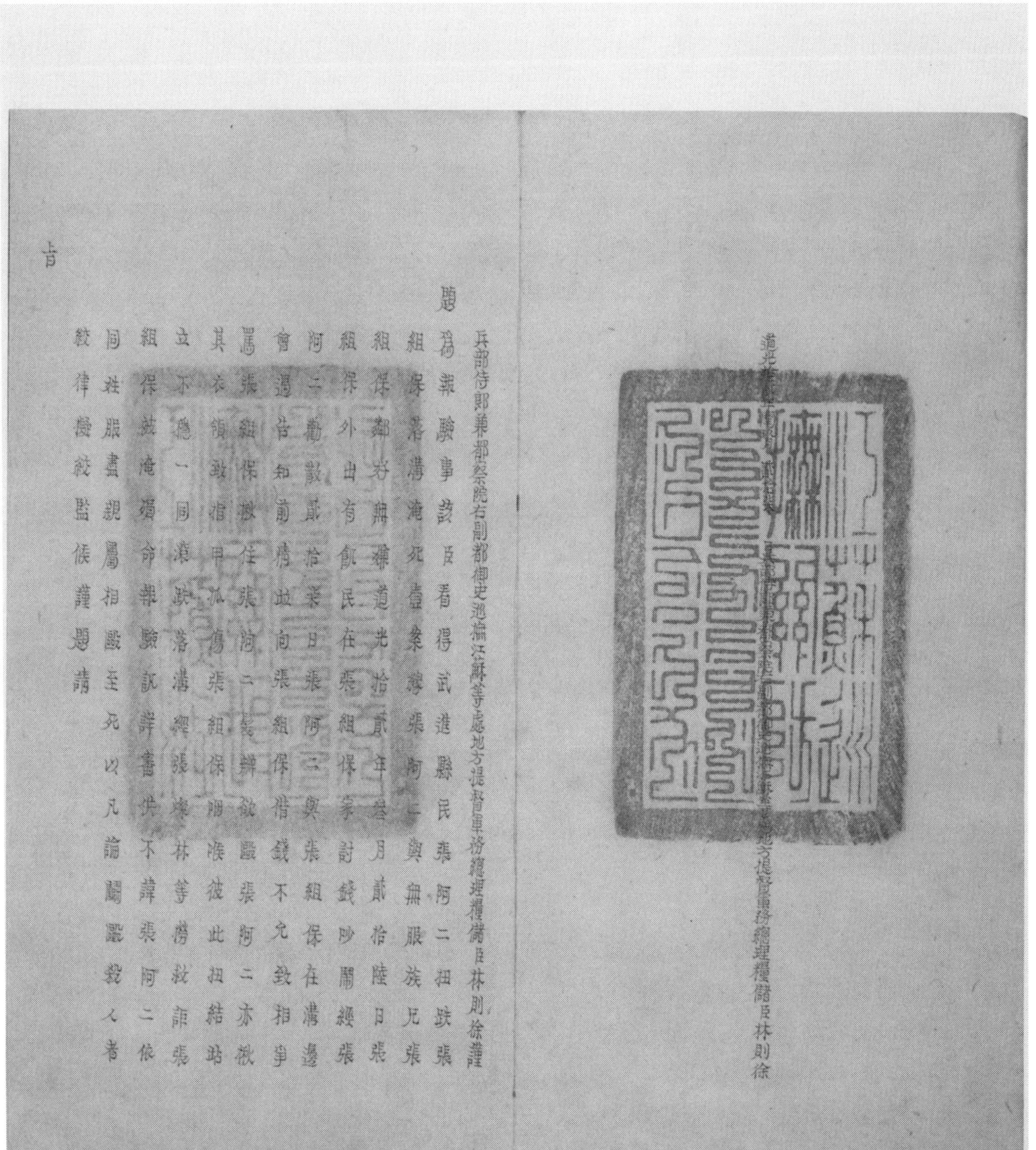

兵部侍郎兼都察院右副都御史巡撫江蘇等處地方提督軍務總理糧儲臣林則徐謹
題為報驗事該臣看得武進縣民張阿二扭跌張
組保落溝淹死一案緣張阿二與無服族兄張
組保鄰好無嫌道光拾貳年叁月貳拾陸日張
組保外出有飢民在張組保家討錢吵鬧經張
阿二勸散貳拾柒日張阿二與張組保在溝邊
會遇告知前情並向張組保借錢不允致相爭
罵張組保揪住張阿二髮辮欲毆張阿二亦揪
其衣領致指甲抓傷張組保胸膛彼此扭結站
立不穩一同滾跌落溝經張煥林等撈救詎張
組保被淹殞命報驗訊詳審供不諱張阿二依
同姓服盡親屬相毆至死以凡論鬬毆殺人者
絞律擬絞監候謹題請
旨

上諭

林則徐等搜捕逃犯尚有下落著穆彰阿折回會審挖隄重案

軍機大臣　字寄

欽差尚書穆　道光十二年閏九月二十九日奉

上諭本日據穆彰阿奏首犯日久未獲據實參奏一摺已明降諭旨將陶澍林則徐交部議處矣此案奸民盜決大隄即係地方廢弛之故計自八月二十一日起截至閏九月二十二日止已逾兩月此等要犯日久竟無一名弋獲尚復成何事體深堪憤恨前據林則徐奏陳端陳堂二犯據現獲載送該犯過湖之船户劉慶和盧二究出該犯等逃往安徽盱眙縣一帶該縣有廿二等先後窩留聞拏緊急復又縱逃已將廿二李七張九成獲案其陳光南一犯據探與伊父陳鳳山逃往下河阜寧一

帶已據林則徐分飭掩捕是該犯等尚有下落何
以竟未弋獲茲據穆彰阿奏拜摺後率同司員啟
程回京現尚有交辦事件想已接奉諭旨無論行
抵何處著即折回會同審訊且此案亦不可專委
該督等審辦更恐不實也將此諭令知之欽此遵
旨寄信前來

道光十二年閏九月二十九日内閣奉
上諭穆彰阿等奏穵隄首犯日久無獲先將糾人同
穵要從各犯分別定擬一摺此案張開太等聽從
陳端糾約穵隄該犯陳端與陳堂陳光南因黄水
盛漲希圖放淤肥地詐稱營弁知情糾人寅夜穵
放以致糜帑害民尤為可惡計自八月二十一日
起迄今已逾兩月此等要犯日久竟無一名弋獲
深堪憤恨地方官所司何事除已革署桃源縣知
縣劉履貞係協防之員與專管河員有間已革把
總錢永貴於河工並無協防之責業經革職枷號
工竣免其治罪外前署淮安府知府塔克興阿河
標右營遊擊三音特古斯經穆彰阿等請先行摘

去頂帶勒限兩月緝拏未免寬縱塔克興阿三音
特古斯均著先行革職限一個月幫緝果能將陳
端陳堂陳光南三名要犯於限內拏獲尚可稍從
末減若日久無獲仍從重治罪其現任淮安府知
府周熹現署桃源縣知縣徐麟趾亦俱著勒限一
個月加緊緝捕限滿無獲著該督等分別嚴參懲
處陶澍於所屬地方首犯未獲不將該管地方官
參劾著交部議處林則徐以奉旨緝拏之犯未能
密速掩捕又不親提嚴鞫僅以移交塞責着一併
交部議處並著該督撫一體趕緊緝務獲勿任一
名漏網倘日久不獲定當從重限治以應得之咎
決不寬貸所有案內糾人同窩要從各犯及已革

廳營員弁應得罪名俱着交刑部覈議具奏欽此

上諭　陶澍林則徐捕務廢弛著加恩留任務獲挖隄首犯

道光十二年十月初四日奉
旨陶澍著加恩改爲降四級留任林則徐改爲降五級留任此案挖隄要犯非尋常案犯可比迄今兩月有餘首犯尚未獲案捕務廢弛已極該督等務即嚴密迅速查拏倘日久再無弋獲定將該督等從重治罪決不稍加寬貸欽此

吏部尚書文孚等奏摺　陶澍林則徐緝捕挖隄要犯不力請依例降級

吏部摺　議處陶澍林則徐由

奏

旨交　隨

十月初四日

吏部尚書文孚等奏摺 陶澍林則徐緝捕挖隄要犯不力請依例降級

道光十二年十月初四日

協辦大學士吏部尚書臣文孚等謹

奏為遵

旨議處具奏事道光十二年閏九月二十九日內閣奉

上諭穆彰阿等奏穵隄首犯日久未獲先將糾人同穵要從各犯分別定擬一摺此案張開泰等聽從陳端糾約穵隄該犯陳端與陳堂陳光南因黃水盛漲希圖放淤肥地詐稱營弁知情糾人夤夜穵放以致糜爛害民尤為可惡計自八月二十一日起迄今已逾兩月此等要犯日久竟無一名弋獲深堪憤恨地方官所司何事除已革署桃源縣知縣劉履貞係協防之員與專管河員有間已革把總錢永貴於河工並無協防之責業經革職枷號

工竣免其治罪外前署淮安府知府塔克興阿河
標右營遊擊三音特古斯經穆彰阿等請先行摘去
頂帶勒限兩月緝拏未免寬縱塔克興阿三音特
古斯均著先行革職勒限一個月幫緝果能將陳
端陳堂陳光南三名要犯於限内拏獲尚可稍從
末減若日久無獲仍當從重治罪其現任淮安府
知府周燾現署桃源縣知縣徐麟趾亦俱著勒限
一個月加緊緝捕限滿無獲著該督等分別嚴參
懲處陶澍於所屬地方首犯未獲不將該管地方
官參處著交部議處林則徐以奉旨緝拏之犯未
能密速掩捕又不親提研鞫僅以移交塞責著
一併交部議處並著該督撫一體趕緊嚴緝務獲

勿任一名漏網倘日久不獲定當從重治以應得
之咎決不寬貸所有案內糾人同宄要從各犯及
已革廳營員弁應得罪名俱著交刑部覈議具奏
欽此欽遵抄出到部　查律載事應奏而不
奏者杖八十係私罪降三級調用又例載通緝
要犯文武衙門不互相協拏者降一級調用又
例載民間詞訟如田畝溝洫鄉地呈報地方官
覈明如不為親審將命盜案內緊要情節及重
大事件批令鄉地查覆者降三級調用等語除
已革桃源縣知縣劉履貞已革把總錢永貴業
經革職枷號工竣免其治罪前署淮安府事淮
安府通判塔克興阿河標右營遊擊三音特古

斯均著先行革職勒限一個月幇緝若日久無
獲從重治罪淮安府知府周燾署桃源縣知縣
徐麟趾俱著勒限一個月加緊緝捕限滿無獲
著該督等分别嚴參懲處之處臣部恭錄
諭旨移咨該督等欽遵辦理外此案陶澍於所屬地
方首犯未獲不將該管地方官參處欽奉
諭旨交部議處林則徐以奉
旨緝拏之犯未能密速掩捕又不親提研鞫僅以移
交塞責奉
旨一併交部議處應將兩江總督陶澍照應奏不奏杖
八十私罪律降三級調用江蘇巡撫林則徐以奉
旨緝拏之犯未能密速掩捕應比照通緝要犯不互

相協拏例降一級調用該撫又不親提研鞫僅
以移交塞責應比照重大事件不為親審批令
鄉地查覆例再降三級調用陶澍林則徐降調
處分均毋庸查加級議抵所有臣等遵
旨議處緣由理合恭摺具
奏伏乞
皇上聖鑒
訓示遵行謹
奏

道光十二年十月初四日

協辦大學士吏部尚書臣文孚

吏部尚書臣潘世恩

吏部左侍郎臣宗室奕經留署

吏部左侍郎臣杜堮

吏部右侍郎臣桂輪

吏部右侍郎臣湯金釗

江蘇巡撫林則徐題本

題參前署吳江縣知縣平翰等疎防盜案限滿逸犯未獲（破損）

兵部侍郎兼都察院右副都御史巡撫江蘇等處地方提督軍務總理糧儲臣林則徐謹
題爲詳參疏防文職事據江蘇按察使額騰伊詳
稱據蘇州府知府程銓詳據署吳江縣知縣張
之杲詳稱道光拾貳年肆月拾叁日據差役梅
松等稟稱奉差巡緝於肆月拾貳日夜會同汛
兵尤鳳沅及汾湖司弓兵計順等駕船巡至七
里港地方有事主張洪高搭趁徐沅舉貨船往
嘉興生意被匪搶奪洋銀棉被拉住一賊致被
用刀拒傷左手腕手背并毆傷幫補之徐興隴
伊等聞喊上前查拏當將匪船獲住並獲貳人
詢名蔣升祥蔣阿四并起出秀水縣官銜燈籠
壹箇原贓棉被壹條帶案稟究等情到縣經前

署縣平翰會營前詣勘得失事處所離城柒拾
里離吉慶汛柒里並無墩鋪防兵勘畢飭仵驗
得張洪高左手腕手背刃傷各壹處又驗得徐
興隴左腮頰鐵器傷壹處填單飭營估贓值銀
柒兩捌錢訊據蔣升祥供認受雇駕船聽從逸
犯王老大起意夥同在逃之趙阿大趙阿二白
阿四藉查鴉片煙主搶奪事主張洪高船上洋
錢棉被王老大等拒傷事主並幫捕之徐興隴
該犯與白阿四俱在本船先不知拒捕情事蔣
阿四年幼無知亦非同夥等情造冊錄供通詳
奉批緝審茲查事主張洪高等傷均平復審將
蔣升祥依搶奪為從擬杖玖拾徒貳年半照例

監候待質詳解勘轉在案此案同夥伍人僅獲
夥犯壹名尚有拒捕首夥王老大等肆名未獲
疎防職名仍應照例開參合將印捕職名開送
等情由府開列督捕督緝職名到司並准巡道
移送兼轄職名前來除飭勒緝首犯王老大等
務獲究報外該江蘇按察使額騰伊查得吳江
縣事主張洪高貨船被搶拒傷平復拏獲夥犯
蔣升祥壹案疎防例限肆箇月應以道光拾貳
年肆月拾貳失事之日起扣至捌月拾貳日滿
所有文職疎防職名印官係前署吳江縣知縣
平翰捕官係吳江縣汾湖司巡檢查履泰督捕
係不同城前署蘇州府總捕同知元和縣知縣

何士祁督緝係不同城前任蘇州府知府李國
瑞兼轄係不同城前任蘇松太道程懷璟查印
官平翰於柒月拾陸日未經限滿之先調署元
和縣印事署縣張之杲是日到任接緝應俟接
扣限滿再行詳參督捕同知何士祁亦於柒月
貳拾肆日未經限滿之先卸事督緝知府李國
瑞亦於陸月貳拾肆日疎防限内陞任徐州道
卸事均不復回任應請議結兼攝同知卽係接
督緝知府程銓俱例無處分兼轄巡道程懷璟
已於肆月拾捌日未經限滿之先陞任廣東運
司卸事不復回任應請議結現任巡道吳其泰
係接督緝之員例無處分相應聲明詳候核參

等情到臣據此該臣查得吳江縣事主張洪高
首船被搶拒傷平復等獲夥犯蔣升祥壹案疏
防例限肆箇月應以道光拾貳年肆月拾貳失
事之日起扣至捌月拾貳日滿此案同夥伍人
僅獲夥犯壹名尚有拒捕首夥王老大等肆名
未獲開列疏防職名請參前來除飭勒緝首犯
王老大等務獲究報外所有文職疏防職名印
官係前署吳江縣知縣平翰捕官係吳江縣汾
湖司巡檢查履泰督捕係不同城前署蘇州府
總捕同知元和縣知縣何士祁督緝係不同城
前任蘇州府知府李國瑞兼轄係不同城前任
蘇松太道程懷璟相應列參聽候部議查印官

平翰已於柒月拾陸日未經限滿之先調署元
和縣印事署縣張之杲是日到任接緝應俟接
扣限滿再行咨參督捕同知何士祁亦於柒月
貳拾肆日未經限滿之先印事督緝知府李國
瑞亦於陸月貳拾肆日疏防限內陞任徐州道
印事均不復回任應請議結兼攝同知即係接
督緝知府程銓俱例無處分兼轄巡道程懷璟
已於肆月拾捌日未經限滿之先陞任廣東運
司印事不復回任應請議結現任巡道吳其泰
係接督緝之員例無處分再失事處所離城柒
拾里離吉慶汛柒里並無墩鋪防兵合並陳明
臣謹具

題伏乞

皇上聖鑒勅部議覆施行謹題請

旨

道光[illegible]提督軍務兼理糧餉臣林則徐

江蘇巡撫林則徐題本 題參前署吳江縣知縣平翰等疎防盜案限滿逸犯未獲

道光十二年十月初七日

兵部侍郎兼都察院右副都御史巡撫江蘇等處地方提督軍務總理糧儲臣林則徐謹

題爲詳參疎防文職事。該臣查得吳江縣事主張

洪高貨船被搶拒傷平復，拏獲夥犯蔣升祥壹

案疎防例限肆箇月，應以道光拾貳年肆月拾

貳日失事之日起，扣至捌月拾貳日滿。此案同夥

伍人，僅獲夥犯壹名，尚有拒捕首夥王老大等

肆名未獲。開列疎防職名，請參前來。除飭勒緝

首犯王老大等務獲究報外，所有文職疎防職

名，印官係前署吳江縣知縣平翰，捕官係吳江

縣汾湖司巡檢查履泰，督捕係不同城前署蘇

州府總捕同知元和縣知縣何士祁，督緝係不

同城前任蘇州府知府李國瑞兼轄係不同城

前任蘇松太道程懷璟，相應列參，聽候部議。謹

題請

旨

審明荊溪縣民徐儉大故殺閔洪大身死擬斬監候（首缺）

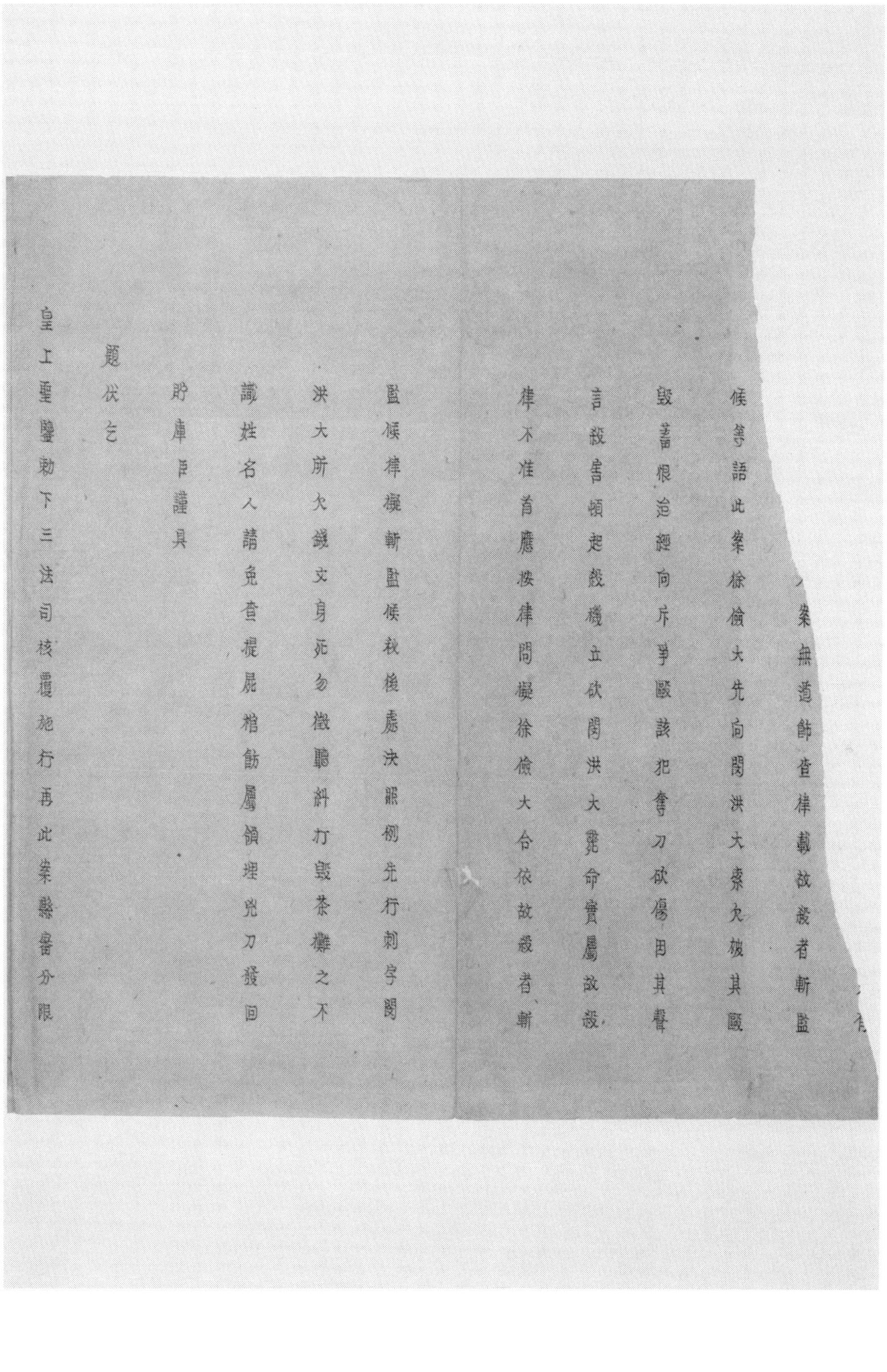
案無遁飾查律載故殺者斬監
候等語此案徐儉大先向閔洪大索欠被其毆
毀蓄恨追趕向斥爭毆該犯奪刀砍傷因其聲
言殺害頓起殺機立砍閔洪大斃命實屬故殺
律不准首應按律問擬徐儉大合依故殺者斬
監候律擬斬監候秋後處決照例先行刺字閔
洪大所欠錢文身死勿徵聽糾打毀茶攤之不
識姓名人請免查提屍棺飭屬領埋兇刀發回
貯庫臣謹具
題伏乞
皇上聖鑒勅下三法司核覆施行再此案縣審分限

叁箇月應以道光拾貳年叁月拾伍該犯投首
之日起除犯病壹箇月加至柒月拾伍日滿前
縣張綬組未及審解於柒月初伍日卸事該縣
陳增稔是日到任接審前官承審壹月以工例
得加展壹箇月加至捌月拾伍日滿依限審解
府司院分限叁箇月應以捌月拾伍該縣審解
之日起除自縣由府解司程限陸日連閏統應
扣至拾月貳拾壹日全限屆滿合并陳明謹題
請
旨

江蘇巡撫林則徐題本　審明荆溪縣民徐儉大故殺閔洪大身死擬斬監候
道光十二年十月初七日

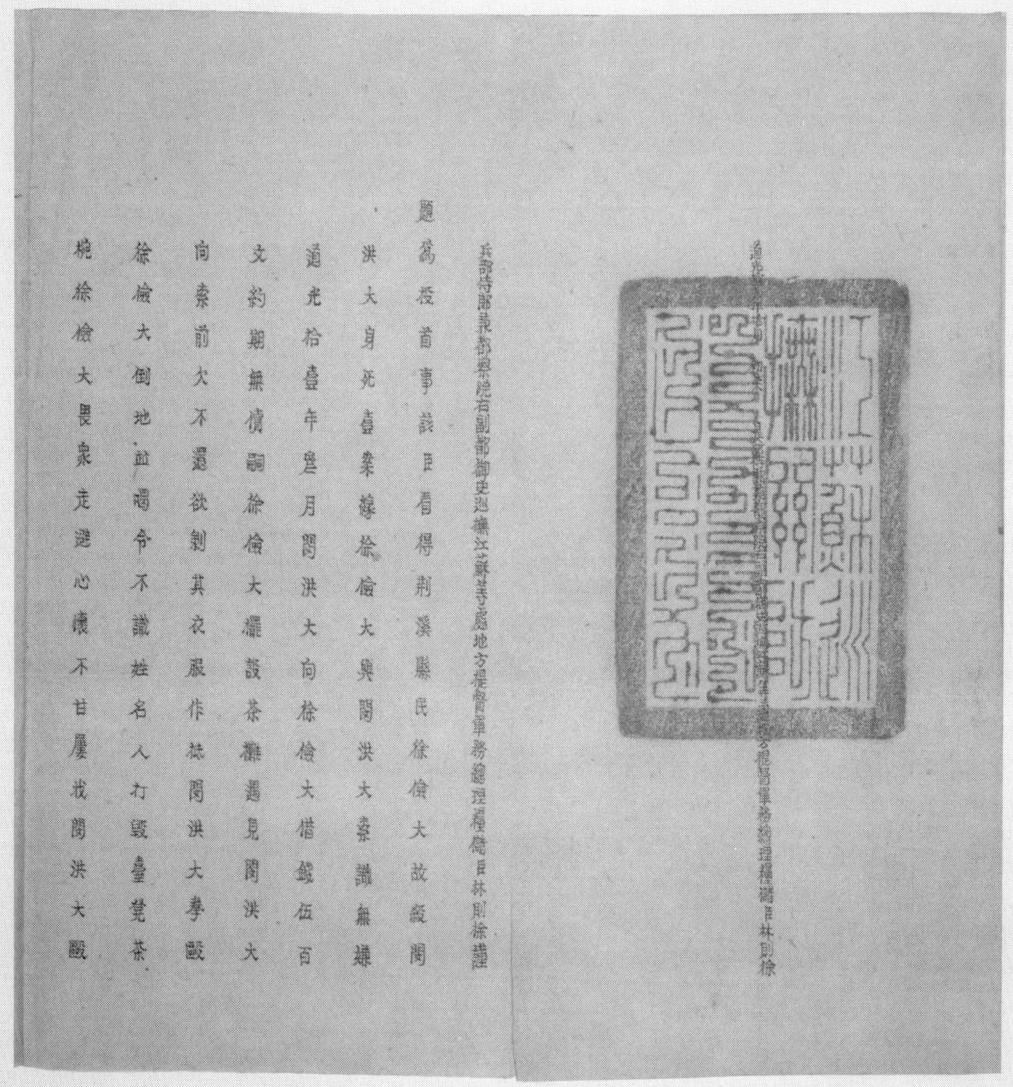

提督軍務總理糧儲臣林則徐

兵部侍郎兼都察院右副都御史巡撫江蘇等處地方提督軍務總理糧儲臣林則徐謹
題爲投首事該臣看得荆溪縣民徐儉大故殺閔
洪大身死一案緣徐儉大與閔洪大素識無嫌
道光拾壹年叁月閔洪大向徐儉大借錢伍百
文約期無償嗣徐儉大擺設茶攤遇見閔洪大
向索前欠不還欲剝其衣服作抵閔洪大拳毆
徐儉大倒地並喝令不識姓名人打毀臺凳茶
碗徐儉大畏衆走避心懷不甘屢找閔洪大毆

江蘇巡撫林則徐題本　審明荊溪縣民徐儉大故殺閔洪大身死擬斬監候
道光十二年十月初七日

打未還拾貳年叁月拾伍日徐儉大見閔洪大
在地割菜復向索欠并斥其不應賴債行兇致
相爭罵閔洪大手持菜刀向砍徐儉大閃避將
刀奪獲閔洪大彎身拾石徐儉大用刀砍傷其
項頸倒地閔洪大聲言定將徐儉大殺害徐儉
大一時忿恨頓起殺機即用刀砍傷其咽喉立
時殞命赴縣投首驗訊審供不諱徐儉大依故
殺律擬斬監候秋後處決謹題請
旨

兩江總督陶澍江蘇巡撫林則徐奏摺　請以何士祁陞補松江府川沙撫民同知

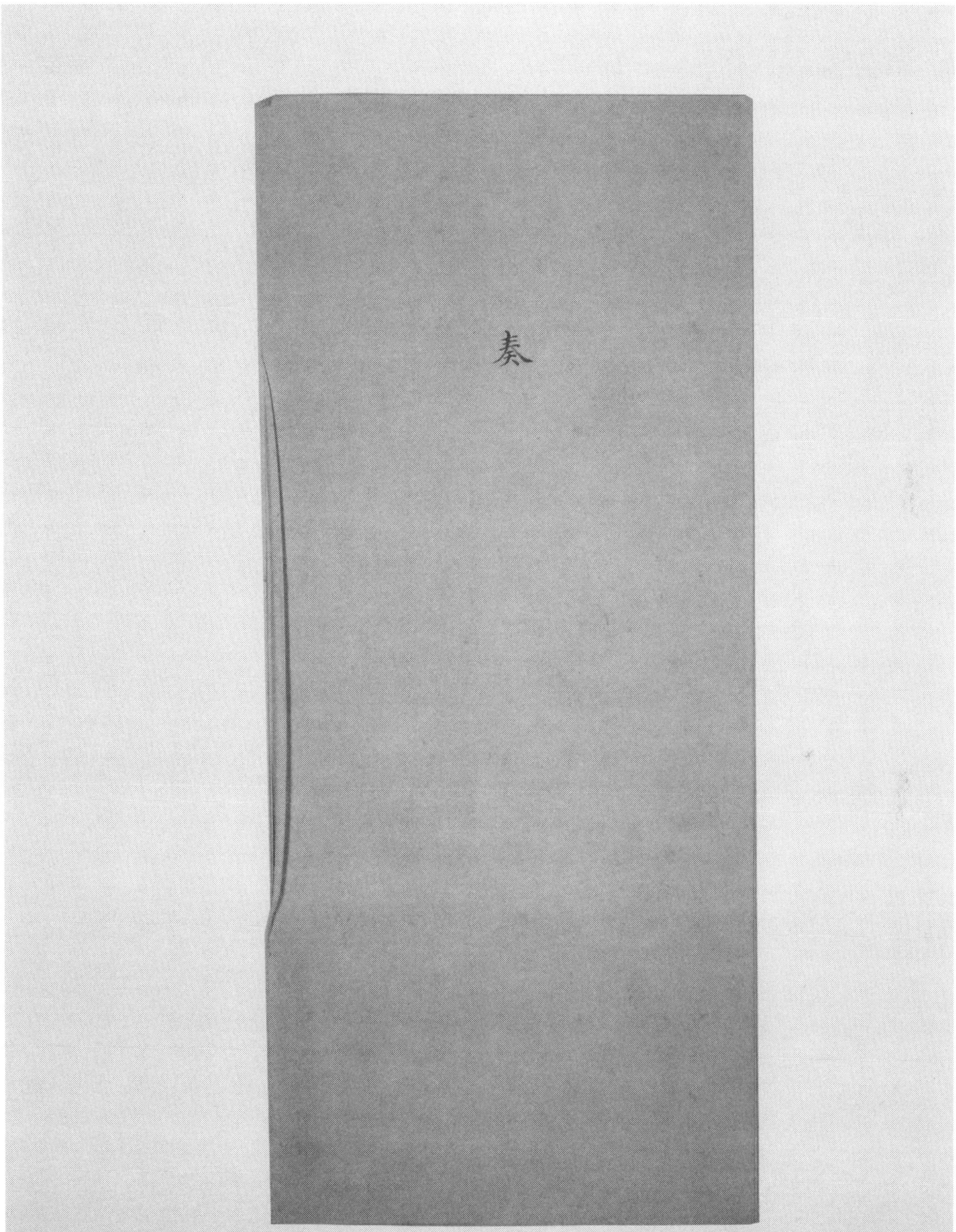

兩江總督陶澍江蘇巡撫林則徐奏摺　請以何士祁陞補松江府川沙撫民同知
道光十二年十月十四日

兩江總督臣陶澍
江蘇巡撫臣林則徐跪

奏為沿海要缺同知需員恭懇

聖恩俯准陞補以裨地方仰祈

聖鑒事竊照松江府川沙撫民同知鄭其忠告病業

經具

題在案所遺員缺係沿海緊要例應在外揀選陞

調臣等與藩臬兩司於通省現任同知内逐加

遴選非現居要缺即人地未宜一時實無合例

堪調之員惟查有元和縣知縣何士祁年四十

歲浙江進士奉

旨以知縣用分發江蘇

奏補元和縣知縣患病解任就近在蘇醫痊請咨

赴部引
見奉
旨發往原省照例用欽此坐補令職該員年富才明
辦事諳練前後接算歷俸已滿三年與陞補之
例相符且現在署理川沙撫民同知經理裕如
以之陞補實堪勝任據藩臬兩司會詳請
奏前來合無仰懇
皇上天恩俯念沿海要缺需員准以何士祁陞補松
江府川沙撫民同知洵於海疆要缺大有裨益
該員前次引
見後雖未滿三年令請陞同知如蒙
俞允仍應給咨送部引

見恭候
欽定所有任內一切因公處分遵例毋庸核計其罰
俸銀兩飭令照例完繳詳咨銷案所遺元和縣
知縣係省會要缺容另遴員請補合併陳明謹
合詞恭摺具
奏伏乞
皇上聖鑒訓示謹
奏
另有旨

道光十二年十月　十四　日

兩江總督陶澍江蘇巡撫林則徐奏摺　請以晏曙東補授桃源縣知縣

道光十二年十月十四日

兩江總督陶澍江蘇巡撫林則徐奏摺　**請以晏曙東補授桃源縣知縣**

奏

兩江總督陶澍江蘇巡撫林則徐奏摺　請以晏曙東補授桃源縣知縣
道光十二年十月十四日

兩江總督臣陶澍
江蘇巡撫臣林則徐　跪
奏為沿河要缺知縣需員恭懇
聖恩俯准補授以裨地方仰祈
聖鑒事竊照桃源縣知縣劉履貞因協防大汛不力
未能迅速獲犯
奏參革職所遺員缺係衝繁難兼三沿河要缺例
應在外揀調該縣地居孔道政務殷繁必須精
明幹練熟悉河務之員方足以資治理臣等與
藩臬各司在於通省現任簡缺及候補知縣內
逐加遴選一時實無合例堪調之員惟查有河
工候補知縣晏曙東年四十六歲雲南舉人丁
丑科會試大挑一等復挑河工引

見奉
旨以河工知縣用簽掣南河試用期滿先以佐貳借補
因防守出力
奏准以本班儘先補用嗣經丁憂服滿仍赴原工
借補宿遷縣管河縣丞道光八年八月到任業
經照例保題實授委署安東縣任內挑辦民便
一帆兩河工程出力
奏奉
諭旨以沿河知縣無論繁簡酌量補用旋於九年八
月丁母憂回籍服滿於道光十二年四月二十
日領咨到工現尚未借補佐貳該員精明勤練
熟悉河工以之請補桃源縣沿河知縣實堪勝

任且查前有南河大挑知縣借補邳州州判崔
志元於請實授後丁憂服滿回工未經借補旋
即
奏補銅山縣沿河要缺奉部覆准有案晏曙東事
同一律又係奉
旨無論繁簡酌量補用之員合無仰懇
聖恩俯念沿河繁缺緊要准以晏曙東補授桃源縣
知縣實於地方河工皆有裨益如蒙
俞允該員係大挑知縣請補知縣銜缺相當毋庸送
部引
見亦無須查造叅罰臣等往返劄商意見相同謹會
同江南河道總督臣張井合詞恭摺具

奏伏乞
皇上聖鑒訓示謹
奏
另有旨

道光十二年十月　十四　日

兩江總督陶澍江蘇巡撫林則徐奏摺　請以晏曙東補授桃源縣知縣
道光十二年十月十四日

兩江總督陶澍江蘇巡撫林則徐奏片

奏報緝獲桃源縣挖隄要犯陳堂陳欽飭解審辦

再桃源縣奸民穵隄一案經臣陶澍會同穆彰阿將河營弁兵緝獲之孫在山該府縣緝獲之劉開成張開太海東樓趙步堂陳明等十餘犯分別審擬具

奏在案惟首犯陳端陳堂及陳光南陳欽未獲迭經臣等分飭該管之河標營汛及本省地方官並咨鄰省各處一體嚴緝務獲茲據淮安府知府周燾署桃源縣知縣徐麟趾革職淮安府通判前署淮安府知府塔克興阿稟報飭捕購線派撥幹役同家丁四路躧緝至泗州雙溝地方於十月初二日將要犯陳堂拏獲並據革職遊擊三音特古斯稟同前因又據署安徽泗州直

兩江總督陶澍江蘇巡撫林則徐奏片　奏報緝獲桃源縣挖隄要犯陳堂陳欽飭解審辦

道光十二年十月十四日

隸州王恩植禀稱疊奉札飭勒拏決堤逸犯前
據盱眙縣知縣余君壽禀獲窩留之甘二等並
獲來安縣之雷林芝等究出陳端蹤跡派役跟
緝茲於十月初六日在州境崔家集地方將案
內要犯陳欽拏獲有營兵及桃源縣役同獲解
案訊據陳欽供認聽從海東樓糾同陳端陳堂
陳明陳光南孫在山等決堤放淤屬實伊與陳
堂陳端三人同逃旋經分路各跑陳端因有表
親曾做過山東東阿縣袁杰之子袁雙官現在
寄居東昌府城外本是桃源人投奔前去等語
除飭將陳堂陳欽二犯解案從嚴審辦一面派
員追緝陳端等務獲並飛咨山東巡撫轉飭東

兩江總督陶澍江蘇巡撫林則徐奏片　奏報緝獲桃源縣挖隄要犯陳堂陳欽飭解審辦
道光十二年十月十四日

昌府一體嚴密查拏外所有緝獲要犯陳堂陳
欽飭解審辦緣由合併附片具陳伏乞
聖鑒謹
奏
另有旨

江蘇巡撫林則徐奏片

奏報江蘇省道光十二年九月份收捐監生銀數

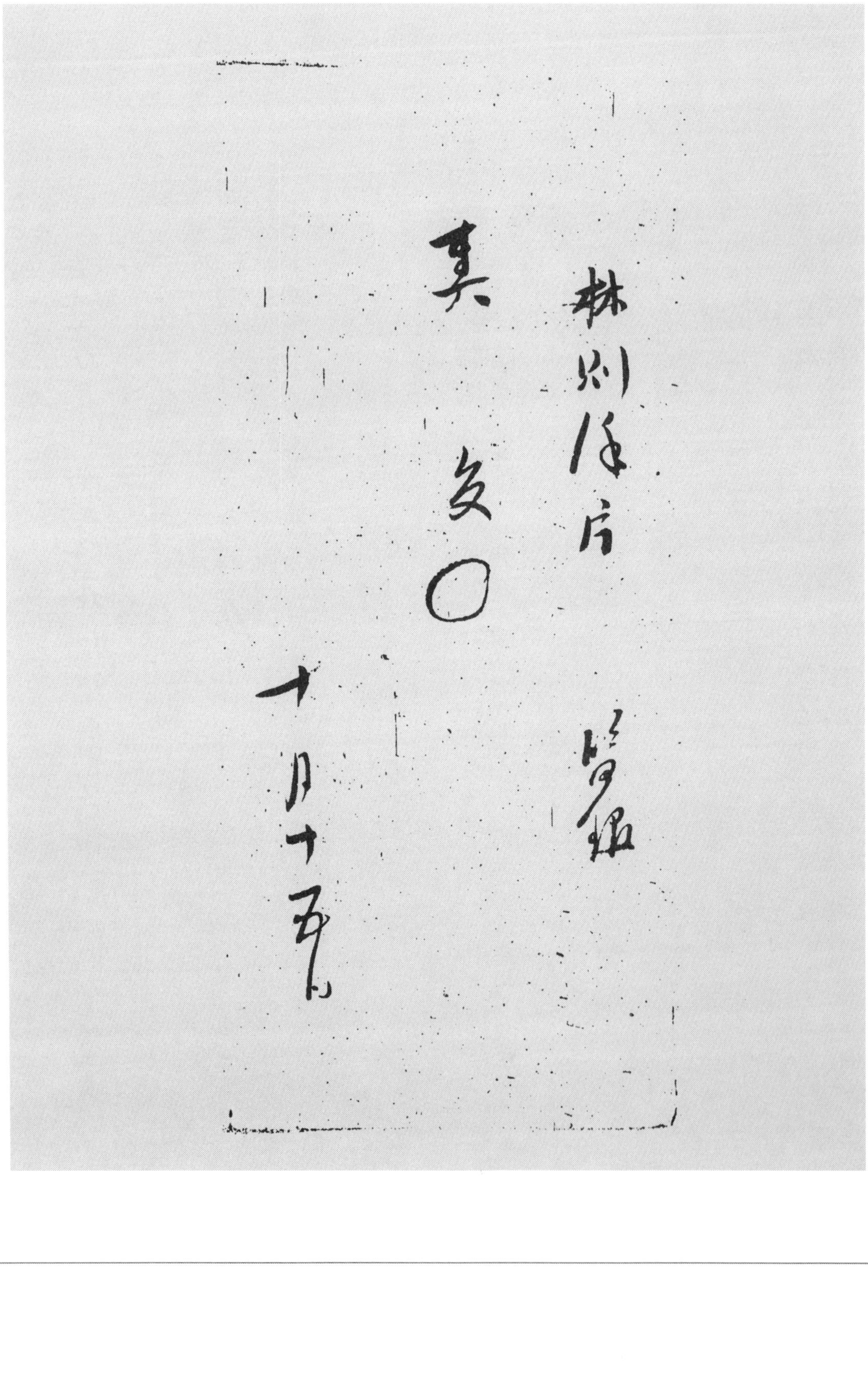

江蘇巡撫林則徐奏片 奏報江蘇省道光十二年九月份收捐監生銀數 道光十二年十月十五日

再江寧蘇州兩屬庫收捐監生銀數截至道光
十二年八月底止業經臣附
奏在案查江寧藩庫自嘉慶五年至道光十
二年八月底共收捐監銀三百一十七万八千二百二
十二兩除節次撥解及提歸封貯外存銀四万
一千八百六十二兩茲九月分又收捐監生二十六名
計銀二千八百八兩共存銀四万四千六百七十兩蘇
州藩庫自嘉慶五年至道光十二年八月底
共收捐監銀四百七十五万七千五百一十兩除節次
撥解及提歸封貯並請留備用外存銀七万八千九
百七十兩茲九月分又收捐監生九十一名計銀九千

銀二十八兩共存銀八萬八千七百九十八兩前准部
咨撥俟湊足十万兩再行起解續收五万兩歸補封
貯等因此次收某兩應存捐監銀兩俟存解
部俟收有成數再行委解理合附片陳明謹
奏
道光十二年十月十五日奉
硃批戶部知道欽此

調補違例奉旨加恩寬免處分謝恩

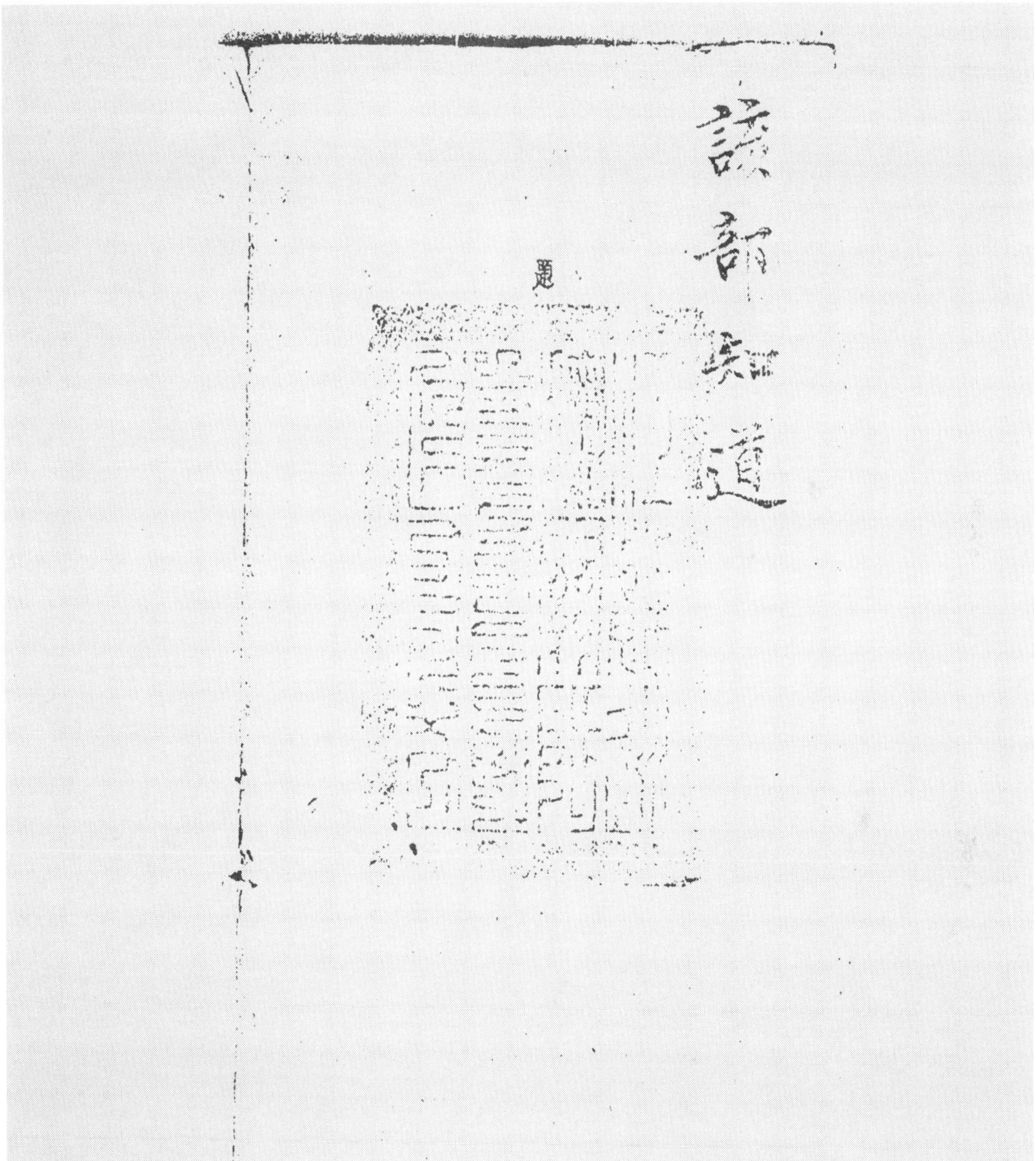
該部議

江蘇巡撫林則徐題本　調補違例奉旨加恩寬免處分謝恩
道光十二年十月二十日

兵部侍郎兼都察院右副都御史巡撫江蘇等處地方提督軍務總理糧儲臣林則徐謹
題爲恭謝
天恩事道光拾貳年玖月貳拾日准吏部咨開議覆
婁縣知縣曾錫齡尚未到選授本任與調補之
例不符唯該督等業將不合例緣由於摺内聲
敘臣部應遵例據實具奏恭候
欽定如奉
旨准其調補將該督等處分寬免如不准行仍照例
議處等因道光拾貳年捌月拾貳日奉
旨江蘇無錫縣知縣員缺准其以曾錫齡調補所有
該督等應得處分著加恩寬免欽此移咨到臣當
即望

闕叩謝
天恩欽遵飭知外伏念臣因無錫縣知縣員缺地當
孔道政務殷繁必得精明幹練之員方足以資
治理遂加遴選實無合例堪調之員是以將婁
縣知縣曾錫齡
奏請調補經吏部遵例議駁仰蒙我
皇上俯准所請
加恩寬免處分聞
命之下感戴難名臣惟有督飭曾錫齡實心任事益
矢勤慎以冀仰報
高厚鴻慈於萬一所有臣感激下忱謹會同兩江總
督臣陶澍合詞恭疏具

題叩謝
天恩伏乞
皇上聖鑒謹具題
聞

道光十二年十月二十日[illegible]巡撫江蘇等處地方提督軍務總理糧儲臣林則徐

江蘇巡撫林則徐題本　調補違例奉旨加恩寬免處分謝恩
道光十二年十月二十日

兵部侍郎兼都察院右副都御史巡撫江蘇等處地方提督軍務兼理糧餉臣林則徐謹
題爲恭謝
天恩事道光拾貳年玖月貳拾日准吏部咨開議覆
婁縣知縣曾錫齡尚未到選投本任與調補之
例不符唯該督等業將不合例緣由於摺内聲
敘臣部應遵例察覈具奏恭候
欽定如奉
旨准其調補將該督等處分寬免如不准行仍照例
議處等因道光拾貳年捌月拾貳日奉
旨江蘇無錫縣知縣員缺准其以曾錫齡調補所有
該督等應得處分著加恩寬免欽此移咨到臣當
即望
闕叩謝
天恩欽遵飭知外伏念臣因無錫縣知縣員缺地當
孔道政務殷繁必得精明幹練之員方足以資
治理逐加遴選實無合例堪調之員是以將婁
縣知縣曾錫齡
奏請調補經吏部遵例議駁仰蒙
皇上俯准所請
加恩寬免處分聞
命之下感戴難名臣惟有督飭曾錫齡實心任事益
矢勤慎以冀仰報
高厚鴻慈於萬一所有臣感激下忱謹會同兩江總
督臣陶澍合詞恭疏具
題叩謝
天恩伏乞
皇上聖鑒謹具題
聞

江蘇巡撫林則徐題本　請以克實泰坐補江寧府督糧同知
道光十二年十月二十日

江蘇巡撫林則徐題本　請以克實泰坐補江寧府督糧同知

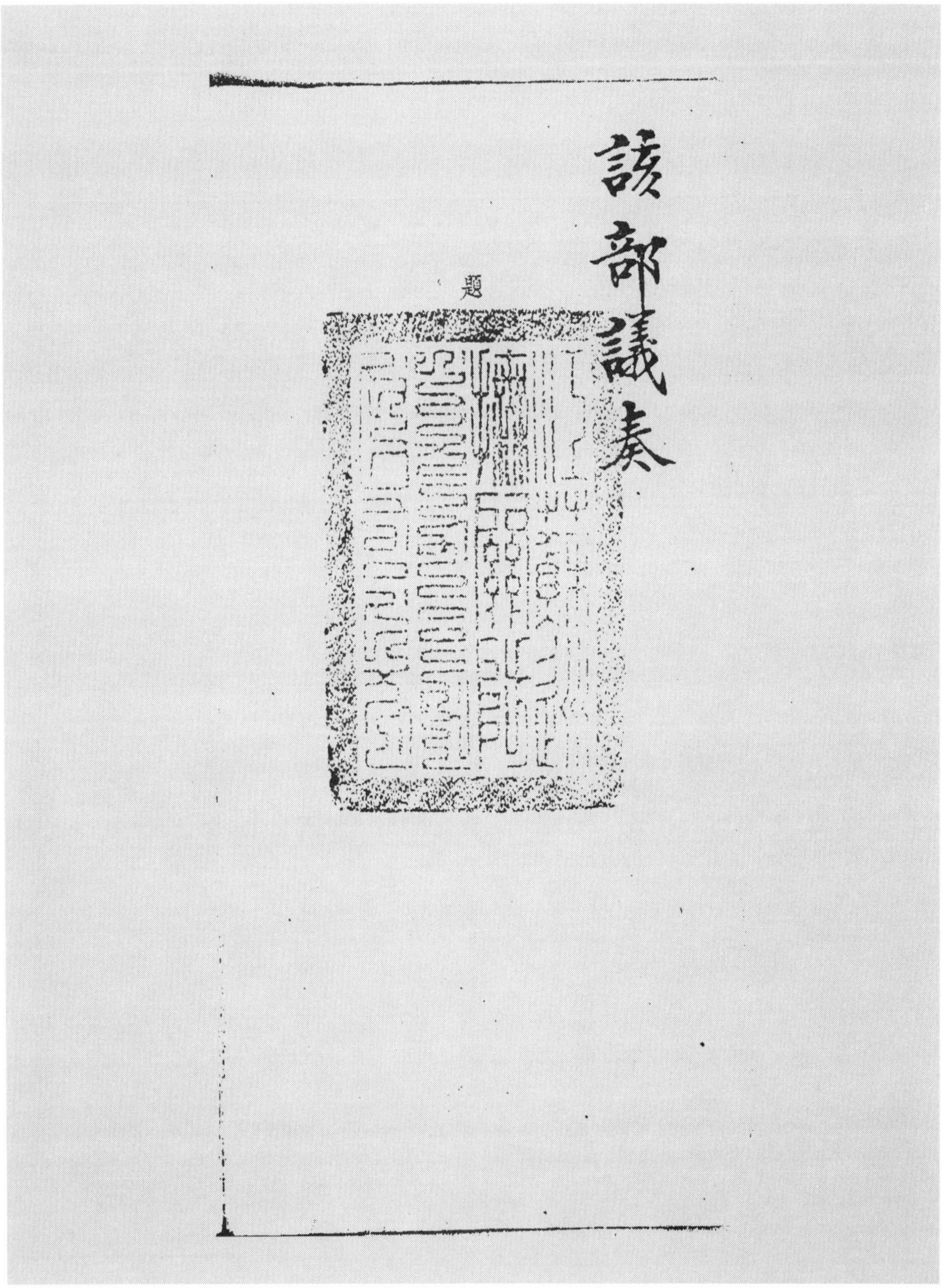
該部議奏

題

江蘇巡撫林則徐題本　請以克實泰坐補江寧府督糧同知
道光十二年十月二十日

兵部侍郎兼都察院右副都御史巡撫江蘇等處地方提督軍務總理糧儲臣林則徐謹
題爲詳請
題補事據江寧布政使趙盛奎會同江蘇按察使
額騰伊詳稱竊照江寧府督糧同知宋獻章病
故奉於道光拾貳年玖月貳拾捌日具
題開缺所遺江寧府督糧同知係屬簡缺雖應歸
部選惟現有在省坐補之員聲請留缺坐補在
案查得坐補江寧府督糧同知克實泰年肆拾
捌歲係正紅旗滿洲德勝保佐領下人由官學
生考取清字中書補授實缺保送撫民同知引
見奉
旨記名遴授江寧府督糧同知嘉慶貳拾伍年肆月拾

陸日到任委署泰州知州道光肆年伍月因病
呈請回旗調理嗣經呈報病痊引
見奉
旨克實泰著發往原省照例用欽此道光柒年伍月
拾壹日到省復查該員才具明晰辦事勤謹堪
以坐補江寧府督糧同知與例相符相應詳候
會
題再該員係坐補同知今補原缺無庸送部引
見合並聲明等情到臣據此該臣查得江寧府督糧
同知宋麟章病故經臣於道光拾貳年玖月貳
拾捌日具
題所遺江寧府督糧同知係屬簡缺雖應歸部選

性現有在省坐補之員聲請留缺坐補在案茲
據江寧布政使趙盛奎等會詳查有坐補江寧
府督糧同知克實泰年肆拾捌歲係正紅旗滿
洲德勝保佐領下人由官學生考取清字中書
補授實缺保送撫民同知引
見奉
旨記名選授江寧府督糧同知嘉慶貳拾伍年肆月拾
陸日到任委署泰州知州道光肆年伍月因病
呈請回旗調理嗣經呈報病痊引
見奉
旨克實泰著發往原省照例用欽此道光柒年伍月
拾壹日到省總查該員才具明斷辦事勤謹堪

以坐補江寧府督糧同知原缺詳請會
題前來臣查克實泰明白安詳地方熟悉以之坐
補江寧府督糧同知洵屬與例相符該員係坐
補同知今補原缺無庸送部引
見謹會同兩江總督臣陶澍合詞具
題伏乞
皇上聖鑒勅部議覆施行謹題請
旨

江蘇巡撫林則徐題本 請以克實泰坐補江寧府督糧同知
道光十二年十月二十日

道光拾貳年拾月貳拾日兵部侍郎兼都察院右副都御史巡撫江蘇等處地方提督軍務總理糧儲臣林則徐

兵部侍郎兼都察院右副都御史巡撫江蘇等處地方提督軍務總理糧儲臣林則徐謹

題爲詳請

題補事該臣查得江寧府督糧同知宋獻章病故
經臣於道光拾貳年玖月貳拾捌日具

題所遺江寧府督糧同知係屬簡缺雖應歸部選
惟現有在省坐補之員聲請留缺坐補在案茲
據江寧布政使趙盛奎等會詳查有坐補江寧
府督糧同知克實泰年肆拾捌歲係正紅旗滿
州德勝保佐領下人由官學生考取清字中書
補授實缺保送撫民同知引

江蘇巡撫林則徐題本　請以克實泰坐補江寧府督糧同知
道光十二年十月二十日

見奉
旨記名選授江寧府督糧同知嘉慶貳拾伍年肆月拾
陛日到任委署泰州知州道光肆年伍月因病
呈請回旗調理嗣經呈報病痊引
見奉
旨克實泰著發往原省照例用欽此道光柒年伍月
拾壹日到省覆查該員才具明晰辦事勤謹堪
以坐補江寧府督糧同知原缺詳請會
題前來臣查克實泰明白安詳地方熟悉以之坐
補江寧府督糧同知洵屬與例相符謹會題請
旨

江蘇巡撫林則徐題本　請以姚瑩補授金壇縣知縣

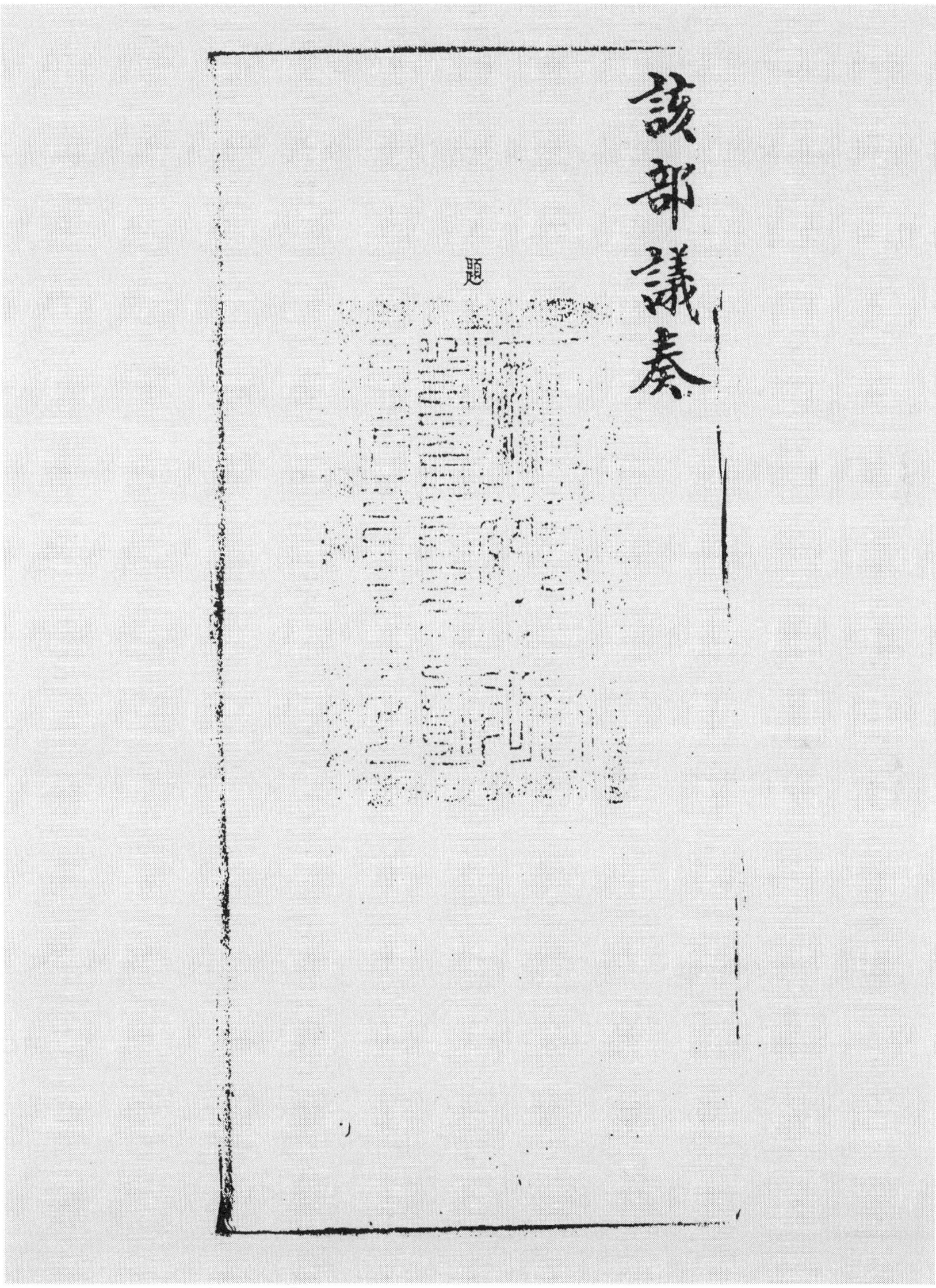
該部議奏
題

兵部侍郎兼都察院右副都御史巡撫江蘇等處地方提督軍務總理糧儲臣林則徐謹
題爲詳請
題補事據署蘇州布政使桂良會同江寧布政使
趙盛奎江蘇按察使額騰伊詳稱竊照金壇縣
知縣陳希敬請調江陰縣知縣詳奉於道光拾
壹年拾貳月拾伍日具
題開缺業奉部覆准調所遺金壇縣知縣員缺係
疲難中缺雖應歸部選江蘇現有應補人員例
得補用蒙聲請留外請補在案茲查有儘先候
補知縣姚瑩年肆拾陸歲安徽桐城縣進士歸
班銓選選授福建平和縣知縣調任龍溪縣復
調臺灣縣調署噶瑪蘭通判因在龍溪縣任内

緣事革職先於署噶瑪蘭通判任內拏獲洋面
拒捕戕官洋盜
奏蒙
恩准送部引
見正在請咨内渡即丁父憂回籍服滿赴部引
見奉
旨改爲降貳級用遵例捐復引
見奉
旨照例用欽此聞訃丁母憂回籍服滿赴部引
見奉
旨發往江蘇差遣委用欽此於道光拾壹年捌月貳
拾玖日到省應歸候補班内補用嗣因催辦回

空運船出力保
奏奉
上諭著不論班次儘先補用欽此咨准部覆該員係
奏
旨不論班次儘先補用之員遇有選缺應插班儘先
補用不積候補班之缺該署蘇州布政使桂良
到任未及叁月例不加考該江蘇按察使額騰
伊覆查該員年力正強練達有爲以之請補金
壇縣知縣實屬與例相符至該員係候補知縣
今請補知縣銜缺相當無庸送部引
見相應詳候會
題等情到臣據此該臣查得金壇縣知縣陳希敬

經陞任前撫臣程祖洛會同督臣陶澍於道光
拾壹年拾貳月拾伍日
題請調補江陰縣知縣已准部覆准調所遺金壇
縣員缺係疲難中缺雖應歸部選江蘇現有應
補人員例得補用業經聲請留外請補在案茲
據署蘇州布政使桂良等會詳查有儘先候補
知縣姚瑩年肆拾陸歲安徽桐城縣進士歸班
銓選選授福建平和縣知縣調任龍溪縣復調
臺灣縣調署噶瑪蘭通判因在龍溪縣任內緣
事革職先於署噶瑪蘭通判任內拏獲洋面非
補戕官洋盜
奏蒙

恩准送部引
見正在請咨內渡即丁父憂回籍服滿赴部引
見奉
旨改爲降貳級用遵例捐復引
見奉
旨照例用欽此聞訃丁母憂回籍服滿赴部引
見奉
旨發往江蘇差遣委用欽此於道光拾壹年捌月貳
拾玖日到省應歸候補班內補用嗣因催辦回
空運船出力保
奏奉
上諭著不論班次儘先補用欽此咨准部覆該員係

奏

旨不論班次儘先補用之員遇有選缺應插班儘先
補用不積候補班之缺該署蘇州布政使桂良
到任未及叁月例不加考該江蘇按察使額騰
伊覆查該員年力正強練達有爲以之請補金
壇縣知縣實屬與例相符詳請會
題前來臣查姚瑩老成幹練爲守兼優以之請補
金壇縣知縣與例相符洵堪勝任該員係候補
知縣令請補知縣銜缺相當無庸送部引
見謹會同兩江總督臣陶澍合詞具
題伏乞
皇上聖鑒勅部議覆施行謹題請

旨

道光十二年十月二十日 兵部侍郎兼都察院右副都御史巡撫江蘇等處地方提督軍務兼理糧餉臣林則徐

兵部侍郎兼都察院右副都御史巡撫江蘇等處地方提督軍務總理糧儲臣林則徐謹
題爲詳請
題補事該臣查得金壇縣知縣陳布敬經陞任前
撫臣程祖洛會同督臣陶澍於道光拾壹年拾
貳月拾伍日
題請調補江陰縣知縣已准部覆准調所遺金壇
縣員缺係疲難中缺雖應歸部選江蘇現有應
補人員例得補用業經聲請留外請補在案茲
據署蘇州布政使桂良等會詳查有儘先候補
知縣姚瑩年肆拾陸歲安徽桐城縣進士歸班
銓選選授福建平和縣知縣調任龍溪縣復調
臺灣縣調署噶瑪蘭通判因在龍溪縣任內緝
事革職先於署噶瑪蘭通判任內拏獲洋面拒
捕戕官洋盜
奏蒙
恩准送部引
見正在請咨內渡即丁父憂回籍服滿赴部引
見奉
旨改爲降貳級用遵例捐復引
見奉
旨照例用欽此聞訃丁母憂回籍服滿赴部引
見奉
旨發往江蘇差遣委用欽此於道光拾壹年捌月貳
拾玖日到省應歸候補班內補用嗣因准辦回

空軍船出力保
奏奉
上諭著不論班次儘先補用欽此咨准部覆該員係
奉
旨不論班次儘先補用之員遇有選缺應補班儘先
補用不積候補班之缺該署蘇州布政使桂良
到任未及叁月例不加考該江蘇按察使額騰
伊覆查該員年力正強練達有爲以之請補金
壇縣知縣實屬與例相符詳請會
題前來臣查姚瑩老成幹練爲守兼優以之請補
金壇縣知縣與例相符洵堪勝任謹會題請
旨

核銷江蘇各府屬道光十一年份徵支驛站錢糧各數（首缺）

淮安揚州徐州肆府屬銀壹萬壹千伍百壹拾陸兩伍錢貳釐內除動補江寧府屬句容縣增馬不敷工料銀叁百柒拾貳兩肆錢捌分又補江寧揚州貳府屬添夫不敷銀壹千陸百伍拾捌兩玖分陸釐又補江寧淮安揚州徐州肆府屬不敷雇夫銀貳千貳百肆拾叁兩貳錢又補淮安徐州貳府屬不敷車價銀壹兩捌錢總共補給銀肆千貳百柒拾伍兩伍錢柒分陸釐外實該應存銀柒千貳百肆拾兩玖錢貳分陸釐應由江寧藩庫提解內除動補江寧府屬句容縣龍潭驛不敷糜擡銀叁兩陸錢捌分又補六合縣不敷雇夫銀壹百玖拾貳兩柒錢陸分總

共補給銀壹百玖拾陸兩肆錢肆分外實該存
銀柒千肆拾肆兩肆錢捌分陸釐存候報部之
款蘇州松江常州鎮江肆府屬銀壹萬捌千叁
百捌拾捌兩肆錢肆分內除動補蘇州松江常
州鎮江肆府屬荒缺銀貳百柒拾壹兩玖錢壹
分玖釐又補常州鎮江貳府屬不敷災免銀肆
百伍拾兩陸分叁釐總共補給銀柒百貳拾壹
兩玖錢捌分貳釐外實該存銀壹萬柒千陸百
陸拾陸兩肆錢伍分捌釐應由蘇藩司提解報
部江蘇共實存銀貳萬肆千柒百壹拾兩玖錢
肆分肆釐江寧淮安揚州徐州肆府屬上元江
寧句容六合山陽清河桃源寶應銅山沛縣宿

江蘇巡撫林則徐題本 核銷江蘇各府屬道光十一年份徵支驛站錢糧各數
道光十二年十月二十日

還拾壹縣未完民欠災緩借支銀壹萬柒千柒百玖拾玖兩捌錢壹分貳釐應聽藩司催完歸還又江寧淮安揚州徐州肆府屬上元江寧江浦六合山陽清河桃源江都甘泉儀徵高郵寶應銅山沛縣宿遷拾伍州縣未完民欠災緩銀貳萬伍千陸百壹兩貳錢玖分玖釐應聽藩司催完另報貳共未完民欠出災緩借支銀肆萬叁千肆百壹兩壹錢壹分壹釐應聽藩司催完分別歸還另報相應會核造具支銷廩糧雇夫車價雜款等項奏銷清冊詳送

題銷又查驛站錢糧奏銷各屬例應於次年叁月初拾日造冊送司磨核彙造總冊於伍月內詳

題今因江寧縣造送考成冊籍列有熟田未完銀
款駁查於道光拾貳年玖月初肆日覆送到司
由臬司衙門核辦攢總需時以致不克副限此
案遲延應自道光拾貳年叁月拾壹日起限扣
至本年玖月初肆日據該縣覆送到司之日止
計遲延伍箇月貳拾叁日內除初次駁查自蘇
至寧往返程限貳拾日又除到司查核陸日實
計遲延肆箇月貳拾柒日係江寧縣知縣王埰
相應開報聽候核議合并聲明等情據此該臣
查得江寧蘇州等府屬道光拾壹年分驛站錢
糧奏銷案經微臣查照部咨留支新例將餘剩
銀兩提解藩庫報撥分晰造冊詳

題並經行催在案今據江蘇按察使額騰伊會同
江寧布政使趙盛奎署蘇州布政使桂良詳稱
驛站錢糧徵收完欠考成各數照例聽藩司歸
入地丁彙計分數另案奏銷外查江蘇等府屬
道光拾壹年分驛傳項下實徵銀壹拾叁萬肆
千肆百陸拾陸兩零各州縣實支夫馬工料並
原額應扣等項共應支扣銀壹拾陸萬柒千肆
百伍拾壹兩零除將實徵已完并借支銀兩支
用外計不敷荒缺災免增馬添夫馬價各款銀
兩統於冊內動撥補給聽候按款核覆實在應
扣裁汰站船工食支剩核減小建馬價等項及
未完民欠災緩實支工料不敷借支藩庫等銀

柒萬叁千叁百陸兩零除動補雇夫增馬添夫
不敷荒缺等項銀伍千壹百玖拾叁兩零又各
州縣未完民欠借支災緩共銀肆萬叁千肆百
壹兩零應由江寧藩司催完分别歸還另報外
實該存剩銀貳萬肆千柒百壹拾兩零應由江
寧蘇州兩藩司分别提解報撥會造支銷糜糧
雇夫車價雜款等項清冊詳送核
題并聲明造冊遲延江寧縣知縣王琛遲延肆箇
月貳拾柒日開報聽候核議等情前來臣覆核
無異除冊分送兵部科山西道查核外謹會同
兩江總督臣陶澍合詞具
題伏乞

皇上聖鑒勅部核銷施行謹題請

旨

道光[illegible]提督軍務兼理糧餉臣林則徐

江蘇巡撫林則徐題本 核銷江蘇各府屬道光十一年份徵支驛站錢糧各數

道光十二年十月二十日

兵部侍郎兼都察院右副都御史巡撫江蘇等處地方提督軍務總理糧儲臣林則徐謹
題為奏銷驛站錢糧事該臣查得江寧蘇州等府
屬道光拾壹年分驛站錢糧奏銷案經檄飭造
冊詳
題去經行催今據江蘇按察使額騰伊會同江寧
布政使趙盛奎署蘇州布政使桂良詳稱驛站
錢糧完欠考成照例聽藩司歸入地丁彙計分
數另案奏銷外查江蘇等府屬道光拾壹年分
驛傳項下實徵銀壹拾叁萬肆千肆百陸拾陸
兩零各州縣會支夫馬工料并原額應加等項
共銀壹拾陸萬柒千肆百伍拾壹兩零除將實
徵已完并借支銀兩支用外計不敷各款銀兩
統於冊內動撥補給實在應加裁汰站船工食
支剩核減小建馬價等項及未完民欠災緩實
支工料不敷借支藩庫等銀柒萬叁千叁百陸
兩零除動補庫夫不敷等項銀伍千壹百玖拾
叁兩零又各州縣未完民欠借支災緩共銀肆
萬叁千肆百壹兩零應由藩司催完另報外實
該存剩銀貳萬肆千柒百壹拾兩零應由藩司
分別提解報撥暨造支銷廩糧庫夫車價雜款
等項清冊詳送核
題等情前來臣覆核無異除冊分送兵部科山西
道外謹會題請
旨

江蘇巡撫林則徐題本

題明陞補江西萬安營都司站住抵清河縣病故

江蘇巡撫林則徐題本　題明陞補江西萬安營都司站住抵清河縣病故

道光十二年十月二十日

兵部侍郎兼都察院右副都御史巡撫江蘇等處地方提督軍務總理糧儲臣林則徐謹

題爲報明病故事據清河縣知縣王國佐詳稱據

家人莊平福呈稱竊家長站住係正黄旗滿洲

文合佐領下人由鳥槍護軍校補授直隸朝陽

營守備陞補江西萬安營都司於本年柒月貳

拾陸日兵部帶領引

見奉

旨站住准其陞用江西萬安營都司欽此於玖月初

貳日領劄赴任閏玖月初玖日行抵清河縣王

營地方患病醫治無效於閏玖月貳拾壹日病

故將所領劄付限票呈繳並請轉詳給發路牌

領齎扶柩回旗等情到縣據此相應將劄付限

票具文詳送伏候核
題出請給發咨牌轉給領齎回旗等情到臣據此
該臣查得陞補江西萬安營都司站住係正黃
旗滿洲人由京領劄赴任於道光拾貳年閏玖
月貳拾壹日行抵清河縣地方病故據清河縣
知縣王國佐詳報前來除給發咨牌飭令該家
屬領齎扶柩回旗出將劄付揭送兵部科查銷
并移兩江督臣江西撫臣外臣謹具
題伏乞
皇上聖鑒勅部查照施行謹具題
聞

江蘇巡撫林則徐題本　題明陞補江西萬安營都司站住抵清河縣病故

道光十二年十月二十日

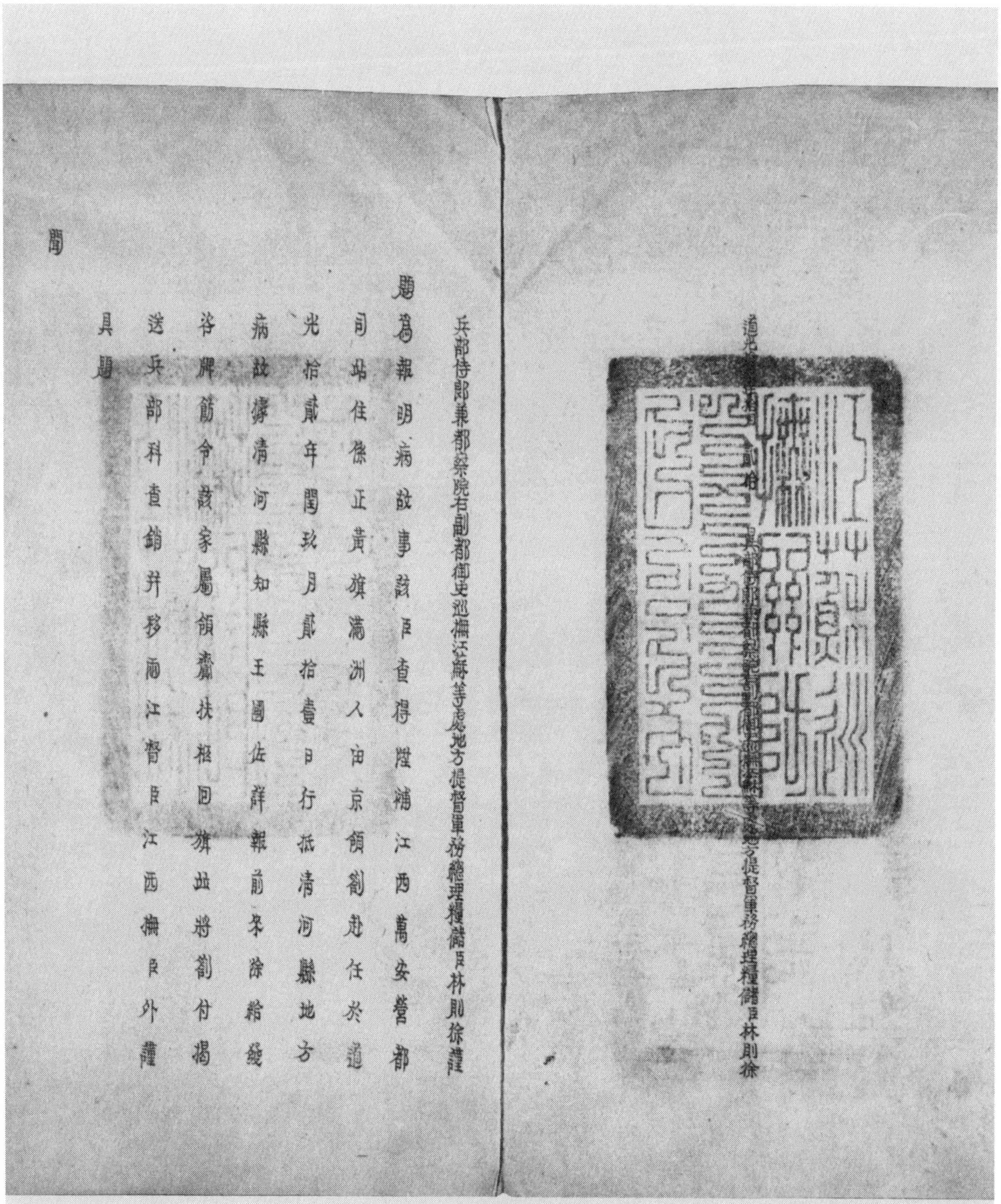

兵部侍郎兼都察院右副都御史巡撫江蘇等處地方提督軍務總理糧儲臣林則徐謹

題為報明病故事竊臣查得陞補江西萬安營都

司站住係正黃旗滿洲人由京領劄赴任於道

光拾貳年閏玖月貳拾壹日行抵清河縣地方

病故據清河縣知縣王國佐詳報前來除給發

沿牌飭令該家屬領櫬扶柩回旗並將劄付揭

送兵部科查銷并移兩江督臣江西撫臣外謹

具題

聞

道光拾貳年拾月貳拾日兵部侍郎兼都察院右副都御史巡撫江蘇等處地方提督軍務總理糧儲臣林則徐

奏報江蘇省道光十二年閏九月份雨水糧價情形

林則徐 雨水糧價
奏
十一月十二日

江蘇巡撫林則徐奏摺　奏報江蘇省道光十二年閏九月份雨水糧價情形

道光十二年十月二十三日

江蘇巡撫臣林則徐跪

奏為恭報閏九月分雨水糧價情形仰祈

聖鑒事。竊照江蘇省本年九月分雨水田禾情形業經臣恭摺

奏報在案。茲據各屬稟報閏九月上旬初一二五六七八十等日，中

旬十一二三四七八九二十等日，下旬二十二三四五七八九等日，或廉

纖微雨，或得雨一二三寸不等。蘇松等屬禾稻木棉均已收穫

完竣，翻犁種麥。江北各屬湖河水勢業已消落，各壩陸續堵

閉，積水之區可期漸就涸復，一律趕種二麥。所有通省糧價，

江寧、蘇州、松江、常州、太倉、通州、海門七府州廳所屬俱報平減，

徐州府屬互有貴賤，餘與上月相同。民情安貼，堪以仰慰

宸懷。理合恭摺具

奏，並繕閏九月分糧價清單敬呈

御覽伏乞
皇上聖鑒謹
奏
道光十二年十一月十二日奉
硃批知道了欽此
十月二十三日

江蘇巡撫林則徐清單　**江蘇省道光十二年閏九月份糧價清單**

清單

謹將江蘇省道光十二年閏九月分米糧時價

開繕清單恭呈

御覽

計開

江寧府屬　價貴中

上米每倉石價銀二兩四錢三分至三兩二

錢　較上月賤五分

中米每倉石價銀二兩三錢三分至三兩

較上月賤一錢

糙米每倉石價銀二兩八分至二兩七錢

較上月賤二錢

小麥每倉石價銀一兩五錢八分至二兩三

分　較上月賤一錢二分
大麥每倉石價銀九錢至二兩二錢五分
較上月賤一錢五分
黄豆每倉石價銀一兩九錢至二兩三錢
較上月賤二錢二分
蘇州府屬　價貴中
上米每倉石價銀二兩四錢至三兩　較上
月賤一錢
中米每倉石價銀二兩三錢至二兩五錢
較上月賤二錢
糙米每倉石價銀二兩一錢至二兩四錢
較上月賤一錢

小麥每倉石價銀一兩五錢至二兩一錢
　與上月同
大麥每倉石價銀七錢五分至九錢五分
　與上月同
黄豆每倉石價銀一兩六錢三分至二兩四
　錢　與上月同

松江府屬　價貴中
上米每倉石價銀二兩三錢至三兩　較上
　月賤二錢
中米每倉石價銀二兩二錢至二兩七錢
　較上月賤二錢
糙米每倉石價銀二兩一錢至二兩六錢

較上月賤一錢
小麥每倉石價銀一兩二錢五分至一兩八
錢五分　較上月賤五分
大麥每倉石價銀八錢五分至一兩　與上
月同
黄豆每倉石價銀一兩二錢五分至二兩
與上月同
常州府屬　價貴中
上米每倉石價銀二兩五錢至二兩六錢
較上月賤三錢
中米每倉石價銀二兩三錢五分至二兩五
錢五分　較上月賤二錢

糙米每倉石價銀二兩二錢至二兩五錢
較上月賤一錢
小麥每倉石價銀一兩九錢至二兩二錢
與上月同
大麥每倉石價銀一兩至一兩三錢 與上
月同
黄豆每倉石價銀一兩九錢至二兩二錢
與上月同
鎮江府屬 價貴中
上米每倉石價銀二兩三錢至三兩四錢
與上月同
中米每倉石價銀二兩一錢至三兩二錢

與上月同
糙米每倉石價銀一兩九錢至三兩 與上月同
小麥每倉石價銀一兩五錢至二兩四錢
與上月同
大麥每倉石價銀一兩一錢至一兩六錢
與上月同
黄豆每倉石價銀二兩一錢至二兩二錢
與上月同
淮安府屬 價貴中
上米每倉石價銀三兩一錢至四兩五分
與上月同

中米每倉石價銀二兩九錢五分至三兩七錢　與上月同

糙米每倉石價銀二兩五錢三分至三兩五錢　與上月同

小米每倉石價銀一兩七錢五分至二兩五分　與上月同

小麥每倉石價銀一兩四錢五分至二兩　與上月同

大麥每倉石價銀一兩至一兩四錢　與上月同

黄豆每倉石價銀一兩八錢至二兩五錢　與上月同

秫秫每倉石價銀一兩二錢五分至一兩八
錢　與上月同
揚州府屬　價貴中
上米每倉石價銀二兩六錢五分至二兩九
錢　與上月同
中米每倉石價銀二兩五錢至三兩八錢
與上月同
糙米每倉石價銀二兩三錢至二兩七錢
與上月同
小麥每倉石價銀一兩四錢五分至一兩九
錢　與上月同
大麥每倉石價銀六錢至一兩四錢　與上

月同
黄豆每倉石價銀一兩八錢至二兩四錢
與上月同
秫秫每倉石價銀一兩二錢　與上月同
徐州府屬　價貴中
大米每倉石價銀三兩九錢五分至四兩四
錢　較上月賤一錢
小米每倉石價銀二兩六錢至四兩七分
較上月貴六分
小麥每倉石價銀一兩八錢五分至三兩
較上月貴二錢
大麥每倉石價銀一兩一錢二分至一兩八

錢　與上月同

黄豆每倉石價銀一兩六錢五分至二兩九

錢五分　較上月貴二錢

秫秫每倉石價銀一兩四錢八分至二兩三

錢　較上月貴一錢九分

太倉州併屬　價貴中

上米每倉石價銀二兩五錢至三兩一錢五

分　較上月賤二錢

中米每倉石價銀二兩四錢至三兩二錢五

分　較上月賤三錢

糙米每倉石價銀二兩三錢至二兩九錢五

分　較上月賤二錢五分

小麥每倉石價銀一兩五分至一兩八錢五
分　與上月同
大麥每倉石價銀九錢二分至一兩四錢
與上月同
黃豆每倉石價銀一兩七錢至二兩三錢
一較上月賤三錢
海州併屬　價貴中
上米每倉石價銀三兩八錢六分至四兩八
錢　與上月同
中米每倉石價銀三兩二錢七分至四兩六
錢　與上月同
糙米每倉石價銀三兩一錢七分至四兩一

錢　與上月同

小米每倉石價銀二兩二錢五分至三兩三

錢　與上月同

小麥每倉石價銀二兩二錢五分至三兩三

錢　與上月同

大麥每倉石價銀一兩五分至一兩八錢

與上月同

黃豆每倉石價銀一兩九錢至三兩八錢

與上月同

秫秫每倉石價銀一兩至二兩五分　與上

月同

通州併屬　價貴中

上米每倉石價銀三兩一錢至三兩三錢　較上月賤一錢

中米每倉石價銀二兩八錢至三兩一錢五分　較上月賤一錢

糙米每倉石價銀二兩七錢至三兩五分　較上月賤一錢

小麥每倉石價銀一兩九錢五分至二兩二錢　與上月同

大麥每倉石價銀九錢五分至一兩三錢　與上月同

黄豆每倉石價銀一兩九錢至二兩　較上月賤一錢

海門廳　價貴中

上米每倉石價銀五兩二錢　較上月賤四
錢

中米每倉石價銀五兩　較上月賤四錢

糙米每倉石價銀四兩三錢　較上月賤四
錢

小麥每倉石價銀二兩二錢　與上月同

大麥每倉石價銀一兩四錢　與上月同

黄豆每倉石價銀二兩六錢　較上月賤四
錢

覽

江蘇巡撫林則徐奏摺

查明江蘇安徽兩省壬辰科鄉試年老諸生三場完竣年歲符合

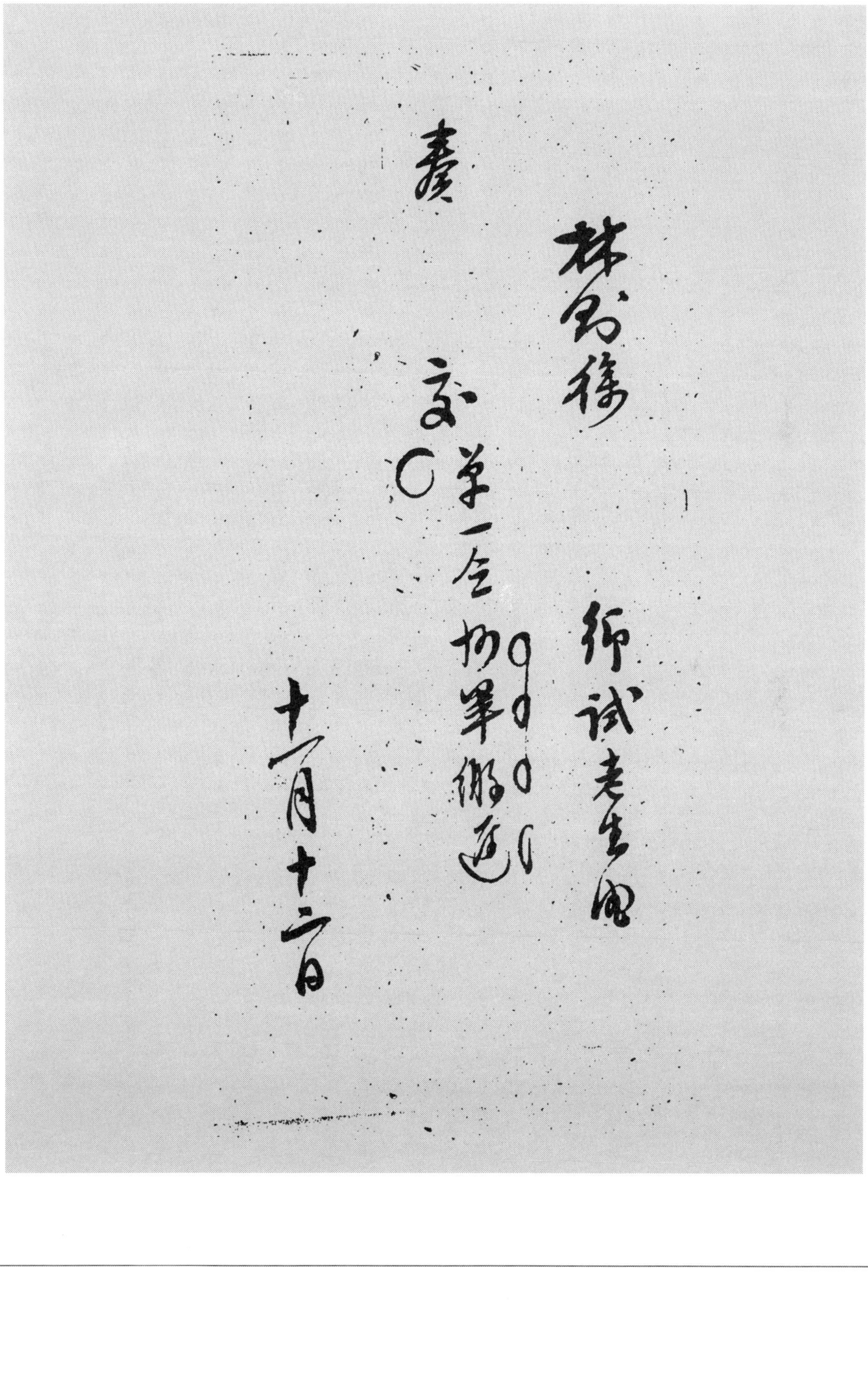

江蘇巡撫林則徐奏摺 查明江蘇安徽兩省壬辰科鄉試年老諸生三場完竣年歲符合
道光十二年十月二十三日

江蘇巡撫臣林則徐跪
奏為查明鄉試年老諸生三場完竣年歲符合循
例恭摺具
奏仰祈
聖鑒事竊照本年壬辰科江南文闈鄉試欽奉
諭旨著臣監臨續經臣循入闈辦理場務准江蘇學
政臣廖鴻荃署安徽學政臣隨咨將應試
年老諸生造冊咨送到臣即於點名之時留
心察看該老生等高年矍鑠踴躍觀光三
場均已完竣揭曉後查未中式除歲年
恩賞副榜此次何士八十以上例應報除外內有江蘇
省年登九十以上之副貢生阮順章八十以

江蘇巡撫林則徐奏摺 查明江蘇安徽兩省壬辰科鄉試年老諸生三場完竣年歲符合 道光十二年十月二十三日

之拔貢生李如穤等二名安徽省年九
十以上之副貢生查杰八十以上之歲貢生試
用訓導翟森附生段陽新吳寵袁李愷
增生陳文模（誤）鄭庭之監生黃文顯等八名合計
江蘇安徽省老生等名上查閱試卷文理
俱尚明順除按照提調江寧藩司趙盛奎會
同內提調署理糧巡道趙炳言查明該老
生等年歲及入學補監年分均屬相符詳
請具
奏前來臣查該老生等青年殖學皓首窮
經際珊網之搜羅菁英編采不
遺珠囊之朗潤耆耉年逾耄耋膠庠屢登積切凌雲

之志
芸編待沛欣遭
似日之丕證會同兩江總督臣陶澍安徽巡撫臣
鄧廷楨恭摺具
奏並開列清單恭呈
御覽伏乞
皇上聖鑒敕部核覆施行謹
奏
道光十二年十一月十二日奉
硃批禮部議奏單併發欽此
十月二十三日

江蘇安徽兩省壬辰科鄉試八十九十以上三場完竣諸生名單

謹將江蘇安徽兩省壬辰科鄉試八十九十以
上三場完竣諸生開列名單敬呈
御覽
計開
江蘇省九十以上老生一名
阮順章溧陽縣副貢生實年九十歲道光十
一年
欽賜副榜
江蘇省八十以上老生一名
李如樾山陽縣拔貢生實年八十四歲
安徽省九十以上老生一名
查杰涇縣副貢生實年九十歲嘉慶十八年

欽賜副榜

安徽省八十以上老生七名

管森懷寧縣歲貢生試用訓導實年八十九歲

歐陽鼎新東流縣附生實年八十五歲

吳寵嘉婺源縣附生實年八十歲

章愷涇縣附生實年八十歲

陳文謨懷寧縣增生實年八十歲

鄭應元涇縣增生實年八十歲

肅文顯涇縣監生實年八十六歲

覽

兩江總督陶澍江蘇巡撫林則徐奏摺

奏報江蘇省上年截留漕米糶變實情並遵部議買補搭運（蟲蛀）

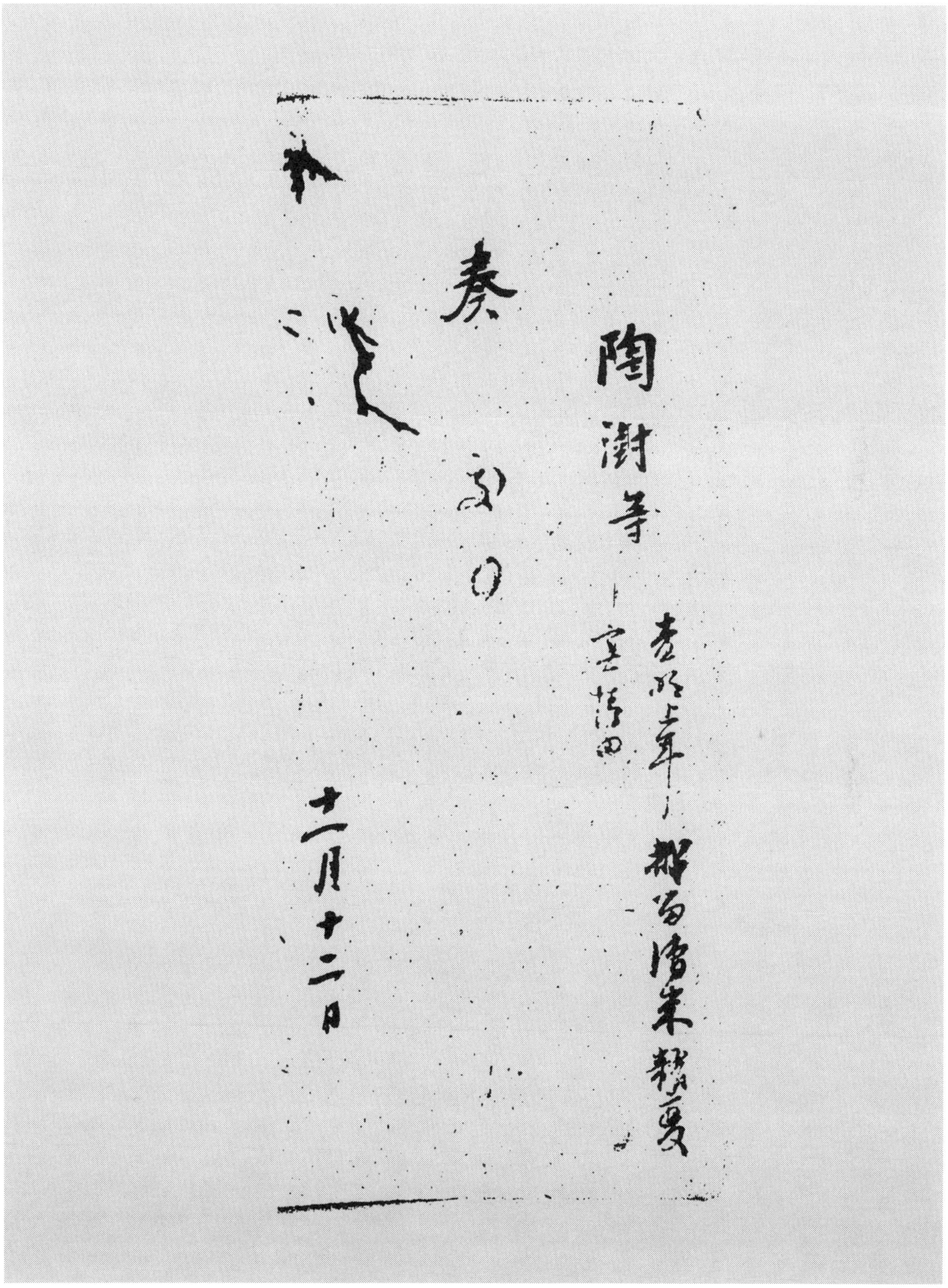
陶澍等

查明上年截留漕米糶變實情由

十二月十二日

奏

兩江總督臣陶澍
江蘇巡撫臣林則徐跪

奏為江蘇省上年截留漕米糶變實情並遵部議買補搭運恭摺覆

奏仰祈

聖鑒事竊臣等接准部咨以江蘇崇明縣上年被災奏

請截漕糶濟一案因咨報辦理平糶事宜覈與

原奏不符恐有不實不盡之處奏奉

諭旨交臣等按照所指各情節確切查明據實覆奏其糶過米石仍遵該部前奏按照價銀之數買補於今冬一律搭運一併詳晰聲明具奏等因欽此臣等

伏查崇明一縣聚沙成境祇能種植木棉不宜禾稻向由米商赴安徽樅陽等處採買運回

兩江總督陶澍江蘇巡撫林則徐奏摺　奏報江蘇省上年截留漕米糶變實情並遵部議買補搭運

道光十二年十月二十三日

除

糶濟民食上年因安府被災無米可採本府鄰

杭嘉災歉米商所至之處紛紛阻糶屢有互

控之案誠恐復被風潮民食維艱又難責令

商人赴遠省購買是以臣陶澍與前撫臣程祖洛

會摺

奏請截留漕米以資糶濟并於摺內將江南災歉

民食拮据不獨在崇明一縣之處擬合陳明核對

所計業明缺米之數原係算至本年春夏為度

本非另請撥秋季所需旋准部覆截留漕米六

十萬石於本年夏季糶竣當將畫一定價緣

由附摺奏蒙經部奏駁令以上年冬季崇明

所報每石二兩六錢五分不准以產米之地本年二

月報價每石二兩五六錢減糶變錢奏
諭旨飭督撫等行批司道確切查明實有不能依照之上
年冬季當明報價之數者其故蓋有四焉緣崇
明孤懸海外候風往來米商赴鄰省採買輾轉
運回腳費甚重該縣所報市價係連運腳併
計故覺其多此次就近截漕糶賣無須覈計量
比價值其運腳係商人自備不能一併計算
且商人子母並權期於利市三倍而官糶例須
減價不以年利而以濟荒其所以異於上年報價
者一也截漕之請雖於上年十一月具奏而部
議覆准行文到蘇已在十二月內維時州縣徵收
漕米自以

天庾正供為先務之亟蘇省漕額重大向來拖欠最多
仰蒙聖主整之年由漕州縣亦須整貫米石先行
交部留半待徵漕之漕尾歷經具奏有案近
雖力加飭禁而糶戶殷疲不乏積習為難查除
以上年更值重災徵收尤極費力多方設法先求
無誤正漕迨軍船幸已開行始能續徵截留之
米當十一月具奏之際並非早有此存餘米可
以立待出售糶轉係徵不能不延至本年三月以
後此所以異於上屆報價者二也蘇松等屬
上年雨水過多稻粒本不飽綻又於收成之
時連遭陰雨米質皆潮濕細碎並不出於青
聖臨向驗收兌正漕嚴加選擇為有發熱霉變

旨
欽遵經前撫臣陶澍臣節次
奏明在案所截留者多係剔剩之米其成色自更
遜於正漕若令崇明地方以貴價而買剔剩之米
轉以截漕出糶為業似非體恤民隱之意此所
以異於上年賑借者三也奏請截漕之時繼據
計崇明一年民食並准部覆以接濟秋冬所
需倉米即係趕緊運往已屬緩不濟急明年春
夏所需為期尚寬似可招商領買等因查春夏
倉米無非出自上年秋收崇明一年銷米原係
三十七萬石經部議准截漕二十萬石又以秋
冬所需已屬緩不濟急春夏所需似可招商領
奏
買欽奉以來是以遵照部示通融籌計即以所

截留米糶給商人轉運，而又無巨富米商赴期備價，祇得就近採糴，聽其陸續轉運，至本年夏季始撥各屬糶完，此所以異於上冬撥價者，四也。且不特此也，查常州米商歷係攜裝花布出赴各處易米，全帶現銀收買米石者少，欲由官運赴常州，不能無此貯米一二十萬之空廒，即運脚亦無從出，且零星糶賣，曠日持久，州縣解價無期，而花布交易頓轉停滯，售變亦斷非州縣所能經理，不得不酌量變通，是以前撥蘇、松、常、鎮、太倉五府州公同籌議，即由各屬就近採糴，仍聽客商自向市間貿易，且因市價難時有長落，而官糶不可不酌中畫一，以免參差，故也三月下旬蘇屬糙米時價每石二兩五錢間比平糶定例減去三錢糶變俾各屬市價平減而客商亦得從容轉運實係兩有裨益至崇邑民人分赴各縣貿易者時已由各地方官督令牙行按照定價出糶不許任意低昂客商照價買回船隻運費水腳亦與冬季月報糶價不相懸殊

奏無不實不盡之處且較之道光十年留漕案內每石糶變銀二兩一錢實為有贏無絀現在米已糶讓早經各商照價買運無從找追惟漕

糧為

天庾積儲既經部議買補搭運自應遵照辦理已飭

藩司行令各屬領回原價趕緊買足搭運即派

價不敷幫費之需亦必賠累今經雜之員籌措貼
補採辦
正供仍歸實貯不致顆粒短少則價所出入至無虧耗
係臺以仰副
聖主慎重積儲之至意所有臣等查明辦理緣由謹合
詞恭摺據實覆奏
奏伏乞
皇上聖鑒謹
奏
道光十二年十月十六日
硃批戶部知道欽此
十月二十三日

上諭　著琦善林則徐等驅逐英吉利船不許貿易盧坤等飭其回國

軍機大臣　字寄
直隸總督琦　兩江總督陶　閩浙總督程
兩廣總督盧　山東巡撫鍾　江蘇巡撫林
浙江巡撫富　福建巡撫魏　廣東巡撫朱
傳諭粵海關監督中祥　道光十二年十月二
十五日奉
上諭據國祥等奏佐領徐士斌等稟報十月初二日
在隍城島遥見西南海面有㖆咭唎夷船一隻行
駛甚速當即駕駛戰船跟蹤追逐等語㖆咭唎夷
船前由福建浙江江蘇山東等省外洋遊奕又駛
至朝鮮國被該國王驅逐不與貿易今復由朝鮮
駛至盛京該夷行蹤詭譎隨處逗留殊為可惡現

上諭　著琦善林則徐等驅逐英吉利船不許貿易盧坤等飭其回國

道光十二年十月二十五日

硃

據國祥等責成佐領管帶弁兵尾追該夷船押令
出境與鄰省海面巡查各官明白交替著陶澍（琦善）陶
澍程祖洛鍾祥林則徐富呢揚阿魏元烺等嚴飭
沿海州縣及水師營弁管帶兵丁駕駛船隻於該
夷船過境立即驅逐不許令其停泊登岸將貨物
與民人交易致令滋生事端至米糧一節尤不
許沿海居民私行買（賣）給接濟該夷船一抵廣東即
著盧坤朱桂楨中祥等嚴詰該夷船各省遊奕是
何意見並諭以天朝制度爾國只應在廣東貿易
不准私越各省嗣後務須遵守定例不得有違即
飭該國大班管東飭令迅速回國將此各諭令知
之欽此遵

上諭　著琦善林則徐等驅逐英吉利船不許貿易盧坤等飭其回國
道光十二年十月二十五日

旨寄信前来

江蘇巡撫林則徐奏摺

江寧藩庫公款不敷支放請撥濟

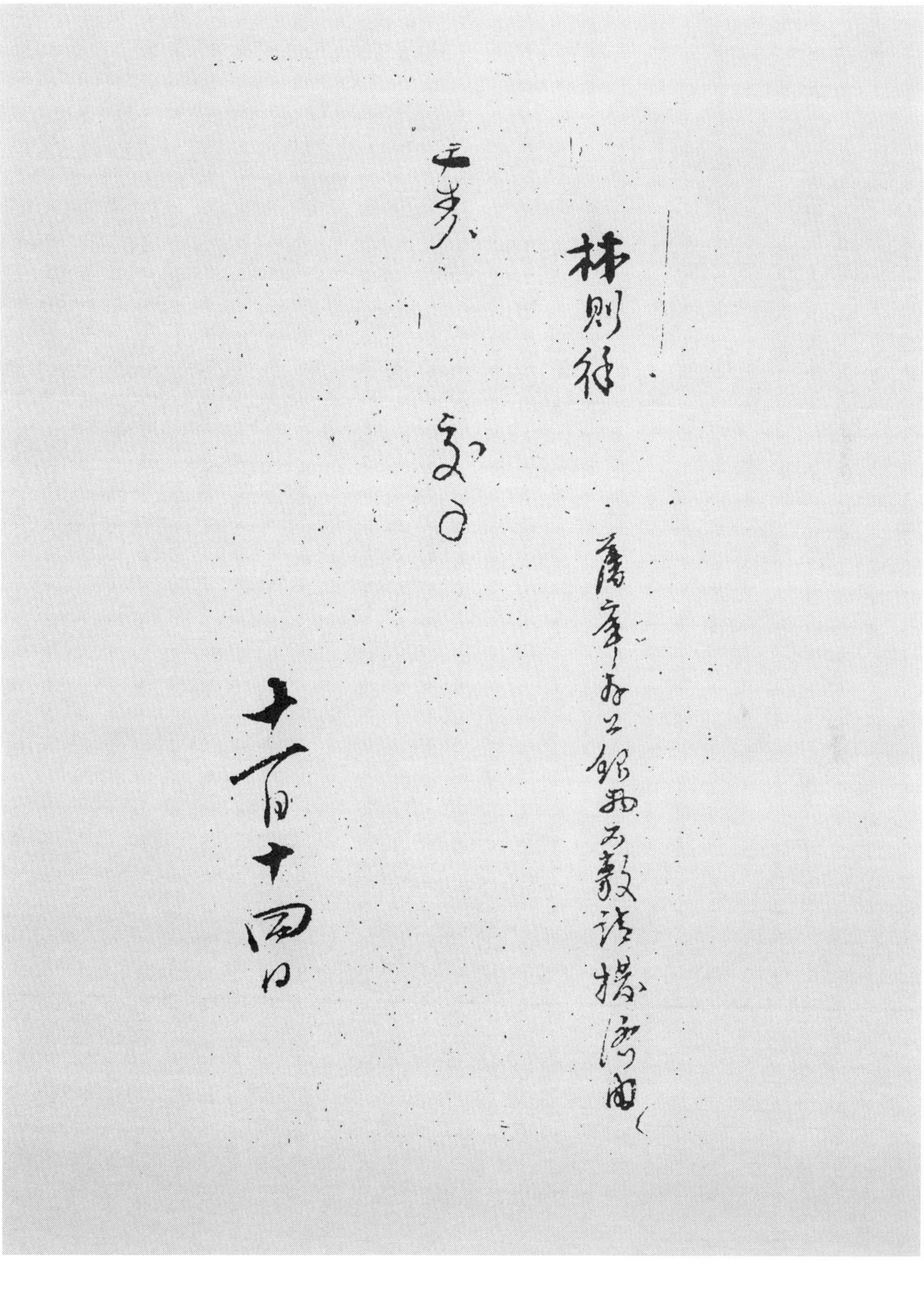
林則徐

藩庫存公銀兩不敷請撥濟由

奏

知道了

十一月十四日

江蘇巡撫林則徐奏摺　江寧藩庫公款不敷支放請撥濟
道光十二年十月二十六日

江蘇巡撫臣林則徐跪
奏為江寧藩庫耗羨存公款項不敷支放循照成案
懇請撥濟仰祈
聖鑒事據江寧布政使趙盛奎詳稱江寧藩庫耗羨
存公項下每年需動支文武各官養廉工食及各衙
役費各款專賴屬征地漕等項耗羨並運庫額
解鹽規匣費及屬解鹽規等項銀兩抵支應用備運庫
鹽規匣費解不足數而應徵耗羨又遇蠲緩即形缺乏前于
嘉慶十五十八二十五等年暨道光三四六九十十一等年均
因耗羨存公不敷歷經
奏准或于鄰省協撥或就江寧藩庫別款動撥有
案今查江寧藩司所屬道光十二年應徵新舊耗羨

除交歛幾撥分所徵款內銀兩不敷一切支用而運庫年
卯捐鹽款匣費及屬欠鹽款銀兩亦未批解現存
庫耗羨存公兩項存銀無多計自現今起至來年春
夏兩季應放文武各官養廉及一切應支等款通盤
籌畫共屬不敷應請循案撥銀八萬兩方免坐悞
查前江寧藩庫收存道光十一年採買河南省米麥糶
價款[又前次本年請撥銀內撥銀四萬兩]內撥撥銀四萬兩共撥銀八萬兩以八萬兩撥歸耗羨二萬
兩撥歸存公以濟支放等情請
奏前來臣查江寧藩庫耗羨存公銀[款]不敷支用自應
循照成案籌議撥濟仰懇
聖恩俯准將江寧藩庫收存道光十一年採買河南省米
麥糶價款內撥銀四萬兩[並前次本年請撥價款內撥銀四萬兩]共撥銀八萬兩以六萬兩

撥歸耗羨以二萬兩撥歸存公併濟支用謹會同兩

江總督臣陶澍合詞恭摺具

奏伏乞

皇上聖鑒敕部查照施行謹

奏

道光十二年十月十四日具

硃批戶部議奏欽此

十月二十六日

奏報江蘇省未結各案已清並查提道光十一年份存庫銀數

林則徐

江蘇交代各案清釐事由

〇交　第二件抄單繳進

〇〇〇

奏

十月十四日

江蘇巡撫林則徐奏摺　奏報江蘇省未結各案已清並查提道光十一年份存庫銀數

道光十二年十月二十六日

江蘇巡撫林則徐奏摺　奏報江蘇省未結各案已清並查提道光十一年份存庫銀數

道光十二年十月二十六日

江蘇巡撫臣林則徐跪

奏爲江蘇省未結各案已經審清歷年並將查提

十一年分存庫銀數恭摺

奏仰祈

聖鑒事竊臣前因江蘇各屬各案逾限未清

奏請趕辦歷剔積案

上諭著該撫即將各屬積年奏咨各案嚴飭藩臬認真釐

剔實力鉤稽限于本年年內將冊結各屬造送

藩庫已經解清各屬造具完解細冊彙送核題

案查核收款目並無牽纏即將冊結隨時新備

蘇郡情弊即將原款二款據實奏參統于十二年

無出款不能稍任隱混遲延所有上年已經奏奏

指交原存庫一案爲照歷年十月奏明是案
等因經臣飭遵外檄江寧蘇州兩藩司轄屬
清釐未結積該藩司等陸續清釐完竣
印結未送款冊之元和等縣四案並已查
二案冊結未到之上元等縣二十一案逐一核
明詳報到日經臣隨時覆核分案咨部查核
並將等安代庫銀依限造具清摺冊送詳請奏咨
移經各道府暨藩司逐一庫款查核其出結日期爲其
速查造二案之限俟將原結照送惟存庫項下除
在事年安代限內者歸下屆彙報外所有道
十年分安代限滿已清冊結之案統計存庫已
兩除已入清查等款外實共存庫銀九十八萬八千五

百五十三兩零，節經前撫臣逐案催提並經
奏明勒限清厘之後，復又時刻嚴催，不遺餘力，今截
至本年十月底止，已催解銀六十五萬二千九百七十三兩
零。溯自道光五年奉頒定例按年彙提存庫之
以歷屆所完之款與今屆比較，惟此次催解之數為最
多。內江寧藩司所屬存庫已二十四萬九千五百九十三兩零
業已掃數全清，其蘇州藩司所屬存庫亦已催完銀四
十萬三千三百八十兩零，其餘銀兩或因年代遠久，旋又部
議歸併以作撥兩批解，或解存截數之後，仍請循照歷
次奏案歸于下屆彙報，其存庫已清各案各代
均經由司造具全銀細冊送奏核覆，並無隱混糾
纏情弊。伏思江蘇各代款目最為轇轕，據各早成積

委之據以目下情形而論前任之存庫固是奏提之款
任之款難尤須先杜後任挪新補舊以舊虧轉交
為新虧與剜肉補瘡之弊現將舊庫虧缺
年數分款按卯細與歷年遞加比較但有一處短絀即
將未提款延至即擬奏參俾新任不致再有轉挪
掩一面將前任移庫勒限催提俾新舊各歸核實
謹將斷截長款分別年代移道
諭旨依限出結送部詳咨並將結清存庫銀兩另造
細冊咨揭以防新挪情弊即當據實奏參不敢稍任
延混所有江蘇省未結各案已經清釐並
查提道光十一年分存庫銀兩緣由理合恭
摺覆

奏並分別歸款開清單恭呈
御覽再查庫墊完民欠以濟尾估撥解庫已無餘存
奏明分限催徵歸補道光六七八九十等年因災歉
收均于某指奏代墊內
奏准遞緩再行催徵在案道光十一年江淮各屬
及松江太倉二屬州縣禾棉被災緩蒙
恩旨分別緩徵所有各該州縣應墊濟尾因係民欠
應請照案再行遞緩一年催徵以紓民力其通
限屆滿各州縣再行請展緩合併陳明伏乞
皇上聖鑒謹
奏
道光十二年十月十四日奉
硃批戶部知道欽此　十月廿六日

江蘇省各州縣交代逐案清釐結報清單

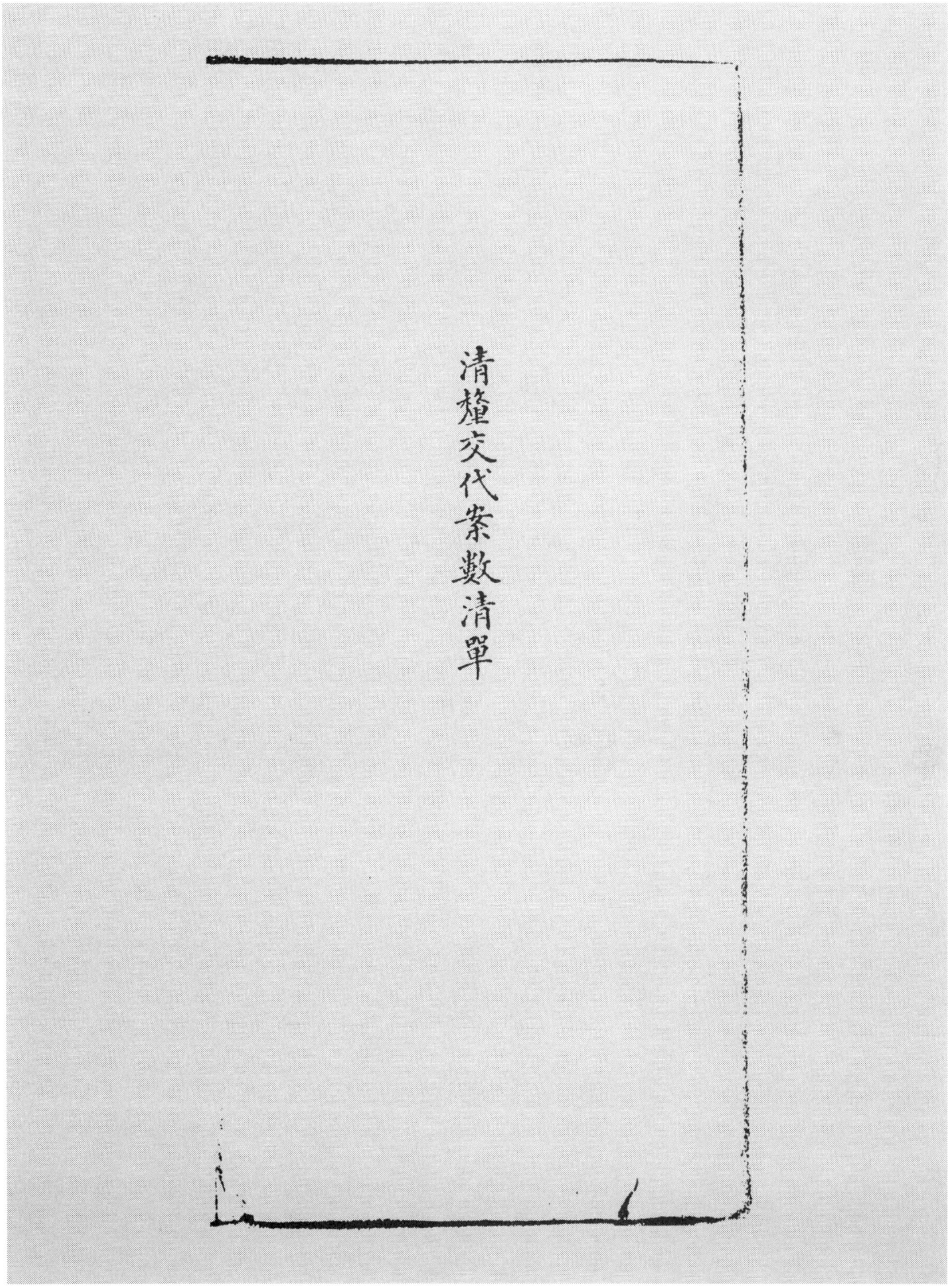
清釐交代案數清單

謹將江蘇省各屬交代逐案清釐結報開繕清
單恭呈
御覽
計開
已咨印結未送款册四案
元和縣何士祁接收陳玉成交代
吳縣賀崇禧接收熊傳栗盧本淳交代
奉賢縣楊本初接收周恭壽交代
婁縣周恭壽接收湯譽光交代
以上四案款册均已詳咨存庫銀兩陸續
提解應歸十二年分交代彙報
已逾二參册結未到二十一案

江寧縣王埰接收李金芝傅璋交代
興化縣張泰青接收劉善采交代
興化縣錢聚仁接收張泰青交代
興化縣王會圖接收錢聚仁袁時修交代
豐縣王元本接收鄭祖經交代
蕭縣袁應城接收張志遂交代
海州謝肇瀛接收趙彩麟交代
沭陽縣王夢齡接收劉與權交代
贛榆縣張建勲接收袁垣交代
以上九案冊結均據詳咨存庫銀兩亦已
提解清楚歸於十一年分交代彙報
上元縣保先烈接收黃冕李金芝王埰劉文

澈交代

山陽縣唐汝明接收王澐交代

高郵州王澐接收吳浚光謙交代

甘泉縣孫炳焯接收鍾承露交代

寶應縣盧元良接收王埰姚逢熙交代

金山縣蔣封岐接收周百順錢家驥交代

南滙縣熊傳栗接收賀崇禧交代

武進縣姚瑩接收程士偉交代

無錫縣湯譽光接收蔡維新交代

江陰縣鄧秉乾接收德宣交代

丹徒縣景壽春接收劉大烈交代

鎮洋縣曾承顯接收賀雲舉交代

以上十二案冊結均已詳咨存庫銀兩亦
經陸續提解應歸十二年分交代彙報

户部知道

江蘇巡撫林則徐清單　**道光十一年份江蘇各州縣提解存庫銀數清單**

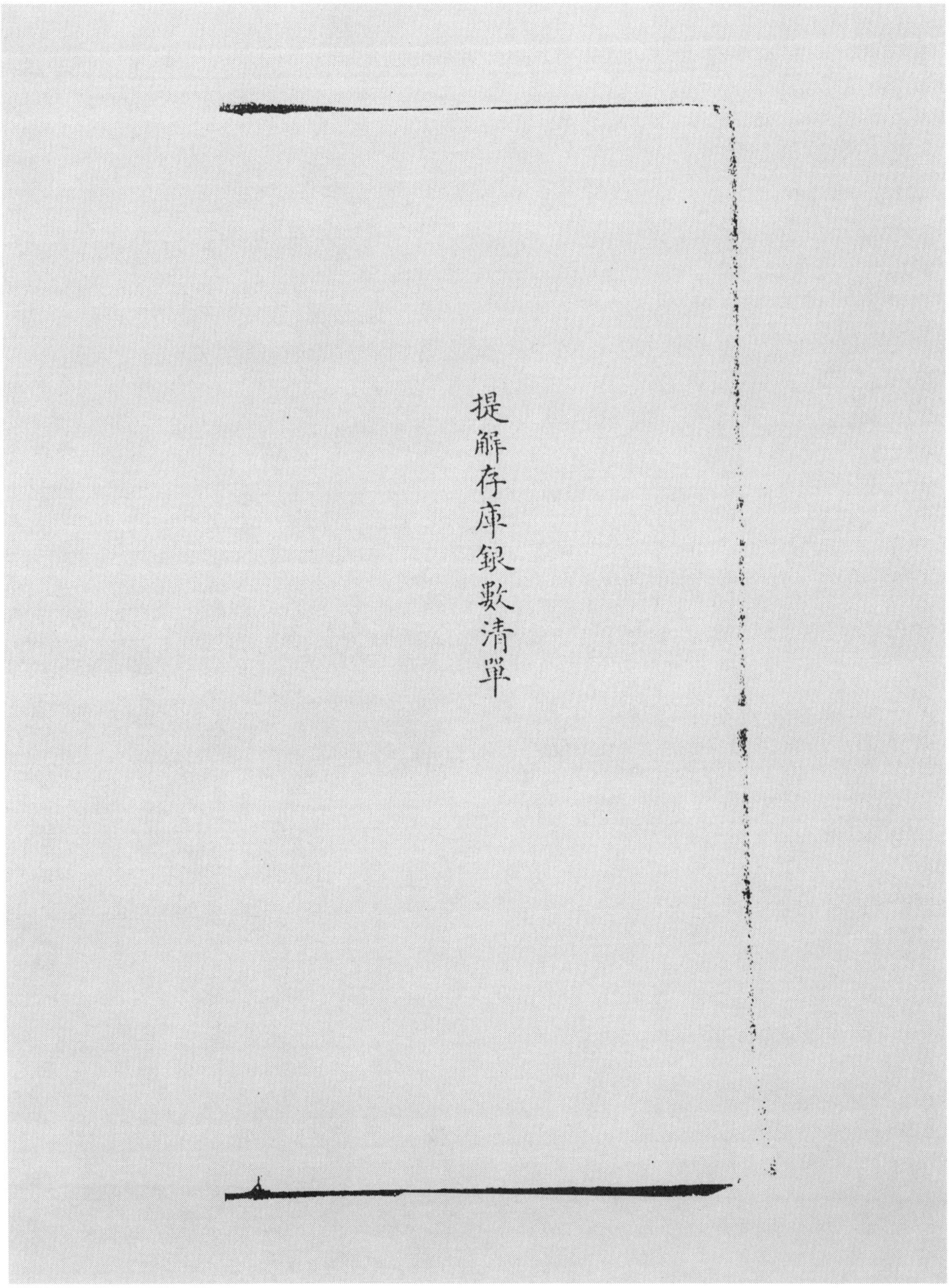
提解存庫銀數清單

謹將江蘇省道光十一年分各屬交代提清存
庫及歸入下届彙辦各案分晰開繕清單恭呈
御覽
計開
江寧藩司所屬
前任上元縣黄冕接收温綸湛交代存庫除
已入清查並徑支及墊完漕尾列抵外實
存銀六千一百四十六兩零扣至道光十一
年二月初一日二參限滿正月二十七日
限内結報由司提清存庫銀兩詳咨在案
現任江寧縣王埰接收傅璋李金芝交代存
庫除已入清查並徑支外實存銀一萬九

千八百二十七兩零扣至道光十一年十二月初八日二參限滿十二月初三日限內結報由司提清存庫銀兩詳咨在案

現任句容縣錢兆麟接收毛正坦交代存庫除已入清查並徑支及墊完漕尾列抵外實存銀二萬五千二百九十七兩零扣至

道光十一年二月二十三日二參限滿二月二十一日限內結報由司提清存庫銀兩詳咨在案

現任高淳縣許心源接收孫炳煒王元本兩任交代存庫銀二十九兩零扣至道光十一年七月十一日二參限滿七月初十日

限内結報由司提清存庫銀兩詳咨在案
前署阜寧縣崔志元接收安貞吉交代存庫
除已入清查外實存銀五錢零扣至道光
十一年六月十七日正展限滿四月二十
八日限内結報由司提清存庫銀兩詳咨
在案
現任阜寧縣邊象曾接收崔志元交代存庫
除已入清查外實存銀一十兩零扣至道
光十一年十二月初十日二忝限滿十二
月初八日限内結報由司提清存庫銀兩
詳咨在案
前署清河縣陶焜午接收張心淵交代存庫

除已入清查並經支外實存銀三千五百
二十兩零扣至道光十年十二月初九日
正展限滿十二月初四日限内結報由司
提清存庫銀兩詳咨在案
現署清河縣王國佐接收陶焜前後兩任
交代存庫除已入清查並經支外實存銀
三千一十二兩零扣至道光十一年八月
二十五日正展限滿八月二十四日限内
結報由司提清存庫銀兩詳咨在案
現署桃源縣張用煕接收華鳳喈交代存庫
除已入清查叅案並經支外實存銀一千
五百二十六兩零扣至道光十一年正月

初八日二參限滿正月初五日限内結報

由司提清存庫銀兩詳咨在案

前任安東縣蘇爾圖善接收晏曙東項炳森

兩任交代存庫除已入清查並徑支外實

存銀四千三百三十七兩零扣至道光十

年四月二十三日二參限滿四月二十日

限内結報由司提清存庫銀兩詳咨在案

安東縣馮立嶸接收蘇爾圖善唐汝明兩任

交代存庫除已入清查並徑支外實存銀

七千七百四十六兩零扣至道光十一年

八月十七日二參限滿八月十六日限内

結報由司提清存庫銀兩詳咨在案

前署江都縣胡兆蓉接收黃晃交代存庫除
已入清查並參案及墊完漕尾列抵外實
存銀一萬六千四百四十四兩零扣至道光
十年十月十九日正展限滿十月十六日
限内結報由司提清存庫銀兩詳咨在案
現任江都縣鄭祖經接收胡兆蓉交代存庫
除已入清查並參案及墊完漕尾列抵外
實存銀一萬五千八百八十二兩零扣至
道光十一年十二月初八日二參限滿十
二月初六日限内結報由司提清存庫銀
兩詳咨在案
前署興化縣張泰青接收劉善采交代存庫

除已入清查並經支外實存銀一萬二百四十兩零扣至道光十年閏四月十五日二叅限滿閏四月十二日限内結報由司提清存庫銀兩詳咨在案

前任興化縣錢聚仁接收張泰青交代存庫除已入清查並經支外實存銀四千六百一十一兩零扣至道光十一年二月二十五日二叅限滿二月二十日限内結報由司提清存庫銀兩詳咨在案

前署興化縣王會圖接收錢聚仁袁時修交代存庫除已入清查並經支外實存銀一萬二千六百五十八兩零扣至道光十一

年十月三十日二參限滿十月二十五日
限内結報由司提清存庫銀兩詳咨在案
現任銅山縣王文炳接收崔志元交代存庫
除已入清查外實存銀六千七百一十二
兩零扣至道光十一年八月初十日二參
限滿八月初十日限内結報由司提清存
庫銀兩詳咨在案
豐縣王元本接收鄭祖經交代存庫除已入
清查外實存銀五千八十五兩零扣至道
光十一年十二月十四日二參限滿十二
月初九日限内結報由司提清存庫銀兩
詳咨在案

前署沛縣林惠元接收李鴻鈞交代存庫除
已入清查並徑支外實存銀七百四十九
兩零扣至道光十一年正月初二日二叅
限滿道光十年十二月二十一日限内結
報由司提清存庫銀兩詳咨在案
前任蕭縣袁應珹接收張志遂交代存庫除
已入清查外實存銀二千五百五十三兩
零扣至道光十一年三月十三日二叅限
滿三月十三日限内結報由司提清存庫
銀兩詳咨在案
署邳州黄耀明接收謝肇瀛交代存庫除已
入清查並徑支外實存銀二萬七千二百

八十四兩零扣至道光十年五月二十二
日正展限滿閏四月初五日限内結報由
司提清存庫銀兩詳咨在案
前任睢寧縣秦顒齡接收劉與權林大惠兩
任交代存庫除已入清查並徑支外實存
銀七千五百二十九兩零扣至道光十年
十月初三日二參限滿八月十九日限内
結報由司提清存庫銀兩詳咨在案
前任睢寧縣趙本敭接收秦顒齡交代存庫
除已入清查外實存銀三千七百七十兩
零扣至道光十一年二月十八日二參限
滿二月十五日限内結報由司提清存庫

銀兩詳咨在案

現任睢寧縣劉與權接收趙本敫交代存庫除已入清查外實存銀五千七十五兩零扣至道光十一年十月二十二日二參限滿十月二十日限內結報由司提清存庫銀兩詳咨在案

現任通州傅璋接收周燾交代存庫除已入清查並徑支外實存銀一萬八千八百五十四兩零扣至道光十一年五月十六日二參限滿五月初十日限內結報由司提清存庫銀兩詳咨在案

現任如皋縣范仕義接收馮思澄交代存庫

除已入清查外實存銀一萬六千九百三
兩零扣至道光十一年八月二十四日二
參限滿八月二十日限内結報由司提清
存庫銀兩詳咨在案
前任海州謝肇瀛接收趙彩麟交代存庫除
已入清查並經支外實存銀一萬一千三
百九十七兩零扣至道光十一年二月十
九日二參限滿二月十八日限内結報由
司提清存庫銀兩詳咨在案
現任沭陽縣王夢齡接收劉與權交代存庫
除已入清查外實存銀四千二百六十兩
零扣至道光十一年八月初八日二參限

滿八月初五日限内結報由司提清存庫
銀兩詳咨在案
前署贛榆縣張建勳接收袁坦交代存庫除
徑支及墊完漕尾列抵外實存銀八千一
百二十四兩零扣至道光十一年十二月
初十日正展限滿十二月初四日限内結
報由司提清存庫銀兩詳咨在案
蘇州藩司所屬
長洲縣陳玉成接收陳經交代存庫除徑支
外實存銀四萬五千四百七十三兩零扣
至道光十一年十一月二十二日正展限
滿九月二十五日限内結報詳咨在案其

存庫銀兩已據報解銀一萬八千二百七
十六兩零其餘銀兩現飭查明續解各數
提解清楚另行詳咨應請歸入下屆彙報
前任元和縣陳玉成接收楊承湛交代存庫
除已入清查并徑支及墊完漕尾列抵外
實存銀二萬二千六百六兩零扣至道光
十年十二月二十二日正展限滿十一月
十二日限内結報詳咨在案其存庫銀兩
已據報解銀一萬三千四百三十六兩零
其餘銀兩現飭查明續解各數提解清楚
應請統歸下屆限滿之何士祁接收陳玉
成交代案内彙報

前署吴江县何士祁接收周恭寿交代存库
除径支并报入清查及垫完漕尾列抵外
实存银七万五千七百五十两零扣至道
光十年十二月十六日二参限满十二月
十三日限内结报详咨在案其存库银两
已据完解银三万八千九百二十九两零
其余银两现饬查明续解各数提解清楚
应请统归下届限满之平翰接收何士祁
交代案内汇报
震泽县张亨衢接收前故县孙枝秀代理县
姚储兼理县刘铃交代存库除已入清查
及垫完漕尾列抵外实存银四万九千三

百二十五兩零扣至道光十一年正月十
五日二叅限滿正月十一日限内結報詳
咨在案其存庫銀兩已據解過銀二萬七
千五百七十四兩零其餘銀兩現飭查明
續解各數提解清楚另行詳咨應請歸入
下届彙報

震澤縣張亨衢入闈回任接收代理縣袁緡
交代存庫銀一千六百一十三兩零扣至道
光十一年十二月二十三日正限屆滿已
據接收清楚造冊結報現由道府核明加
轉其存庫銀兩已據批解清楚另行詳咨
署常熟縣周岱齡接收徵良交代存庫除已

入清查及墊完漕尾列抵外實存銀三萬三百七十三兩零扣至道光十一年三月二十九日二參限滿三月二十七日限内結報詳咨在案其存庫銀兩催據完解清楚現飭查明開冊送司另行詳咨

署昭文縣史瑎接收周珩交代存庫除已入清查外實存銀一萬六千三百九十九兩零扣至道光十一年十二月十五日二參限滿十二月十一日限内結報詳咨在案其存庫銀兩已據解過銀八千五百九十二兩零其餘銀兩現飭查明續完各數解清另行詳咨應請歸入下屆彙報

崑山縣吳時行接收盧本淳交代存庫除已
入清查并徑支及墊完漕尾列抵外實存
銀三萬五千六百一十兩零扣至道光十
年三月二十二日二參限滿三月二十一
日限内結報詳咨在案其存庫銀兩上屆
奏報案内聲明歸今屆彙報現在已據報
解清楚另造全完清冊詳咨

前署新陽縣藍蔚雯接收苗臨澧交代存庫
除已入清查并徑支及墊完漕尾列抵外
實存銀五萬八百五十九兩零扣至道光
十一年正月二十一日二參限滿正月十
七日限内結報詳咨在案其存庫銀兩已

據解過銀二萬八千二百二兩零其餘銀
兩現飭查明續解各數提解清楚應請統
歸下届限滿之苗臨澧回任接收藍蔚雯
交代案内彙報
署太湖同知孫宗渭接收恒泰交代扣至道
光十一年二月初二日正限届滿正月二十
六日限内結報詳咨在案並無存庫銀兩
署華亭縣張之杲接收張慶瑗交代存庫除
已入清查弁徑支外實存銀四萬九百一
十六兩零扣至道光十一年二月初九日
二叅限滿正月二十七日限内結報詳咨
在案其存庫銀兩催據完解過銀二千一

百兩其餘銀兩現飭查明續解及漕尾列
抵各款核數提清另行詳咨應請統歸下
屆限滿之張慶瑗回任接收張之杲交代
案内彙報
前署奉賢縣周恭壽接收鄧秉乾署縣潘國
耀交代存庫除墊完漕尾列抵外實存銀
一萬八千八百二十二兩零扣至道光十
一年五月初二日二參限滿四月二十日
限内結報詳咨在案其存庫銀兩催據完
解過銀八千一百六十三兩零其餘銀兩
現飭查明續解各數提解清楚應請統歸
下屆限滿之楊本初接收周恭壽交代案

内彙報
署金山縣蔣封岐接收程士偉署縣姚雲升
傳晬交代存庫除已入清查及墊完漕尾
列抵外實存銀二萬二千七百二十四兩
零扣至道光十一年正月二十一日二參
限滿正月十九日限内結報詳咨在案其
存庫銀兩催據完解銀一萬四千一十一
兩零其餘銀兩是否續有完解未據查報
適值正任知縣周百順到任旋卽丁憂仍
委蔣封岐接署應請統歸下届限滿之蔣
封岐接收周百順交代案内提解詳咨
上海縣温綸湛接收沈炳垣交代存庫銀一

萬八千一百四十二兩零扣至道光十一
年二月初一日二參限滿正月二十八日
限内結報詳咨其存庫銀兩已據批解清
楚造册詳咨在案
前任南滙縣賀崇禧接收德宣交代存庫除
徑支及墊完漕尾列抵外實存銀四萬三
千一百八十五兩零扣至道光十年三月
十六日二參限滿三月十三日限内結報
詳咨在案其存庫銀兩催據完解銀二萬
二千四百三十九兩零其餘銀兩現飭查
明續解各數提解清楚應請統歸下届限
滿之熊傳栗接收賀崇禧交代案内彙報

武進縣程士偉接收趙懷鍔廖鴻苞交代存
庫除已入清查及墊完漕尾列抵并叅虧
外實存銀一萬八千五百八十七兩零扣
至道光十一年三月二十四日奏叅限滿
三月初四日限内結報詳咨在案其存庫
銀兩已催據完解過銀一萬二千一百六
十二兩零其餘銀兩現飭查明續解各數
提解清楚應請統歸下屆限滿之姚瑩接
收程士偉交代案内彙報
前署無錫縣蔡維新接收陳用珩程士偉交
代存庫銀一萬二千一百七十一兩零扣
至道光十一年二月初八日二叅限滿二

月初二日限内結報詳咨在案其存庫銀
兩催據完解清楚現飭查明開冊送司另
行詳咨
前任江陰縣德宣接收姚儲交代存庫除已
入清查并徑支及墊完漕尾列抵外實存
銀五萬一千六百七十六兩零扣至道光
十年閏四月十六日二參限滿閏四月十
四日限内結報詳咨在案其存庫銀兩已
催據解過銀一萬八千九百一十四兩零
其餘銀兩曾否續解未據造冊詳報查德
宣業已病故應請統歸下屆限滿之鄧秉
乾接收德宣交代案内提解詳咨

前任宜興縣景壽春接收成錫慶交代存庫
除已入清查及墊完漕尾列抵外實存銀
四萬一百四十八兩零扣至道光十一年
二月初五日二參限滿二月初四日限内
結報詳咨在案其存庫銀兩已催據解過
銀一萬三千四百兩零其餘銀兩現飭查
明續解各數提解清楚應請統歸下届限
滿之練廷璜接收景壽春交代案内彙報
荆溪縣張綬組接收兼署縣景壽春故縣鍾
庚交代存庫除已入清查并墊完漕尾列
抵及徑支外實存銀四萬七千八百三十
五兩零扣至道光十一年十月二十一日

二忝限滿十月二十日限内結報詳咨在
案其存庫銀兩已催據解過銀一萬八百
五十五兩零其餘銀兩現飭查明續解銀
數提解清楚應請歸入下届限滿之陳增
稔接收張綬組交代案内彙報
前任丹徒縣劉大烈接收蔡維新交代存庫
除已入清查并王臺麟欵及墊完漕尾列
抵外實存銀三萬一千五百九十八兩零
扣至道光十一年三月二十七日二忝限
滿三月二十五日限内結報詳咨在案其
存庫銀兩已催據解過銀二萬八千九百
八十三兩零其餘銀兩現飭查明續完各

數提解清楚應請統歸下屆限滿之景壽
春接收劉大烈交代案内彙報
署溧陽縣丁在卯接收吳亮祖交代存庫除
墊完漕尾列抵外實存銀三萬八千四百
二十兩扣至道光十一年十月十一日奏
參屆滿十月初九日限内結報詳咨在案

其存庫銀兩已催據完解銀一萬二千七
百六兩零其餘銀兩現飭查明續解各數
提解清楚另行詳咨應請歸入下屆彙報
前任鎮洋縣賀雲舉接收景壽春交代存庫
除已入清查外實存銀一萬九千一百三
十九兩零扣至道光十年十一月二十五

日二參限滿十一月二十四日限内結報
詳咨在案所有存庫銀兩上屆奏報案内
聲明歸今屆彙報現在已據報解清楚另
造全完清冊詳咨
寶山縣毛正坦接收陳玉成交代存庫除已
入二三次清查并徑支外實存銀三百九
兩零扣至道光十一年二月初十日二參
限滿二月初八日限内結報詳咨其存庫
銀兩已催據批解清楚造冊詳咨在案
署崇明縣姚儲接收徐家槐交代存庫銀七
千二百六十九兩零扣至道光十一年八
月十一日正展限滿七月初九日限内結

報詳咨在案其存庫銀兩已由司提解清
楚另造全完清冊詳咨

戶部知道

江蘇巡撫林則徐題本　奏銷江蘇省各標營道光十一年份兵馬錢糧數目（破損）

題
該部察核具奏冊併發

江蘇巡撫林則徐題本　奏銷江蘇省各標營道光十一年份兵馬錢糧數目
道光十二年十月二十六日

兵部侍郎兼都察院右副都御史巡撫江蘇等處地方提督軍務臣林[illegible]

題為奏銷道光拾壹年兵馬錢糧事據署蘇州布
政使桂良江寧布政使趙盛奎會詳稱竊照江
蘇省各標營官兵馬匹支過俸餉糧料例應按
年造冊詳
題所有道光拾壹年分江寧蘇州各標營并新設
徐州鎮標各營徐宿州營兵馬錢糧應歸安徽
省估撥奏銷又揚州營汛等營續奉奏歸督標
各部將所支糧餉銀米歸入狼鎮等營結總奏
銷在案今道光拾壹年分銀米遵照歸案核明
結總其餘撫提鎮各標京口八旗官兵馬匹支
過俸餉糧料豆草折價等[illegible]取齊各

營支扣細冊逐一核明分晰四柱造冊詳
題等因即經通移准據各營造送前來該江寧布
政使趙盛奎等逐一覆核查得各標營道光拾
壹年官兵朋扣銀兩遵例另案
奏銷又各官并養廉名糧奉文改歸實額自乾隆
肆拾柒年爲始改給養廉在於正項耗羨存公
項下支給另案報銷水師營舵工貼糧名色奉
文刪除仍按向得銀米數目改給工食附入兵
馬奏銷案內
題報另冊核銷外實該蘇州藩司經管之撫標提
標蘇松鎮標京口八旗各營除裁實在官兵馬
匹旗營官兵節婦支過俸餉料乾等銀貳拾玖

萬捌千貳百叁拾柒兩捌錢柒分陸釐米玖萬
柒千玖百柒拾肆石叁斗貳升貳合捌勺豆叁
萬玖千柒拾柒石叁斗內本色黑豆捌百貳拾
伍石玖升叁合伍勺折色豆叁萬捌千貳百伍
拾貳石貳斗陸合伍勺每石折銀柒錢共折銀
貳萬陸千柒百柒拾陸兩伍錢肆分伍釐草貳
百肆拾陸萬玖千捌百玖拾陸束每束折銀柒
釐共折銀壹萬柒千貳百捌拾玖兩貳錢柒分
貳釐通共實支銀叁拾肆萬貳千叁百叁兩陸
錢玖分叁釐江寧藩司經管之狼山鎮并撥歸
之揚州營及徐州鎮標各營官兵馬匹舵水支
過俸餉料乾等銀玖萬柒千玖百叁拾捌兩貳

錢壹分捌釐米貳萬壹千玖百捌拾玖石玖斗
肆升內本色米壹萬陸百柒拾陸石捌斗貳升
折色米壹萬壹千叁百壹拾叁石壹斗貳升內
狼山掘港貳營折色米肆千伍百玖拾柒石柒
斗肆升每石折價銀玖錢伍分共折銀肆千叁
百陸拾柒兩捌錢伍分叁釐又泰州泰興揚州
徐州鎮等陸營折色米陸千貳百貳石伍斗伍
升每石折價銀柒錢伍分共折銀肆千陸百伍
拾壹兩玖錢壹分叁釐又三江營并馬家橋叁
汛折色米伍百壹拾貳石捌斗叁升每石折價
銀壹兩壹錢壹分陸釐共折銀伍百柒拾貳兩
叁錢壹分捌釐通共實支銀壹拾萬柒千伍百

叁拾兩叁錢貳釐今遵分晰管收除在造具實
支細冊并另造四柱大總於冊後登列原撥地
丁等銀南漕等米糧具各冊呈送又查各標營
歲需俸餉料乾銀米豆草折價除去前項實支
數目并例扣朋銀外核計蘇州藩司經管各標
營扣存建曠豆草折共銀柒千伍百壹拾捌兩
柒錢肆分肆釐米壹千貳百陸拾貳石柒升柒
合貳勺內撥給道光拾壹年各員弁俸薪馬豆
草折乾銀貳百肆拾玖兩捌錢捌分叁釐馬糧
米壹拾貳石伍斗捌升京口八旗節婦半俸倉
米貳百玖拾捌石陸斗實扣存銀柒千貳百陸
拾捌兩捌錢陸分壹釐米玖百伍拾石捌斗玖

升柒合貳勺江寧藩司經管各營扣存建曠米
折共銀貳千伍百捌拾兩貳錢肆分內撥給道
光拾壹年各弁俸薪馬餉米折共銀柒拾壹兩
柒錢又除三江營并揚州營之馬家橋叁汛銀
陸拾捌兩玖錢肆分柒釐照例扣存運庫外實
扣存銀貳千肆百叁拾玖兩伍錢玖分叁釐柒
捌石壹斗肆升又蘇州藩司所轄督標京口左
營右營提標南匯營蘇松鎮標中營左營右營
奇營并改歸蘇松鎮標之川沙吳淞等營額設
舵工柒拾叁分除扣存建曠外實支工食銀捌
百陸拾壹兩叁錢伍分米貳百伍拾捌石肆斗
伍合江寧藩司經管之狼山鎮標中營左營右

營并掘港營額設舵工壹拾玖分除扣存小建
外實支工食米折共銀貳百伍拾陸兩叁錢叁
分壹釐本色米叁拾叁石肆斗肆升相應循例
備造司印清冊呈送核繕黃冊具
題再查京口八旗并水師左營右營高資營巡江
官兵道光拾壹年分支過盤費銀肆百叁拾貳
兩叁錢係於京口水師左右高資等營朋扣銀
內撥給合并造冊送候咨部查核至此案奏銷
例於陸月內詳
題緣署蘇州藩司領膺伊接收梁章鉅交代業經
咨部覆准展限並須膺伊桂良轉接收交代
以致不克剋限造報合并聲明等情到臣據此

江蘇巡撫林則徐題本 奏銷江蘇省各標營道光十一年份兵馬錢糧數目

道光十二年十月二十六日

該臣查得各標營糧餉奏銷例應按年
題報所有道光拾壹年分奏銷先經飭行江蘇兩
藩司造冊呈送茲據署蘇州布政使桂良會同
江寧布政使趙盛奎循例備造司印清冊具詳
前來除官兵朋扣銀兩並各官弁所給養廉另
案報銷外臣查蘇州藩司經管各標營官兵馬
匹舡水通共實支俸餉料乾豆草折等銀叁拾
肆萬貳千叁百叁兩陸錢零米玖萬柒千玖百
柒拾肆石叁斗零本色豆捌百貳拾伍石玖升
零扣存建曠豆草折共銀柒千伍百壹拾捌兩
柒錢零米壹千貳百陸拾貳石柒升零內撥給
各員弁俸薪馬乾豆草折銀貳百肆拾玖兩捌

錢零米壹拾貳石伍斗零京口蒙古八旗節婦
半俸倉米貳百玖拾捌石陸斗實扣存銀柒千
貳百陸拾捌兩捌錢零米玖百伍拾石捌斗零
江寧藩司經管各標營官兵馬匹舵水通共實
支俸餉料乾米折等銀壹拾萬柒千伍百叁拾
兩叁錢零本色米壹萬陸百柒拾陸石捌斗零
扣存建曠米折共銀貳千伍百捌拾兩貳錢零
內撥給各員弁俸薪馬餉米折等銀柒拾壹兩
柒錢又除三江營并馬家橋等叁汛銀陸拾捌
兩玖錢零照例扣存運庫外實扣存銀貳千肆
百叁拾玖兩伍錢零米捌石壹斗零又蘇州藩
司所轄督標京口左營右營提標南匯營蘇松

鎮標中營左營右營奇營并改歸蘇松鎮標之
川沙吳淞貳營額設舵工柒拾叁分實支工食
銀捌百陸拾壹兩叁錢零米貳百伍拾捌石肆
斗零江寧藩司所轄狼山鎮標中營左營右營
并掘港營額設舵工壹拾玖分實支工食米折
共銀貳百伍拾陸兩叁錢零本色米叁拾叁石
肆斗零又京口八旗并水師左營右營高資營
巡江官兵道光拾壹年分實支過盤費銀肆百
叁拾貳兩叁錢零係於京口水師左右高資等
營朋扣銀內撥給各營動給餉款以及支存細
數俱於冊內分晰登註所有各標營實支銀米
各數逐加考核尚無遺漏盤支情弊除清冊分

送部科道查核外理合摘敘簡明四柱大總敘
繕黃冊恭呈
御覽臣謹循例具
題伏乞
皇上聖鑒勅部核銷施行再此案例應於陸月內具
題緣署蘇州藩司額騰伊接收梁章鉅交代業經
咨部覆准展限並額騰伊桂良輾轉接收交代
以致不克剋限造報合並陳明為此具本專差
承差戴鴻文齎捧謹題請
旨
計進
呈文冊貳本

江蘇巡撫林則徐題本　奏銷江蘇省各標營道光十一年份兵馬錢糧數目
道光十二年十月二十六日

道光[illegible]地方提督軍務總理糧儲臣林則徐

兵部侍郎兼都察院右副都御史巡撫江蘇等處地方提督軍務總理糧儲臣林則徐謹
題為奏銷道光拾壹年兵馬錢糧事該臣查得各
標營糧餉奏銷例應按年
題報所有道光拾壹年分奏銷先經飭行江蘇兩
藩司造冊呈送茲據署蘇州布政使桂良會同
江寧布政使趙盛奎循例造冊具詳前來除官
兵朋扣銀兩並各官弁所給養廉另案報銷外
臣查蘇州藩司經管各標營官兵馬匹並水通
共實支俸餉料乾豆草折等銀叁拾肆萬貳千

叁百叁兩零米玖萬柒千玖百柒拾肆石零本
色豆捌百貳拾伍石零江寧藩司經管各標營
官兵馬匹乾水通共實支俸餉料乾米折等銀
壹拾萬柒千伍百叁拾兩零米壹萬陸百柒拾
陸石零各營動給餉款以及支存細數俱於冊
內分晰登註所有各標營實支銀米各數送加
考核尚無遺漏濫支情弊除清冊分送部科道
外理合攢叙簡明四柱大總散繕黃冊恭呈
御覽謹題請
旨

兩江總督陶澍江蘇巡撫林則徐奏摺　委任伍家榕督催桃南挑河工程劉鈴暫署海州知州

道光十二年十月二十七日

兩江總督陶澍江蘇巡撫林則徐奏摺　**委任伍家榕督催桃南挑河工程劉鈴暫署海州知州**

兩江總督陶澍江蘇巡撫林則徐奏摺 委任伍家榕督催桃南挑河工程劉鈴暫署海州知州
道光十二年十月二十七日

兩江總督臣陶澍
江蘇巡撫臣林則徐跪

奏為奏

聞事竊桃南挑河工程緊要必須幹練之員督率催

趲於春令前竣工經臣陶澍遴委署海州知州

伍家榕前往督催所遺海州員缺係沿海要缺

查有蘇州府海防同知劉鈴曾任海州情形熟

練堪以暫署據藩臬各司會詳前來除飭遵外

理合會詞具

奏伏乞

皇上聖鑒謹

覽奏

兩江總督陶澍江蘇巡撫林則徐奏摺 委任伍家榕督催桃南挑河工程劉鈴暫署海州知州 道光十二年十月二十七日

道光十二年十月 二十七 日

奏報飭屬查拏陳端等挖隄逸犯情形

再桃源穵堤一案續獲要犯陳堂陳欽二名究
出陳端逃往山東東昌府袁雙官家隨即派員
追緝並飛咨山東巡撫嚴拏先經附片
奏明在案伏查此案從犯多名其為陳端轉糾黨
羽者惟張開泰趙步堂二人俱已早經獲案並
獲隨同穵堤從犯劉開成等十三名惟尚有陳
端陳堂陳欽陳光南及不知姓名等犯在逃未
獲屢經嚴飭查拏茲續獲陳堂陳欽供出姓名
即經該府縣等拏獲范洪起王聿貴張湔朗陳
三啞叭于振祿左克勤張蘭于二田寶敬于未
子等十名統計前後拏獲要從各犯共二十七
名其首犯陳端據淮安府及桃源縣稟稱密派

丁役馳抵山東查係竄往東平州當將袁雙官
拏獲解州訊問據供閏九月十八日陳端在伊
家住宿一夜即起身赴濮州武家莊武侉子家
又要赴鄆城劉家口糧食行等語而陳堂則供
稱陳端係赴濮州城外史家集吳家大莊找吳
振川兄弟現又添派文武員弁按照袁雙官陳
堂所供陳端逃匿處所分投掩捕並聞河南省
虞城縣地方亦有劉家口市鎮復經飭委端緝
務期速獲斷不任其漏網至續獲之陳堂現在
供認係桃源縣生員本名陳鏞該管教官例有
失察處分應俟審明定案時照例參處臣陶澍
因武闈甫經竣事於二十日自省起程適值連

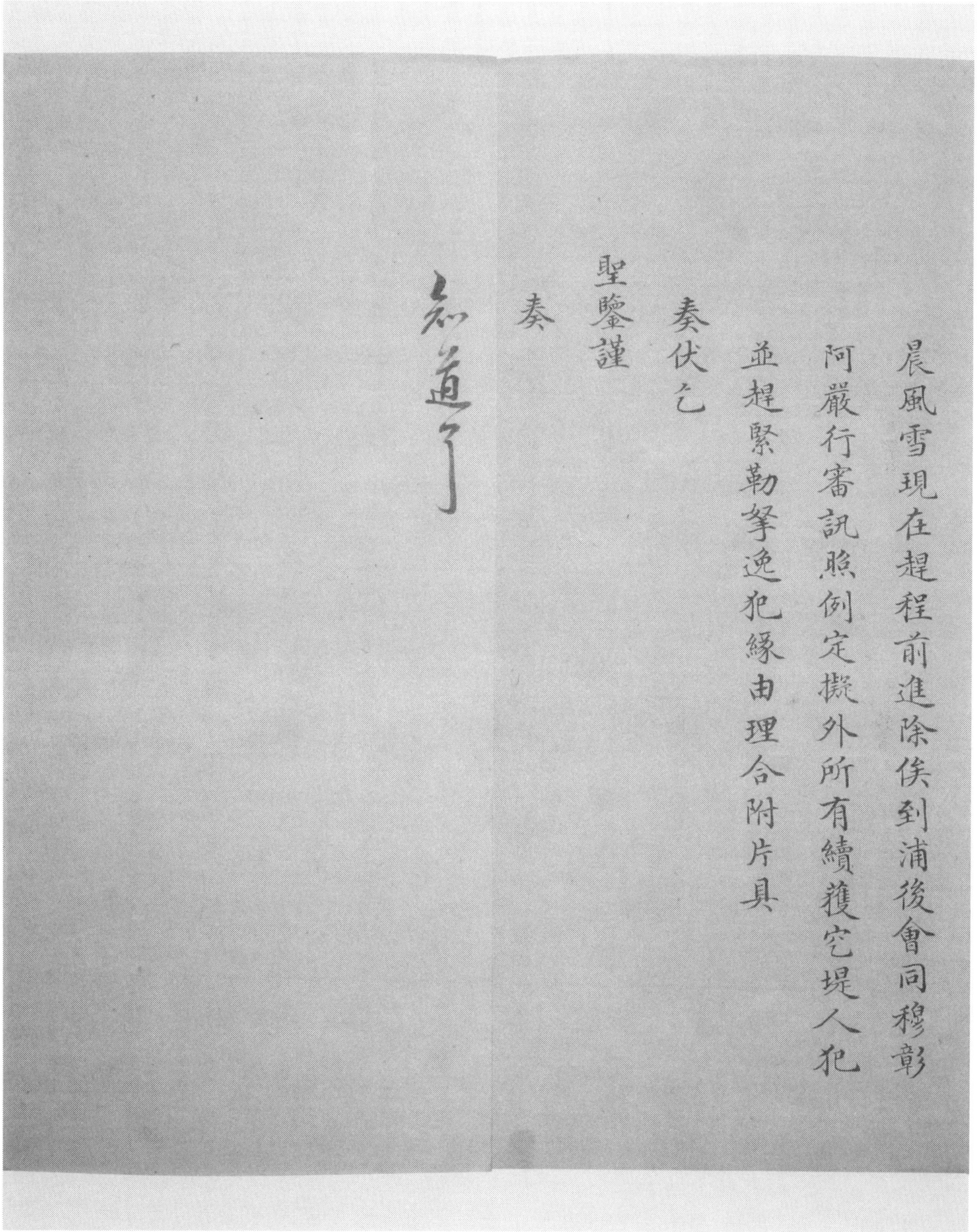

晨風雪現在趲程前進除俟到浦後會同穆彰
阿嚴行審訊照例定擬外所有續獲穵堤人犯
並趲緊勒拏逸犯緣由理合附片具
奏伏乞
聖鑒謹
奏
知道了

兩江總督陶澍江蘇巡撫林則徐奏片　奏報飭屬查拏陳端等挖隄逸犯情形
道光十二年十月二十七日

江蘇巡撫林則徐題本　**題參蕭縣知縣趙毓丹等疏防命案限滿兇犯無獲**

江蘇巡撫林則徐題本　題參蕭縣知縣趙毓丹等疎防命案限滿兇犯無獲

道光十二年十月二十九日

兵部侍郎兼都察院右副都御史巡撫江蘇等處地方提督軍務總理糧儲臣林則徐謹

題為詳參疎防文職事據江蘇按察使額騰伊詳

稱據徐州府知府劉鴻翱詳據蕭縣知縣趙毓

丹詳稱道光拾貳年伍月初捌日據地保賈世

平報伍月初伍日見民人張明述地旁河內有

一無名赤體受傷男屍頭面腐爛手足並物臂

囊均已無存正欲進城報驗詎驟遇風雨將屍

漂至下游相離里許谷茂蘭田邊河內理合報

驗等情到縣據即帶領吏仵前詣屍所勘得該

處係通行河道四面俱係田疇並無居民離城

捌拾里離青里集汛貳拾伍里並無墩鋪防兵

該屍赤身無衣褲仰浮岸旁水面勘畢諭令將

屍撈放平地飭仵驗明該屍頭面連項頸皮肉
俱已腐爛頭髮脫落遍身皮肉腐爛左右胳膊
曲瞅俱筋斷骨折骨損處參差不齊微有血跡
左右手腕俱脫落無存臍肚以下有刀割痕跡
皮肉捲縮莖物腎囊俱無左右臁肋筋斷骨折
骨損處參差不齊微有血跡左右脚腕俱脫落
無存係屬生前受傷身死棄屍水中填格取結
附卷屍飭棺殮攢厝義塚標記提訊地保人等
供與報詞相同當即示召屍屬認領一面懸賞
嚴緝兇犯務獲究辦錄供通詳奉批緝拏在案
茲查疎防限屆兇犯無獲案有失物情形合將
印捕職名開報等情由府道遞開督捕督緝衆

韓職名前來除飭勒緝兇犯務獲究報並訪召
屍屬認領訊報外該江蘇按察使額騰伊查得
蕭縣地保曹世平具報不識姓名男子赤體受
傷身死棄屍水中壹案疎防例限肆箇月應以
道光拾貳年伍月初捌報官之日起扣至玖月
初捌日屆滿所有疎防職名印官係蕭縣知縣
趙毓丹捕官係蕭縣典史陳國社督捕係不同
城銅沛同知陸楷督緝係不同城徐州府知府
劉鴻翱兼轄係不同城前護徐州道王廷彥再
護道王廷彥先於叁月貳拾陸日前赴下游各
廳查勘工程帶印公出於陸月初貳日公回劄
月初貳日卸事此案失事之日係在公出期內

例得免議現任徐州道李國瑞係接管緝之員
例無處分相應聲明開報詳候核參等情到臣
據此該臣查得蕭縣地保賈世平具報不識姓
名男子赤體受傷身死棄屍水中壹案疏防例
限肆箇月應以道光拾壹年伍月初捌報官之
日起扣至玖月初捌日屆滿兇犯無獲開列疏
防職名請參前來除飭勒緝兇犯務獲究報外
所有文職疏防職名印官係蕭縣知縣趙毓丹
捕官係蕭縣典史陳鳳柱督捕係不同城銅沛
同知陸楷督緝係不同城徐州府知府劉鴻翱
兼轄係不同城前護徐州道王廷彥再護道王
廷彥先於叁月貳拾陸日前赴下游各廳查勘

工程帶印公出於陸月初貳日公回捌月初貳日卸事此案失事之日係在公出期內例得免議現任徐州道李國瑞係接督緝之員例無處分相應聲明列參再此案見屍處所離城捌拾里離青里集汎貳拾伍里並無墩鋪防兵合並陳明臣謹具

題伏乞

皇上聖鑒勅部議覆施行謹題請

旨

江蘇巡撫林則徐題本　題參蕭縣知縣趙毓丹等疎防命案限滿兇犯無獲

道光十二年十月二十九日

道光拾貳年拾月貳拾玖日兵部侍郎兼都察院右副都御史巡撫江蘇等處地方提督軍務總理糧儲臣林則徐

兵部侍郎兼都察院右副都御史巡撫江蘇等處地方提督軍務總理糧儲臣林則徐謹
題為詳參疎防文職事該臣查得蕭縣地保賈世
平具報不識姓名男子赤體受傷身死棄屍水
中壹案疎防例限肆箇月應以道光拾貳年伍
月初捌報官之日起扣至玖月初捌日屆滿兇
犯無獲開列疎防職名請參前來除飭緝兇
犯務獲究報外所有文職疎防職名印官係蕭
縣知縣趙毓丹捕官係蕭縣典史陳國柱督捕
係不同城銅沛同知陸楷督緝係不同城徐州
府知府劉鴻翱兼轄係不同城前護徐州道王
廷彦相應列參謹具題請
旨

江蘇巡撫林則徐題本

題參前署華亭縣知縣張之杲等疎防盜案限滿贓犯無獲

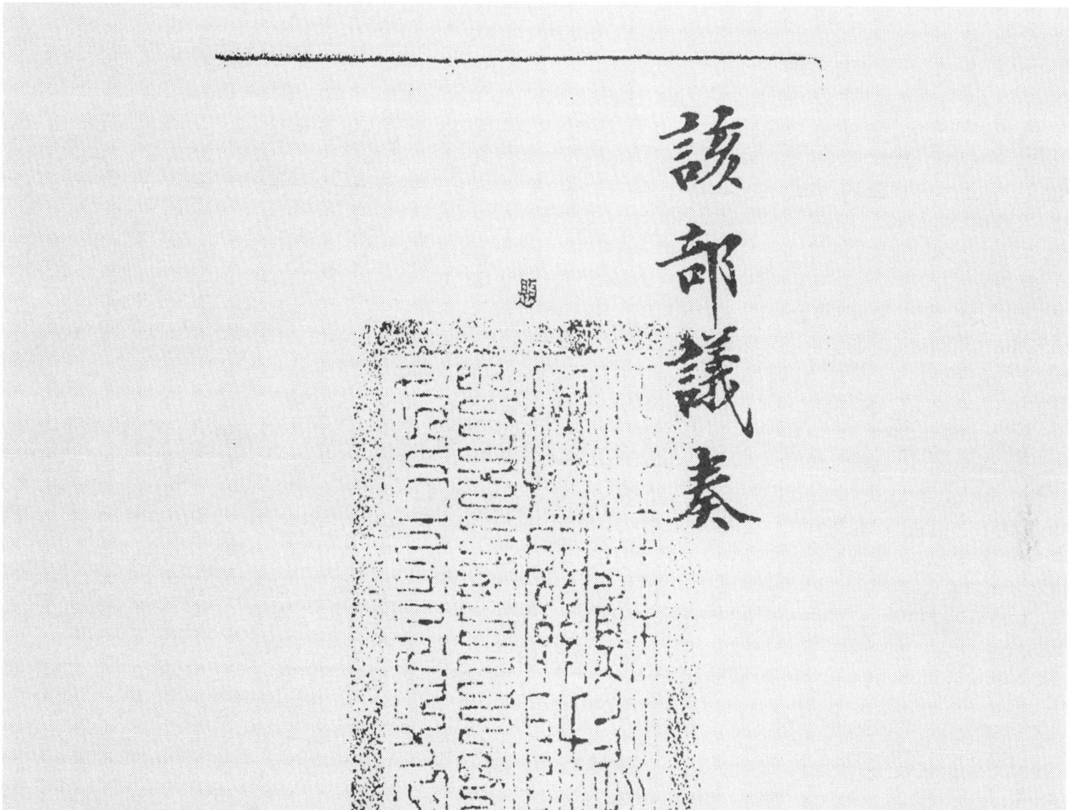
該部議奏

題

江蘇巡撫林則徐題本　題參前署華亭縣知縣張之杲等疏防盜案限滿贓犯無獲

道光十二年十月二十九日

兵部侍郎兼都察院右副都御史巡撫江蘇等處地方提督軍務總理糧儲臣林則徐謹

題爲詳參疏防文職事據江蘇按察使顏鑄伊詳

稱據松江府詳據華亭縣詳稱道光拾貳年叁

月貳拾叁日據地保張樹祥報據奉賢縣事主

貢生周毓華投稱叁月貳拾貳日夜船至黃浦

江金家灣地方被盜數人將船搭住手執燈籠

刀子過船刦去皮箱洋錢衣物報叩勘緝等情

到縣據經會營詣勘失事處所離城拾貳里離

南外汛陸里該處並無墩舖防兵提訊事主船

戶人等供與報詞無異諭牙估計值銀伍拾壹

兩造冊通詳奉批緝參查疏防限屆贓盜無

獲合將印捕職名開送由府開列督捕督緝職

名並准蘇松太道開移糧轄職名請參前來除
飭勒緝賊盜務獲究報外茲江蘇按察使顔鴈
伊查得華亭縣事主周毓華行舟被劫壹案疏
防例限肆箇月應以道光拾貳年叁月貳拾貳
失事之日起扣至柒月貳拾貳日滿所有文職
疏防職名印官係前署華亭縣現署吳江縣知
縣張之杲捕官係華亭縣金山司巡檢舒春元
督捕係前護柘林通判現任華亭縣知縣張慶
瑗督緝係同城松江府知府沈兆澐糧轄係不
同城前任蘇松太道程橒兼理合開報查印官
張之杲先於道光拾貳年陸月貳拾肆日疏防
限內卸事督捕張慶瑗即於是日卸柘林通判

事回華亭縣本任兼轄巡道程懷璟亦於肆月
拾捌日卸事均不復回任應請議結現任柘林
通判孫宗渭現任巡道吳其泰係接督緝之員
例無處分合並聲明詳候核參等情到臣據此
該臣查得華亭縣事主周毓華行舟被劫壹案
疏防例限肆箇月應以道光拾貳年叁月貳拾
貳日失事之日起扣至柒月貳拾貳日滿贓盜無
獲開列疏防職名請參前來除飭勒緝贓盜務
獲究報外所有文職疏防職名印官係前署華
亭縣現署吳江縣知縣張之杲捕官係華亭縣
金山司巡檢舒春元督捕係前署柘林通判現
任華亭縣知縣張慶瑗督緝係同城松江府知

府沈兆澐兼轄系不同城前任蘇松太道程懋
采相應列參聽候部議查印官張之杲先於道
光拾貳年陸月貳拾肆日據防汛內卸事督捕
張慶瑗卸於是日卸柘林通判事回華亭縣本
任兼轄巡道程懋采亦於肆月拾捌日卸事均
不復回任應請議結現任柘林通判孫宗潤現
任巡道吳其泰係接督緝之員例無處分再此
案失事處所離城拾貳里離南外汛陸里該處
並無塘鋪防兵合並陳明臣謹具
題伏乞
皇上聖鑒勅部議覆施行謹題請
旨

江蘇巡撫林則徐題本　題參前署華亭縣知縣張之杲等疏防盜案限滿贓犯無獲

道光十二年十月二十九日

道光拾貳年拾月貳拾玖日兵部侍郎兼都察院右副都御史巡撫江蘇等處地方提督軍務總理糧儲臣林則徐

兵部侍郎兼都察院右副都御史巡撫江蘇等處地方提督軍務總理糧儲臣林則徐謹

題爲詳參疏防文職事該臣查得華亭縣事主周
毓華行舟被劫壹案疏防例限肆箇月應以道
光拾貳年叁月貳拾貳失事之日起扣至柒月
貳拾貳日滿贓盜無獲開列疏防職名詳參前
來除飭勒緝贓盜務獲究報外所有文職疏防
職名印官係前署華亭縣現署吳江縣知縣張
之杲捕官係華亭縣金山司巡檢舒春元督捕
係前護柘林通判現任華亭縣知縣張處愚督
緝係同城松江府知府沈兆澐兼轄係不同城
前任蘇松太道程懷璟相應列參聽候部議謹
題請
旨

江蘇巡撫林則徐題本

題參長洲縣知縣陳玉成等疏防盜案限滿贓犯無獲

陳玉成等著議處具奏該部知道

題

江蘇巡撫林則徐題本　題參長洲縣知縣陳玉成等疏防盜案限滿贓犯無獲

道光十二年十月二十九日

兵部侍郎兼都察院右副都御史巡撫江蘇等處地方提督軍務總理糧儲臣林則徐謹

題爲詳參疏防文職事。據江蘇按察使額騰伊詳稱：據署蘇州府知府陳經詳據長洲縣知縣陳玉成詳稱：道光拾貳年伍月拾叁日據事主監生廖淑香稟稱：伍月拾貳日起更時，伊遣夥李榮觀赴正泰莊取洋錢叁百貳拾捌圓，用布袋裝攜，行至昌陞圖山塘街地方，被匪將布袋洋錢搶去，報候緝究等情。到縣，據經會營勘訊，估計失贓值銀壹百玖拾陸兩捌錢，造冊通詳，奉批緝參。茲查疏防限屆，贓匪無獲，合將印捕職名開報等情。由府開列督捕、督緝職名詳參到司。除飭勒緝贓匪務獲究報，並移取巡道兼轄

職名另詳請參外該江蘇按察使額騰伊查得
長洲縣事主廖縱香具報被搶洋錢逾貫壹案
疎防例限肆箇月應以道光拾貳年伍月拾貳
失事之日起扣至玖月拾貳日滿所有文職疎
防職名印官係長洲縣知縣陳玉成捕官係長
洲縣典史歐濤督捕係前署蘇總捕同知事元
和縣知縣何士祁督緝係同城前任蘇州府知
府李國瑞查督捕兼署同知何士祁已於柒月
貳拾肆日未經限滿之先委署川沙廳卸事督
緝知府李國瑞亦於陸月貳拾肆日陞任徐州
道卸事均不復回任應請議結前陞府程銓於
兼攝同知及知府本任暨署府陳經於署總捕

同知弁前署同知元和縣知縣平翰均係接督
緝之員例無處分再此案失事處所離城陸里
離汛柒里並無墩鋪防兵合幷聲明詳候核參
等情到臣據此該臣查得長洲縣事主廖漋沓
具報被搶洋錢逾貫壹案疎防例限肆箇月應
以道光拾貳年伍月拾貳失事之日起扣至玖
月拾貳日滿贓匪無獲開列疎防職名請參前
來除飭勒緝贓匪務獲究報並飭取兼轄職名
另咨外所有文職疎防職名印官係長洲縣知
縣陳玉成捕官係長洲縣典史歐濤督捕係前
署蘇總捕同知事元和縣知縣何士祁督緝係
同城前任蘇州府知府李國瑞相應列參聽候

部議查督捕兼署同知何士祁已於某月貳拾
肆日未經限滿之先委署川沙廳知事督緝知
府李國端亦於陸月貳拾肆日陞任徐州道卸
事均不復回任應請議結前陞府程銓於兼攝
同知及知府本任暨署府陳經於署總捕同知
并前署同知元和縣知縣平翰均係接督緝之
員例無處分再此案失事處所離城陸里離汛
某里並無墩鋪防兵台並陳明臣謹具
題伏乞
皇上聖鑒勅部議覆施行謹題請
旨

江蘇巡撫林則徐題本　題參長洲縣知縣陳玉成等疏防盜案限滿贓犯無獲

道光十二年十月二十九日

道光拾貳年拾月貳拾玖日兵部侍郎兼都察院右副都御史巡撫江蘇等處地方提督軍務總理糧儲臣林則徐

兵部侍郎兼都察院右副都御史巡撫江蘇等處地方提督軍務總理糧儲臣林則徐謹

題

爲詳參疏防文職事。該臣查得長洲縣事主廖瀜香具報被搶洋錢逾貫壹案疏防例限肆箇月，應以道光拾貳年伍月拾貳失事之日起扣，至玖月拾貳日滿，贓匪無獲，開列疏防職名請參前來。除仍勒緝贓匪務獲究報，並飭取兼轄職名另咨外，所有文職疏防職名：印官係長洲縣知縣陳玉成，捕官係長洲縣典史歐濤，督捕係前署蘇總捕同知事元和縣知縣何士祁，督緝係同城前任蘇州府知府李國瑞，相應列參，聽候部議。謹題請

旨

江蘇巡撫林則徐題本

審明邳州民人鍾興來傷斃傅三擬絞監候

江蘇巡撫林則徐題本　審明邳州民人鍾興來傷斃傅三擬絞監候
道光十二年十月二十九日

兵部侍郎兼都察院右副都御史巡撫江蘇等處地方提督軍務總理糧儲臣林則徐謹
題為稟獲事據江蘇按察使額騰伊詳據徐州府
知府劉鴻翺詳據署邳州知州黃耀明詳稱道
光拾貳年伍月拾貳日據差役劉維稟稱伍月
拾壹日緝至石埠地方拏獲戳傷傅三身死案
內逃兇鍾興來解候訊究等情到州據即卷查
道光肆年伍月貳拾肆日據地保李杰報據民
人李兆玉投稱伍月貳拾叁日有傅三鍾興來
傅丁在傅其科店內飲酒鍾興來見傅三帶有
錢貳百文向其索欠傅三不肯給還兩相口角
被鍾興來戳傷身死兇犯脫逃等語往查屬實
報候緝究等情當經前署州謝肇瀛帶領吏仵

親詣屍所如法相驗據仵作馬志喝報已死傅
三郎傅魁問年叁拾叁歲驗得仰面致命左額
角刃傷壹處斜長陸分寬壹分深至骨血污不
致命左脇肋舊傷疤痕壹處內骨折合面不致
命左後肋刃傷壹處斜長叁分寬壹分深叁分
血污餘無故委係受傷身死報畢親驗無異塡
格取結屍飭棺殮差傳傳丁避匿將鄰證屍親
人等傳案提訊據地保李杰鄰證李兆玉李泳
盤傅其科供與報詞相同據屍兄傅進才供山
東蘭山縣人傅三郎傅魁係伊胞弟常在邳州
地方生理與鍾興來認識無嫌道光肆年伍月
貳拾叁日伊弟如何至傅其科店內飲酒被鍾

興來索欠爭吵經傳其科勸散後伊弟復趕向
不依並拔刀向砍致被鍾興來奪刀戳傷身死
伊並不知情求緝拏鍾興來究抵至伊弟左膁
肋傷疤上年曾向伊弟問過據說因與人打架
被人毆折當因伊弟不肯說出何事被何人所
毆故未呈控等供將屍棺給領埋葬遴差勒拏
逸兇鍾興來務獲一面錄供通詳奉批飭緝查
參嗣因限滿無獲將初貳參承緝及接緝不力
各職名開報詳參卑職到任查案比緝各在卷
據稟前情當即飭傳原差保鄰屍親人等查訊
去後茲據差稟地保李杰久經退卯與地鄰李
兆玉均已出外生理屍兄傅進才見證傅丁均

已病故現將傅其科李泳磬傳案等情臨提犯
研訊據勸證傅其科供道光肆年伍月貳拾叁
日有傅三鍾興來傳丁先後到小的店裏喫酒
鍾興來見傅三帶有大錢貳百文向他索討欠
錢傅三不肯給還彼此爭吵是小的勸散鍾興
來當同傅丁走出後來傅三怎樣趕去又向鍾
興來不依爭打被鍾興來奪刀戳傷身死小的
沒有在場看見今蒙拏獲鍾興來到案傳訊委
沒起釁別故是實據見證李泳磬供道光肆年
伍月貳拾叁日小的在地工作見鍾興來傳丁
走到莊東路旁傅三隨後趕上斥說鍾興來不
應當衆索欠給他沒臉鍾興來不服分辯傅三

拔出身帶小刀向戳被鍾興來奪刀戳傷左後
肋傅三轉向撲打又被鍾興來戳傷左額角倒
地小的連忙趕去勸散不料傅三傷重殞了一
會就死了鍾興來當即逃跑小的就告知鄉鄰
李兆玉投保李杰報驗差緝今蒙拏獲鍾興來
到案傳訊委沒起釁別故小的勸阻不及是實
據兇犯鍾興來供邳州人年叁拾伍歲父親已
故母親翟氏年陸拾捌歲兄弟鍾狗來年叁拾
叁歲小的娶妻王氏沒生子女傅三即傅魁是
山東蘭山縣人常在邳州生理與小的認識無
嫌道光肆年春間傅三借欠小的飯錢壹百伍
拾文沒還那年伍月貳拾叁日小的與傅丁到

江蘇巡撫林則徐題本 審明邳州民人鍾興來傷斃傅三擬絞監候
道光十二年十月二十九日

傅其科店內買酒見傅三帶錢貳百文隨後走
至小的看見向他索討傅三不肯給還彼此爭
鬧是傅其科勸散小的同傅丁走回走到莊東
路旁傅三趕上斥說小的不應當衆索欠給他
沒臉小的不服分辯傅三就拔身帶小刀戳來
小的把刀奪過閃到傅三身後戳傷他左後肋
傅三轉身撲打小的又用刀戳傷他左額角倒
地是李泳馨勸散不料傅三傷重隔了一會就
死了小的就逃到各處躲避日裏求乞度日夜
宿孤廟涼亭今因年久回家探聽就被獲解的
並非有心欲殺也沒起釁別故并在場幫毆的
人逃後並沒另犯行兇不法及知情容留人家

兇器小刀當時丟棄是實各等供據此將犯收
禁餘俱省釋錄供詳蒙批飭審解遵提犯證覆
訊各供均與前審無異不敍外該署邳州知州
黃燿明審看得拏獲逃兇鍾興來訊認戳傷傅
三身死壹案緣鍾興來籍隸邳州與山東蘭山
縣人傅三即傅魁素識無嫌傅三向在邳州生
理道光肆年春間傅三借欠鍾興來飯錢壹百
伍拾文未還是年伍月貳拾叁日鍾興來與傅
丁往傅其科店內沽飲見傅三攜錢貳百文鍾
至鍾興來向索前欠傅三不肯給還致相爭鬧
經傅其科勸散鍾興來即與傅丁走回行至莊
東路旁傅三趕上斥說鍾興來不應當眾索欠

使其無顔鍾興來不服分辯傅三卽拔身佩小
刀向戳鍾興來奪刀閃至傅三身後戳傷其左
後肋傅三轉向撲毆鍾興來復用刀戳傷其左
額角倒地經李泳磬勸散詎傅三傷重逾時殞
命鍾興來逃逸李泳磬告知鄉鄰李兆玉投保
報州驗訊詳緝限滿無獲照例開參。旋據差拏
獲鍾興來到案訊供通詳奉批飭審遵復提犯
研鞫據供前情不諱究非有心欲殺亦無起釁
別故及在場幫毆之人案無遁飾查律載鬪毆
殺人者不問手足他物金刃並絞監候等語此
案鍾興來因向傅三索欠爭鬧詈傅三復趕向
斥責被該犯奪刀戳傷身死應按律問擬鍾興

江蘇巡撫林則徐題本 審明邳州民人鍾興來傷斃傅三擬絞監候
道光十二年十月二十九日

來合依鬬毆殺人者不問手足他物金刃並絞
律擬絞監候秋後處決該犯逃後訊無另犯行
兇不法及知情容留之人李泳審勸阻不及均
無庸議傳丁訊無幫毆情事且已病故亦無庸
議兇刀供棄免追等情由府審解到司該江蘇
按察使額騰伊提犯親訊核擬無異解候勸
題等情招解到臣提犯親審無異該臣看得邳州
拏獲逃兇鍾興來訊認戳傷傅三身死壹案緣
鍾興來籍隸邳州與山東蘭山縣人傅三即傅
魁素識無嫌傅三向在邳州生理道光肆年春
間傅三借欠鍾興來飯錢壹百伍拾文未還是
年伍月貳拾叁日鍾興來與傅丁在傅其科店

內沽飲見傅三攜錢貳百文踵至鍾興來向索
前欠傅三不肯給還致相爭鬧經傅其科勸散
鍾興來即與傅丁走回行至莊東路旁傅三趕
上斥說鍾興來不應當衆索欠使其無顏鍾興
來不服分辯傅三即拔身佩小刀向戳鍾興來
奪刀閃至傅三身後戳傷其左後肋傅三轉向
撲毆鍾興來復用刀戳傷其左額角倒地經李
泳馨勸散詎傅三傷重逾時殞命鍾興來逃逸
李泳馨告知鄉鄰李兆玉投保報州驗訊詳緝
開參旋據拏獲鍾興來訊供通詳審認不諱究
非有心欲殺亦無起釁別故及在場幫毆之人
案無遁飾查律載鬬毆殺人者不問手足他物

金刃並絞監候等語此案鍾興來因向傳三索
欠爭鬧嗣傳三復趕向斥責被該犯奪刀戳傷
身死應按律問擬鍾興來合依鬭毆殺人者不
問手足他物金刃並絞律擬絞監候秋後處決
該犯逃後訊無另犯行兇不法及知情容留之
人李泳馨勸阻不及均無庸議傳丁訊無幫毆
情事且已病故亦無庸議兇刀供棄免追臣謹
具
題伏乞
皇上聖鑒勅下三法司核覆施行再此案審限陸箇
月應以道光拾貳年伍月拾貳獲犯之日起除
自州由府解司程限、壹箇月連閏統應扣至拾

江蘇巡撫林則徐題本　審明邳州民人鍾興來傷斃傅三擬絞監候
道光十二年十月二十九日

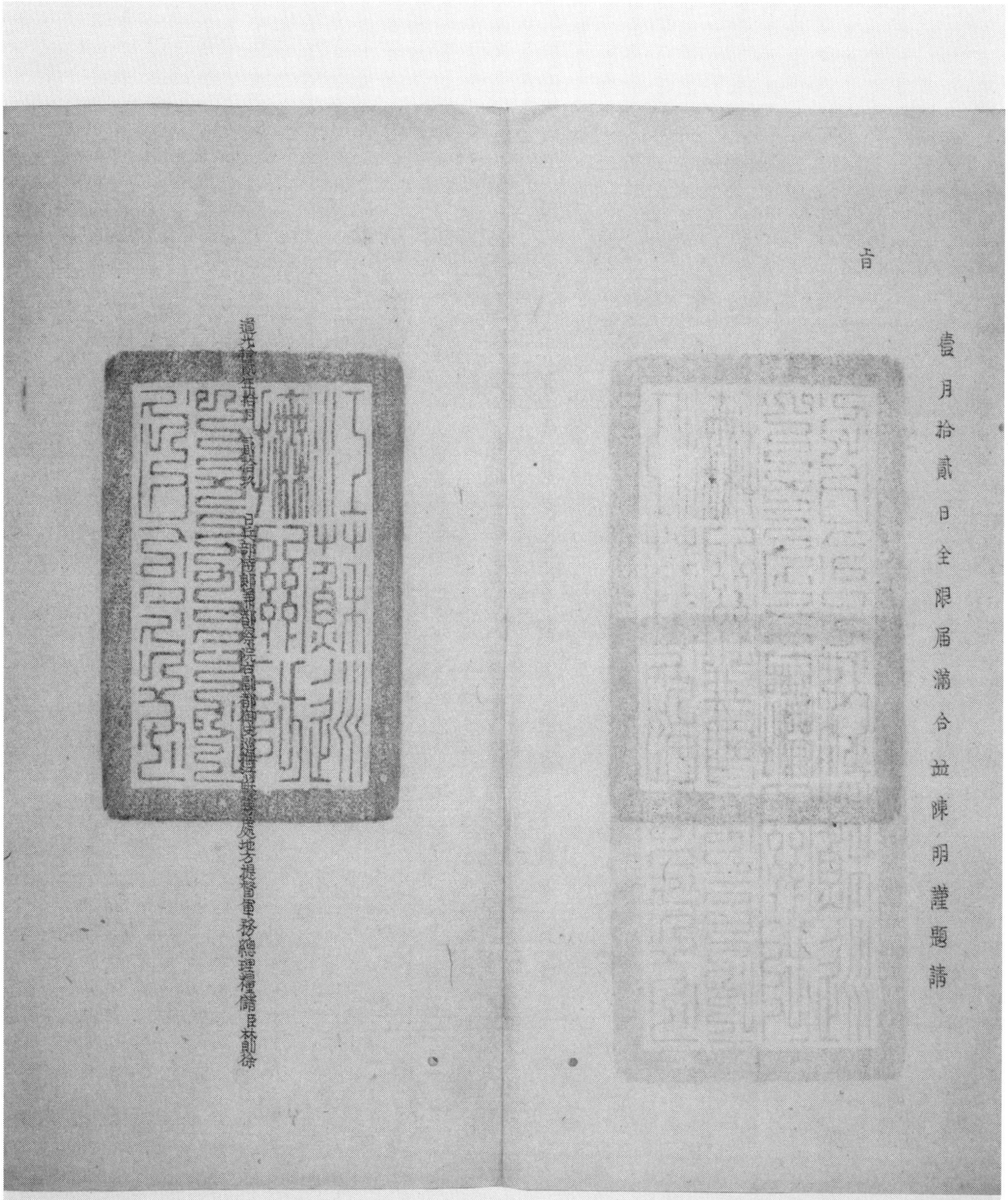
壹月拾貳日全限屆滿合並陳明謹題請
旨
道光拾貳年拾月貳拾玖日　兵部侍郎兼都察院右副都御史巡撫江蘇等處地方提督軍務總理糧儲　臣林則徐

江蘇巡撫林則徐題本　審明邳州民人鍾興來傷斃傅三擬絞監候
道光十二年十月二十九日

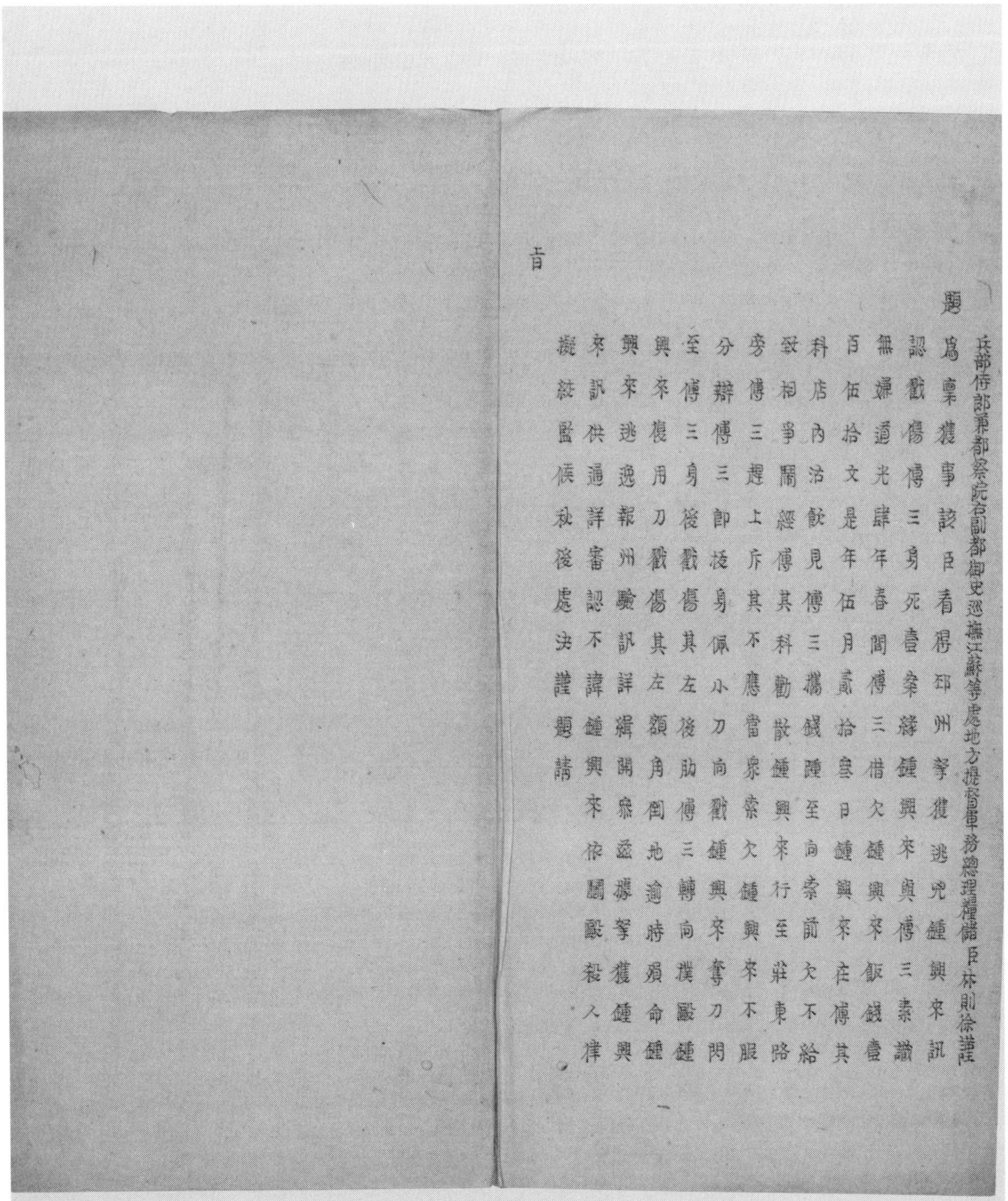
兵部侍郎兼都察院右副都御史巡撫江蘇等處地方提督軍務總理糧儲臣林則徐謹
題
為稟獲事該臣看得邳州拏獲逃兇鍾興來訊
認戳傷傅三身死壹案緣鍾興來與傅三素識
無嫌道光肆年春間傅三借欠鍾興來飯錢壹
百伍拾文是年伍月貳拾叁日鍾興來在傅其
科店內沽飲見傅三攜錢踵至向索前欠不給
致相爭鬧經傅其科勸散鍾興來行至莊東路
旁傅三趕上斥其不應當衆索欠鍾興來不服
分辯傅三即拔身佩小刀向戳鍾興來奪刀閃
至傅三身後戳傷其左後肋傅三轉向撲毆鍾
興來復用刀戳傷其左額角倒地逾時殞命鍾
興來逃逸報州驗訊詳緝開參逾限拏獲鍾興
來訊供通詳審認不諱鍾興來依鬪毆殺人律
擬絞監候秋後處決謹題請
旨

兩江總督陶澍江蘇巡撫林則徐奏摺　請以王青蓮調補江寧府知府

兩江總督陶澍江蘇巡撫林則徐奏摺　請以王青蓮調補江寧府知府

道光十二年十一月初四日

兩江總督臣陶澍
江蘇巡撫臣林則徐跪

奏為省會要缺知府遴員調補以裨地方仰祈
聖鑒事竊臣等接准部咨欽奉
上諭廣東惠潮嘉道著趙炳言補授又奉
上諭所遺江寧府揀調遺缺知府著豫益補授等因
欽此臣等查江寧府知府係省會要缺政務殷
繁且時有發審案件必得精明幹練之員方足
以資治理臣等與藩臬兩司於通省知府内遴
加遴選查有揚州府知府王青蓮年五十四歲
貴州進士改翰林院庶吉士散館以知縣用選
授江蘇崑山縣知縣調補崇明縣知縣告病卸
事嘉慶二十四年病痊赴部引

兩江總督陶澍江蘇巡撫林則徐奏摺　請以王青蓮調補江寧府知府
道光十二年十一月初四日

見奏
旨著照例坐補道光六年辦理海運事竣奏奉
諭旨以應陞之缺儘先陞用陞補蘇州府督糧同知
八年辦理吳淞江河道工竣奏
旨以應陞之缺陞用十年十一月奉
旨補授鎮江府知府
奏調今職該員才具優長辦事明練以之調補江
寧府知府洵屬人地相宜據藩臬兩司會詳前
來臣等往返札商意見相同合無仰懇
聖恩俯准以揚州府知府王青蓮調補江寧府知府
實於首郡要缺地方均有裨益如蒙
俞允該員係現任知府調補知府銜缺相當毋庸送

部引
見其任內應完罰俸銀兩飭令依限完繳造冊詳咨
至陞任知府趙炳言任內尚有經手事件應令
一手清釐俟王青蓮奉
旨准調後即令該員等各赴新任以省輾轉交代之
煩所有揚州府員缺奉
旨補授遺缺知府之豫益現甫到省容臣等再行察
看請補謹合詞恭摺具
奏伏乞
皇上聖鑒訓示謹
奏

另有旨

兩江總督陶澍江蘇巡撫林則徐奏摺 請以王青蓮調補江寧府知府

道光十二年十一月初四日

道光十二年十一月 初四 日

兩江總督陶澍江蘇巡撫林則徐奏摺

宿遷縣駱馬湖灘地上年被淹歉收應徵租息請分別緩徵

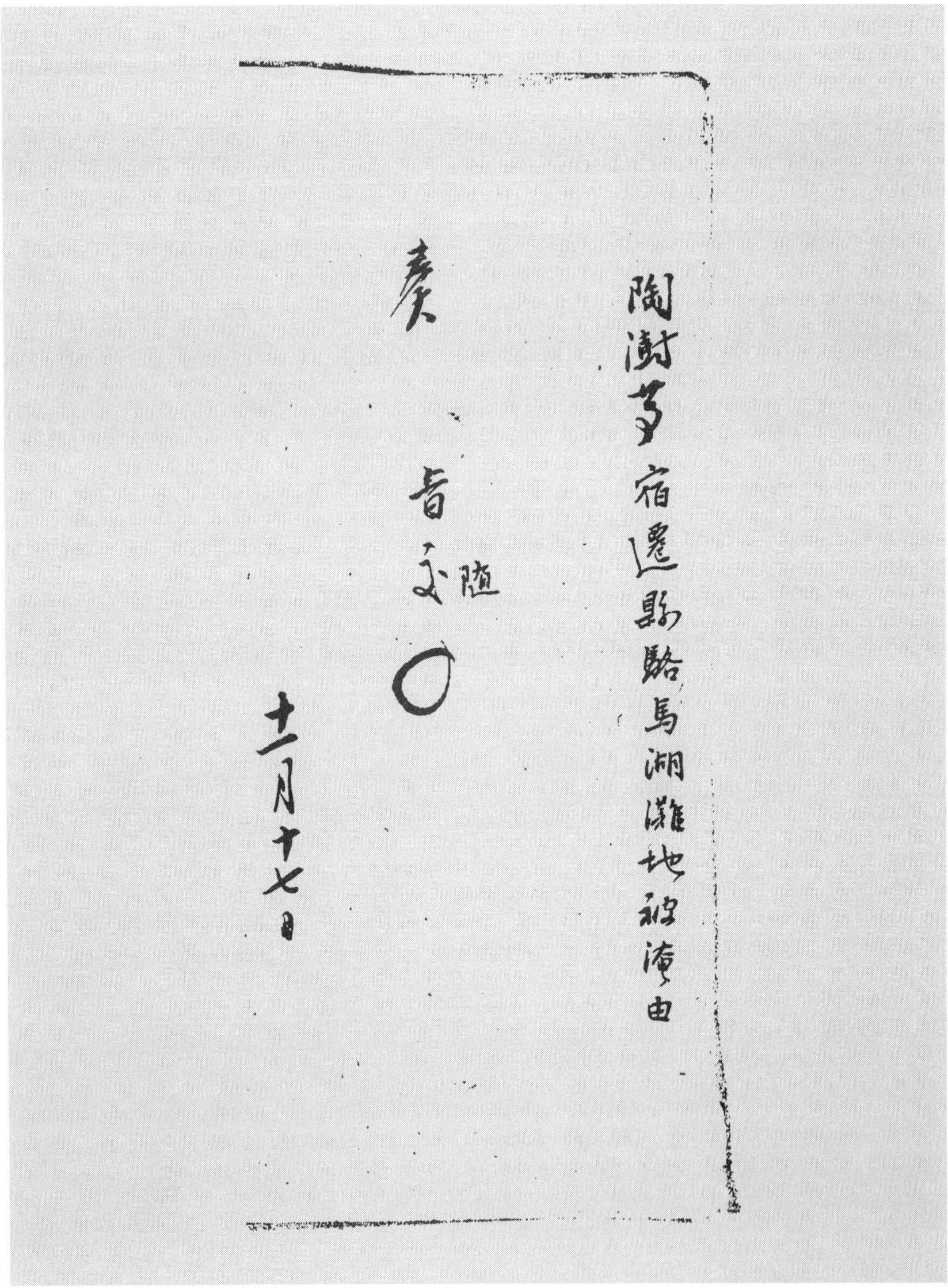
陶澍等宿遷縣駱馬湖灘地被淹由

奏

旨交　隨

○

十一月十七日

兩江總督陶澍江蘇巡撫林則徐奏摺　宿遷縣駱馬湖灘地上年被淹歉收應徵租息請分别緩徵

道光十二年十一月初四日

兩江總督臣陶澍
江蘇巡撫臣林則徐跪
奏爲宿遷縣駱馬湖灘地上年被淹歉收應征租息懇
恩分別緩征以紓民力仰祈
聖鑒事竊照宿遷縣駱馬湖官租灘地經前督臣等奏
明征租爲淮徐二府地方公用向如值遇水旱災傷一
體援案勘辦
奏辦
詳司正叔韓道據宿遷道光八年經前督臣蔣攸銛以湖地
被災從須要覈雖勘必如六年之全無麥收方
准請蠲如止歉收即酌量緩征不能概請蠲免
附片
奏明在案道光十一年據宿遷縣知縣李秉

倉等探該湖灘地被淹二麥受傷當經臣陶澍查
案批飭藩司委員查勘嗣據徐州府飭委邳
州會同該縣查勘該湖灘地因十一年春雨過多
灘地久淹所種二麥收成甚少歉薄屬實聲請
分別緩征其緩征租本自道光十二年麥收以後分
限二年帶征等情當經藩司核查恐有不實駁飭再
行確勘去後茲據江寧布政使趙盛奎詳據徐州
府覆飭該即委員勘得該湖地分十段除第
三九十等段尚屬有收與各段草則地畝毋庸
查辦外其第一五兩段地勢植低窪被淹最重租本
應請查行緩征第二四六七等段被淹稍次收成
歉薄租本酌緩十分之五第八段情形更次酌緩

十分之二共緩征租本銀隨道光十二年麥收以後分作
二年帶征取具緩征冊結委員出具勘結由該
管道府覆勘加結移司呈請具
奏前來臣等覆查駱馬湖灘地本係低窪之區向於已涸播種二麥歲僅一收去歲連陰雨河水
停積該地被淹各段收成實屬歉薄若仍一律
照常催征民力實有未逮茲據確切查勘酌分緩
征分數合無仰懇
天恩俯准將該湖灘地十一年分應征湖租分別酌
緩以紓民力計有收各段緩征租本共計四千五
百六十五兩二錢七分又自道光十二年麥收以後分
作二年帶征尚有應征租本一萬四千四百餘兩

並歉年例支用隨撥造冊結咨部查照外謹會同
江南河道總督臣張井合詞恭摺具
奏伏乞
皇上聖鑒謹
奏
道光十二年十一月十七日奏
硃批另有旨欽此
十二月初四日

江蘇巡撫林則徐題本

請以孔昭顯補授鎮洋縣知縣

江蘇巡撫林則徐題本　請以孔昭顯補授鎮洋縣知縣
道光十二年十一月十一日

兵部侍郎兼都察院右副都御史巡撫江蘇等處地方提督軍務總理糧儲臣林則徐謹

題為詳請

題補事據署蘇州布政使桂良會同江寧布政使

趙盛奎江蘇按察使額騰伊詳稱竊照鎮洋縣

知縣賀雲舉患病奉於道光拾壹年拾貳月貳

拾壹日會

題開缺所遺鎮洋縣知縣係專繁中缺雖應歸部

選江蘇省現有應補人員業經聲請留缺外補

在案查定例知縣告病病故休致各項所遺之

缺應用各項候補壹人大挑前先壹人大挑本

班壹人等因上次蕭縣知縣袁應斌告病遺缺

用至大挑本班知縣趙毓丹而止今鎮洋縣壹

缺應輪各項候補人員補用查有揀發候補知
縣孔昭顯年肆拾玖歲山東曲阜縣人由附貢
生中式辛酉科舉人己巳科進士丁父憂服闋
甲戌科補行
殿試引
見奉
旨著以知縣即用欽此籤掣廣西補授平樂縣知縣緣
前署恭城縣任內因公降調引
見奉
旨著仍以知縣用欽此在部投供候選道光元年揀發
安徽委用補授太湖縣知縣丁繼母憂回籍服
滿赴部候選拾壹年柒月奉

旨發往江蘇差遣委用欽此於道光拾壹年拾壹月
貳拾玖日到省覆查該員年壯才明辦事諳練
以之請補鎮洋縣知縣與例相符相應詳候會
題再該員係揀發候補知縣請補知縣銜缺相當
無庸送部引
見合並聲明等情到臣據此該臣查得鎮洋縣知縣
賀雲舉患病經陞任撫臣程祖洛會同督臣陶
澍於道光拾壹年拾貳月貳拾壹日具
題開缺所遺鎮洋縣知縣係專繁中缺難應歸部
選江蘇現有應補人員例得補用業經聲請留
省外補在案茲據署蘇州布政使桂良等會詳
查有揀發候補知縣孔昭顯年肆拾玖歲山東

曲阜縣人由附貢生中式辛酉科舉人己巳科
進士丁父憂服闋甲戌科補行
殿試引
見奉
旨著以知縣即用欽此籤掣廣西補授平樂縣知縣緣
前署恭城縣任內因公降調引
見奉
旨著仍以知縣用欽此在部投供候選道光元年揀發
安徽委用補授太湖縣知縣丁繼母憂回籍服
滿赴部候選拾壹年柒月奉
旨發往江蘇差遣委用欽此於道光拾壹年拾壹月
貳拾玖日到省覆查該員年壯才明辦事諳練

以之請補鎮洋縣知縣與例相符詳請會
題前來臣查孔昭顯年力富強才具明練以之請
補鎮洋縣知縣洵堪勝任與例相符至該員係
揀發候補知縣今請補知縣銜缺相當無庸送
部引
見謹會同兩江總督臣陶澍合詞具
題伏乞
皇上聖鑒勅部議覆施行謹題請
旨

江蘇巡撫林則徐題本　請以孔昭顯補授鎮洋縣知縣
道光十二年十一月十一日

道光拾貳年拾壹月拾壹日兵部侍郎兼都察院右副都御史巡撫江蘇等處地方提督軍務總理糧儲臣林則徐

兵部侍郎兼都察院右副都御史巡撫江蘇等處地方提督軍務總理糧儲臣林則徐謹
題爲詳請
題補事。該臣查得鎮洋縣知縣賀雲舉患病經注
任撫臣程祖洛會同督臣陶澍於道光拾壹年
拾貳月貳拾壹日具
題開缺，所遺鎮洋縣知縣係專繁中缺，雖應歸部
選，江蘇現有應補人員例得補用，業經聲請留
缺外補在案。茲據署蘇州布政使桂良等會詳
查有揀發候補知縣孔昭顯，年肆拾玖歲，山東
曲阜縣人，由附貢生中式辛酉科舉人，已巳科
進士，丁父憂服闋，甲戌科補行
殿試引

見奉
旨著以知縣即用欽此欽遵掣廣西補授平樂縣知縣緣
前署恭城縣任內因公降調引
見奉
旨著仍以知縣用欽此在部投供候選道光元年揀發
安徽委用補授太湖縣知縣丁繼母憂回籍服
滿赴部候選拾壹年柒月奉
旨發往江蘇差遣委用欽此於道光拾壹年拾壹月
貳拾玖日到省覆查該員年壯才明辦事諳練
以之請補鎮洋縣知縣與例相符詳請會
題前來臣查孔昭顯年力富強才具明練以之請
補鎮洋縣知縣洵堪勝任與例相符謹會題請
旨

江蘇巡撫林則徐題本　**請以史璠署理婁縣知縣**

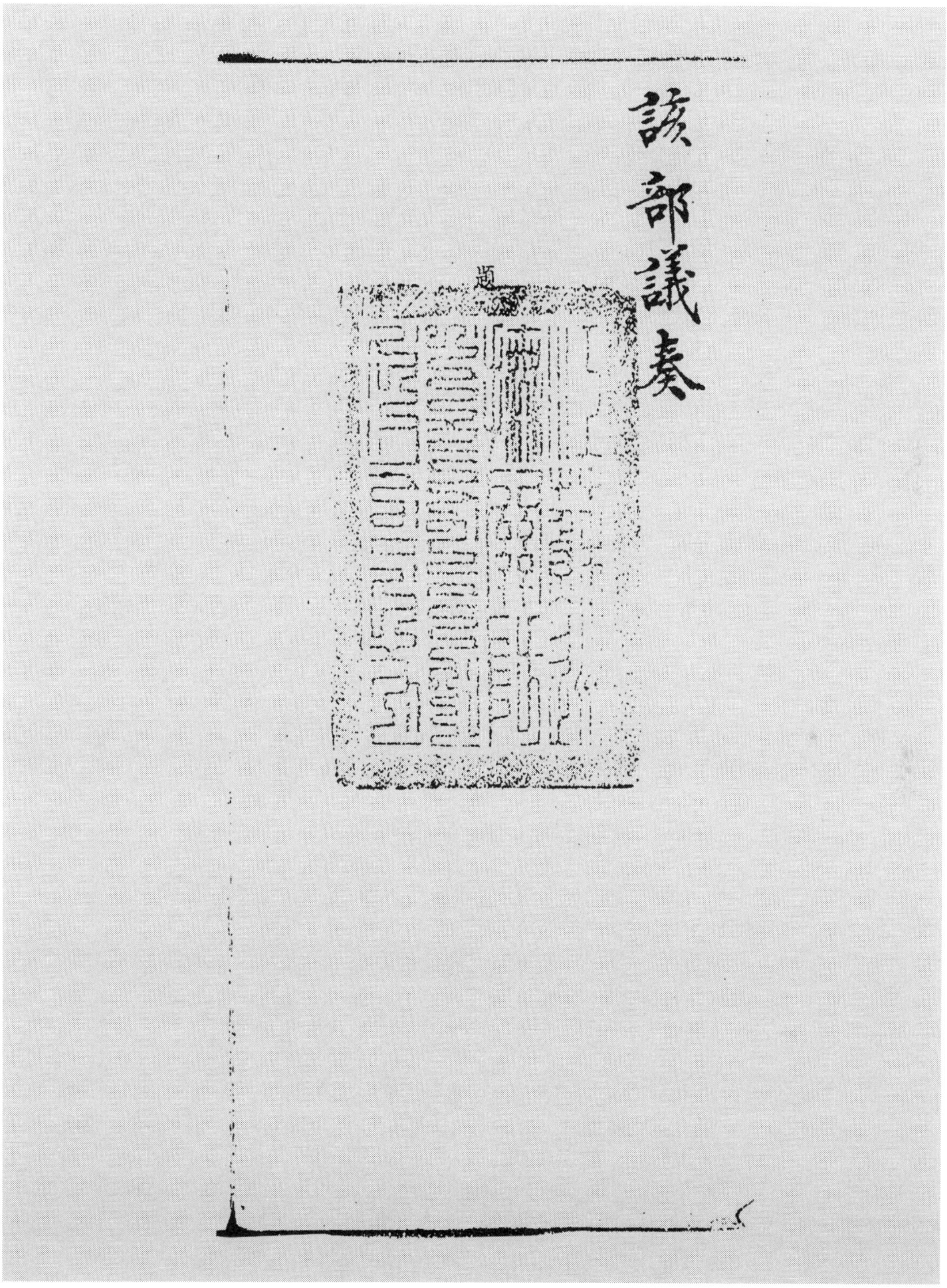
該部議奏
題

兵部侍郎兼都察院右副都御史巡撫江蘇等處地方提督軍務總理糧儲臣林則徐謹
題爲詳請
題署事據蘇州布政使陳鑾會同江蘇按察使額
騰伊詳稱竊照婁縣知縣曾錫齡調補無錫縣
知縣奉於道光拾貳年柒月拾叁日會
奏開缺所遺婁縣知縣係疲難中缺歸部選
江蘇現有應補人員業蒙聲明留缺外補在案
查定例知縣陞調所遺缺出應用候補壹人委
用壹人大挑前先壹人大挑本班壹人候補壹
人委用壹人議敘前先壹人議敘本班壹人候
補壹人委用壹人捐納前先壹人捐納本班壹
人拔貢壹人兩週之後用教習壹人等因計自

上次宜興縣知縣景壽春調補丹徒縣知縣遺
缺係補授貢試用知縣練廷璜已用壹週被留
尚未到班嗣出金壇縣知縣陳希敬調補江陰
縣知縣遺缺係補儘先不論班次候補知縣姚
瑩例不積缺又出儀徵縣知縣王用賓陞補海
州知州遺缺係補揀發候補知縣石常泰而止
今婁縣知縣員缺應用委用查委用班內雖有
委用知縣范鳳諧壹員係於拾貳年玖月貳拾
叁日到省係在婁縣開缺以後例不准補其次
大挑前先班現在無人遞應大挑本班人員請
補查有該班內科分名次在先之大挑試用知
縣史璠年伍拾伍歲山西榆次縣人由附生中

式庚午科第肆拾柒名舉人丙戌科會試後大
挑壹等以知縣用籤掣江蘇道光陸年捌月初
捌日到省試用期滿甄別以知縣補用在案該
蘇州布政使陳鑾到任未及叁月例不加考江
蘇按察使額騰伊履查該員年力富強人甚樸
實以之署婁縣知縣與例相符仍照例試看
期滿如果稱職另請實授相應詳候會
題再該員係大挑知縣請署知縣缺相當無庸
送部引
見合并聲明等情到臣據此該臣查得婁縣知縣曾
錫齡調補無錫縣知縣經臣林則徐會同督臣
陶澍於道光拾貳年柒月拾叁日會

奏聞缺案奉
諭旨准調所遺婁縣知縣係疲難中缺題應歸部選
江蘇現有應補人員業經聲請留缺外補在案
茲據蘇州布政使陳鑾等會詳查有大挑科分
名次在前之試用知縣史璠年伍拾伍歲山西
榆次縣人由附生中式庚午科第肆拾柒名舉
人丙戌科會試後大挑壹等以知縣用籤掣江
蘇道光陸年捌月初捌日到省試用期滿甄別
以知縣補用在案蘇州布政使陳鑾到任未及
叁月例不加考據江蘇按察使額騰伊覆查該
員年力富強人甚樸實以之請署婁縣知縣與
例相符詳請會

題前來臣查史瑶心地樸實辦事妥詳請署婁縣
知縣洵堪勝任與例相符仍俟試看稱職另請
實授該員係大挑知縣請署知縣銜缺相當無
庸送部引
見再江蘇雖有委用知縣范鳳諧壹員該員到省係
在婁縣開缺以後例不准補合并陳明謹會同
兩江總督臣陶澍合詞具
題伏乞
皇上聖鑒勅部議覆施行謹題請
旨

江蘇巡撫林則徐題本　請以史璠署理婁縣知縣

道光十二年十一月十一日

道光拾貳年拾壹月拾壹日兵部侍郎兼都察院右副都御史巡撫江蘇等處地方提督軍務總理糧儲臣林則徐

兵部侍郎兼都察院右副都御史巡撫江蘇等處地方提督軍務總理糧儲臣林則徐謹

題爲詳請

題署事該臣查得婁縣知縣曾錫齡調補無錫縣

知縣經臣林則徐會同督臣陶澍於道光拾貳

年柒月拾叁日會

奏開缺業奉

諭旨准調所遺婁縣知縣係疲難中缺雖應歸部選

江蘇現有應補人員業經聲請留缺外補在案

茲據蘇州布政使陳鑾等會詳查有大挑科分

名次在前之試用知縣史璠年伍拾伍歲山西

榆次縣人由附生中式庚午科第肆拾柒名舉
人丙戌科會試後大挑壹等以知縣用籤掣江
蘇道光陸年捌月初捌日到省試用期滿甄別
以知縣補用在案蘇州布政使陳鑾到任未及
叁月例不加考據江蘇按察使頌騰伊覆查該
員年力富強人甚樸實以之請署婁縣知縣與
例相符詳請會
題前來臣查史璠心地樸實辦事安詳請署婁縣
知縣洵堪勝任與例相符謹會題請
旨

江蘇巡撫林則徐題本

題明江寧縣知縣王埰在任病故日期

江蘇巡撫林則徐題本　題明江寧縣知縣王埰在任病故日期
道光十二年十一月十一日

兵部侍郎兼都察院右副都御史巡撫江蘇等處地方提督軍務總理糧儲臣林則徐謹
題爲報明病故事道光拾貳年拾月貳拾捌日據
上元縣知縣保先烈呈稱道光拾貳年拾月貳
拾叁日據江寧縣知縣王埰家人張祿呈稱竊
家長王埰係陝西三原縣舉人大挑壹等分發
江蘇因署甘泉縣任內拏獲囤積私梟奉
旨著遇有留補知縣缺出不積班次儘先補用欽此
請補寶應縣知縣調補今職於道光拾壹年肆
月貳拾肆日到任今染患痢疾稟假醫治服藥
罔效於道光拾貳年拾月拾陸日在任病故呈
乞轉報等情到縣相應據情申報等情到臣據
此該臣查得江寧縣知縣王埰因染患痢疾病

江蘇巡撫林則徐題本 題明江寧縣知縣王埰在任病故日期
道光十二年十一月十一日

詣稟假醫治服藥罔效今於道光拾貳年拾月
拾陸日在任病故茲據上元縣知縣保先烈呈
報前來臣謹具
題伏乞
皇上聖鑒敕部查照施行再所遺江寧縣知縣係衝
繁難兼三要缺例應在外揀選調補容臣等另
行遴員請調合並陳明謹具題
聞

江蘇巡撫林則徐題本　題明江寧縣知縣王琛在任病故日期
道光十二年十一月十一日

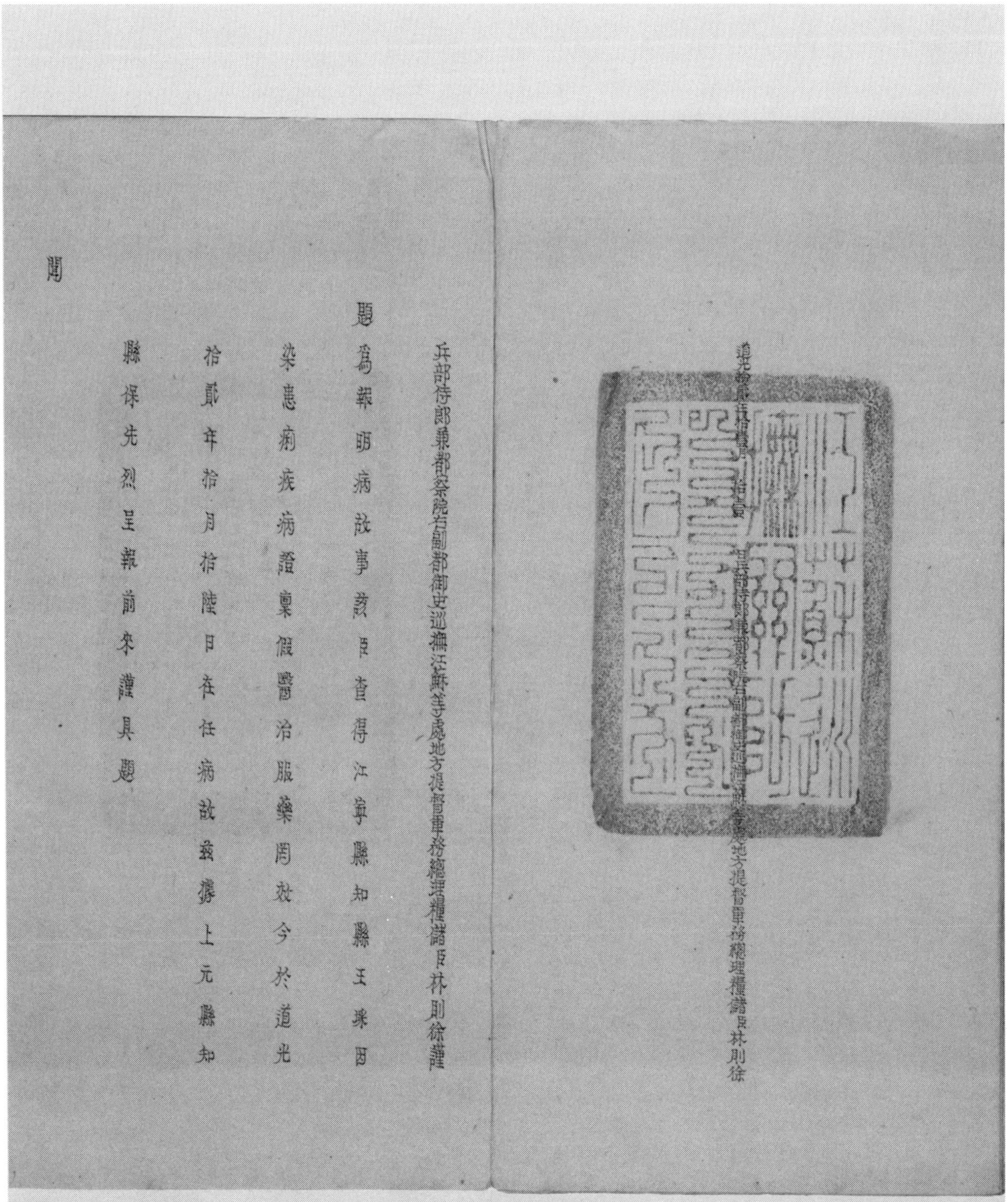
道光拾貳年拾壹月拾壹日兵部侍郎兼都察院右副都御史巡撫江蘇等處地方提督軍務總理糧儲臣林則徐

兵部侍郎兼都察院右副都御史巡撫江蘇等處地方提督軍務總理糧儲臣林則徐謹
題爲報明病故事竊臣查得江寧縣知縣王琛因
染患痢疾病證稟假醫治服藥罔效今於道光
拾貳年拾月拾陸日在任病故兹據上元縣知
縣保先烈呈報前來謹具題
聞

江蘇巡撫林則徐題本

題明徐州府睢南同知陳式平病故日期

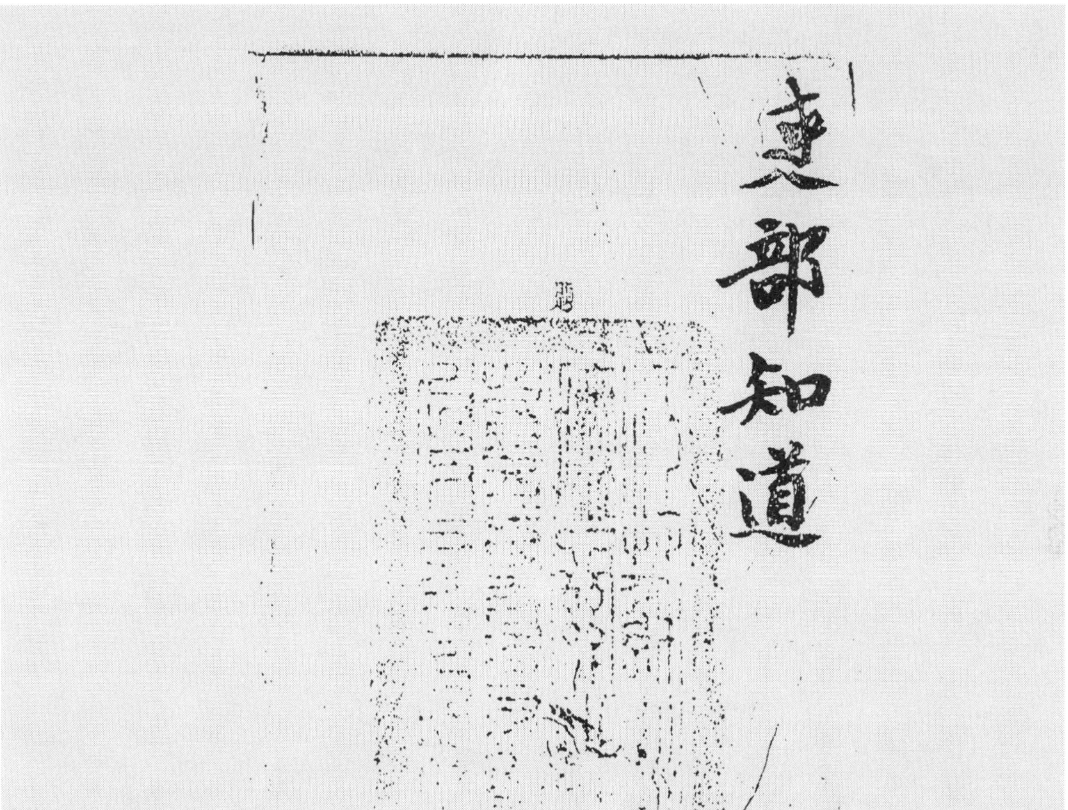
吏部知道

兵部侍郎兼都察院右副都御史巡撫江蘇等處地方提督軍務總理糧儲臣林則徐謹

題爲報明病故事。道光拾貳年拾月貳拾柒日准

江南河道總督臣張井咨稱：拾月拾叁日據署

徐州道李國瑞呈，據睢寧縣主簿王肇泰呈，據

睢南同知陳式平家人呂順呈稱：竊家長陳式

平係紅旗漢軍人，由捐職州同投効東河，加捐

分發鐵掣南河，借補碭山縣縣丞，陞署桃南通

判，減壩出力，

賞加陞銜，陞署裏河同知，疏防玉帶河草壩掣通革去

同知陞銜，以通判効力，馬港口合龍出力，

賞還陞銜，

題署外河北岸通判，陞署桃北同知，實授，調赴河

江蘇巡撫林則徐題本　題明徐州府睢南同知陳式平病故日期
道光十二年十一月十一日

南儀封大工合龍出力
賞加知府銜丁父憂回旗服滿到工
奏署徐州府睢南同知於道光柒年玖月拾叁日
准署任事道光拾貳年因秋汛異漲晝夜防護
猝受風寒服藥罔效今於道光拾貳年拾月初
玖日病故准江南河道總督臣張井咨會
題報前來臣謹恭疏具
題伏乞
皇上聖鑒勅部查照施行謹具題
聞

道光拾貳年拾壹月拾壹日　兵部侍郎兼都察院右副都御史巡撫江蘇等處地方提督軍務總理糧儲臣林則徐

兵部侍郎兼都察院右副都御史巡撫江蘇等處地方提督軍務總理糧儲臣林則徐謹

題爲報明病故事。竊臣查得徐州府睢南同知陳
式平因積受風寒，服藥罔效，今於道光拾貳年
拾月初玖日病故。准江南河道總督臣張井咨
會
題報前來，謹具
題
聞

題報揚州關道光十一年六月至十二年六月收支稅銀數目

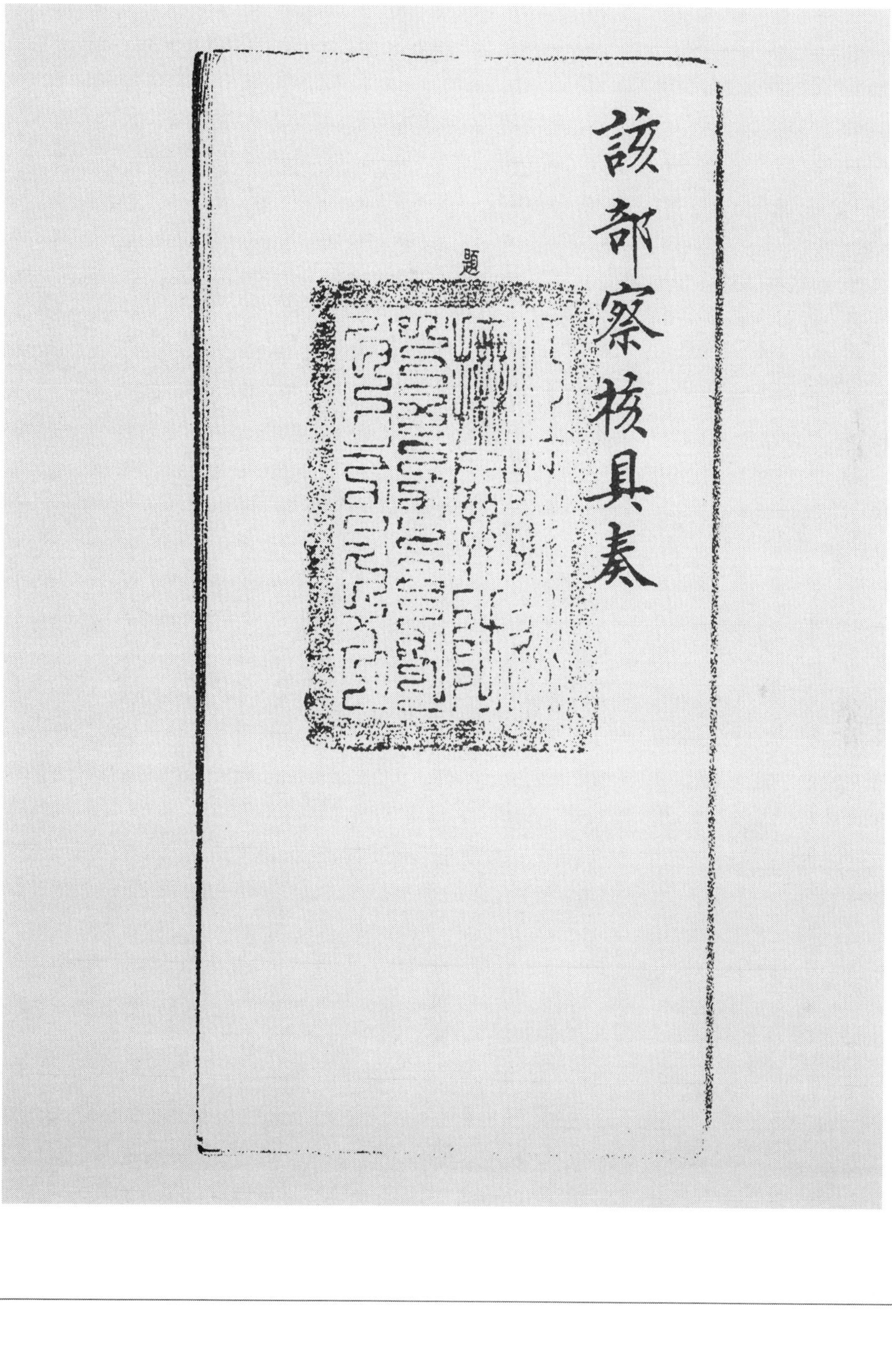

題

該部察核具奏

江蘇巡撫林則徐題本　題報揚州關道光十一年六月至十二年六月收支税銀數目
道光十二年十一月十一日

兵部侍郎兼都察院右副都御史巡撫江蘇等處地方提督軍務總理糧儲臣林則徐謹

題爲考核關閘錢糧事據管理揚關由閘税務常

鎮通海道王瑞徵詳稱案奉行准部咨各關徵

收税銀於壹年任滿時將銀兩冊檔悉行解部

一面繕本具

題又奉准部咨於題本内將委員起解日期聲明

各等因遵照在案今查揚州關由閘自道光拾

壹年陸月初拾日起至拾貳年陸月初玖日止

壹年期滿内揚州關共徵米豆税銀拾伍萬叁

千玖百伍拾叁兩玖錢捌分伍釐内除遵

旨免徵米税銀壹萬叁千陸百捌拾柒兩肆錢叁分

捌釐又免徵回空糧船豆麥税銀貳萬柒千柒

百拾柒兩叁錢貳分實存徵收銀拾壹萬貳千
伍百肆拾玖兩貳錢貳分柒釐楊關計徵正稅
口鈔月鈔等銀內收米豆稅銀壹萬伍千柒百
肆拾肆兩伍錢貳分又雜項貨稅銀肆萬捌千
柒百捌拾陸兩陸錢叁分捌釐共徵銀陸萬肆
千伍百叁拾壹兩壹錢伍分捌釐內應解部正
額銀肆萬肆千捌百捌拾肆兩辦銅價腳銀柒
千陸百玖拾貳兩叁錢伍分又解蘇藩司庫添
補江省養廉公費銀伍千肆百叁拾叁兩捌錢
貳分肆釐又撥補經費不敷銀陸千伍百貳拾
兩玖錢捌分肆釐又由關計收雜稅銀叁萬貳
千貳百叁拾捌兩柒錢柒分肆釐米豆稅銀壹

萬伍千柒百柒拾玖兩貳錢玖分伍釐共徵銀
肆萬捌千拾捌兩陸分玖釐內應解部新增銀
貳萬伍百陸拾叁兩玖錢玖分陸釐又額解江
藩司庫撫增操餉加餉銀壹萬壹千柒百陸拾
玖兩叁錢叁分捌釐土稅酒醋銀壹百捌拾壹
兩貳錢壹分額解江安糧道庫淮倉麥折銀叁
拾叁兩柒錢伍分額解河庫並加增銀柒千陸
百陸拾陸兩陸錢陸分柒釐又撥補經費不敷
銀貳拾陸兩壹錢伍分應存解部盈餘銀柒千
柒百柒拾陸兩玖錢伍分捌釐以上關期壹年
解部正額銅斤腳價新增盈餘銀捌萬玖百拾
柒兩叁錢肆釐內除奉撥賑需銀壹萬兩又奉

撥大汛工需銀伍萬兩又奉撥南河工需銀伍
萬兩除將徵存解部銀兩全數動支並於道光
拾貳年陸月初拾日新關起徵存銀兩內湊解
銀貳萬玖千捌拾貳兩陸錢玖分陸釐共銀拾
壹萬兩查照歷次奉撥關庫銀兩批差委員書吏
姓名領解日期均經詳咨在案所有關閘壹年
應解部科飯食加平鞘費各款並飭委員解吏
盤費等銀陸千貳拾肆兩壹錢叁分內除請領
冊檔飯銀拾貳兩請領部科紙張銀肆拾陸兩
此貳款已於道光拾年玖月內批解外實應解
銀伍千玖百陸拾陸兩壹錢叁分詳奉給發咨
牌專差關吏顧滏領解於道光拾貳年拾月貳

拾日自揚州起程解部交納相應造具揚關由
閘壹年支銷經費清冊詳請
題報等情據此該臣查得案准部咨各關徵收稅
銀於壹年任滿時將銀兩冊檔悉行解部一面
請本具
題又准部咨於題本內將委員起解日期聲明各
等因遵照在案今據管理揚關由閘稅務常鎮
通海道王瑞徵詳稱揚州關由閘自道光拾壹
年陸月初拾日起至拾貳年陸月初玖日止壹
年期滿內揚州關計徵米豆稅共徵銀拾伍萬
叁千玖百伍拾叁兩零內除遵
旨免徵米稅銀壹萬叁千陸百捌拾柒兩零又免徵

回空糧船豆麥稅銀貳萬柒千柒百拾柒兩零
實存徵收銀拾壹萬貳千伍百肆拾玖兩零揚
關計徵正稅口鈔月鈔等銀內收米豆稅銀壹
萬伍千柒百肆拾肆兩零又雜項貨稅銀肆萬
捌千柒百捌拾陸兩零共徵銀陸萬肆千伍百
叁拾壹兩零內應解部正額銀肆萬肆千捌百
捌拾肆兩辦銅價腳銀柒千陸百玖拾貳兩零
又解蘇藩司庫添補江省養廉公費銀伍千肆
百叁拾叁兩零又撥補經費不敷銀陸千伍百
貳拾兩零又由閘計收雜稅銀叁萬貳千貳百
叁拾捌兩零米豆稅銀壹萬伍千柒百柒拾玖
兩零共徵銀肆萬捌千拾捌兩零內應解部新

增銀貳萬伍百陸拾叁兩零又額解江藩司庫
撫增操斛加餉銀壹萬壹千柒百陸拾玖兩零
土稅酒醋銀壹百捌拾壹兩零額解江安糧道
庫淮倉麥折銀叁拾叁兩零額解河庫並加增
銀柒千陸百陸拾陸兩零又撥補經費不敷銀
貳拾陸兩零應存解部盈餘銀柒千柒百柒拾
陸兩零以上關稅壹年解部正額銅斤腳價新
增盈餘銀捌萬玖百拾柒兩零內除奉撥賑需
銀壹萬兩又奉撥大汛工需銀伍萬兩又奉撥
南河工需銀伍萬兩除將徵存解部銀兩全數
動支並於道光拾貳年陸月初拾日新關起徵
存銀兩內湊解銀貳萬玖千捌拾貳兩零共銀

拾壹萬兩查叁次奉撥關庫銀兩批差委員書
吏姓名領解日期均經詳咨在案所有關閘壹
年應解部科飯食加平鞘費各款並繳委員解
吏盤費等銀陸千貳拾肆兩零內除請領冊檔
飯銀拾貳兩請領部科紙張銀肆拾陸兩此貳
款已於道光拾年玖月內批解外實應解銀伍
千玖百陸拾陸兩零專差關吏領解於道光拾
貳年拾月貳拾日自揚州起程解部交納造具
揚關由閘壹年支銷經費清冊詳請
題報等情前來臣覆核無異除冊送部查核外理
合具
題伏乞

皇上聖鑒勅部核覆施行謹題請

旨

道光十二年十一月十一日[illegible]方提督軍務總理糧儲臣林則徐

兵部侍郎兼都察院右副都御史巡撫江蘇等處地方提督軍務總理糧儲臣林則徐謹
題爲考核關關錢糧事該臣查得案准部咨各關
徵收稅銀於壹年任滿時將銀兩冊檔悉行解
部一面繕本具
題又准部咨於題本內將委員起解日期聲明等
因遵照在案今據管理揚關由閘稅務常鎮通
海道王端徵詳稱揚州關自道光拾壹年
陸月初拾日起至拾貳年陸月初玖日止壹年
期滿內揚州關共徵米豆稅銀拾伍萬叁千玖
百伍拾叁兩零內除遵
旨
免徵米稅銀壹萬叁千陸百捌拾柒兩零又免徵
回空糧船豆麥稅銀貳萬柒千柒百拾柒兩零
實存徵收銀拾壹萬貳千伍百肆拾玖兩零揚
關計徵正稅口鈔月鈔等銀內收米豆稅銀壹
萬伍千柒百肆拾肆兩零又雜項貨稅銀肆萬
捌千柒百捌拾陸兩零共徵銀陸萬肆千伍百
叁拾壹兩零內應解部正額銀肆萬肆千捌百
捌拾肆兩辦銅價脚銀柒千陸百玖拾貳兩零
又解蘇藩司庫添補江省養廉公費銀伍千肆
百叁拾叁兩零又撥補經費不敷銀陸千伍百
貳拾兩零又由閘計收雜稅銀叁萬貳千貳百
叁拾捌兩零米豆稅銀壹萬伍千柒百柒拾玖
兩零共徵銀肆萬捌千捌拾捌兩零內應解部新
增銀貳萬伍百陸拾叁兩零又額解江藩司庫
撫增操斛加飾銀壹萬壹千柒百陸拾玖兩零
土稅酒麴銀壹百捌拾壹兩零額解江安糧道
庫淮倉麥折銀叁拾叁兩零額解河庫垃加增
銀柒千陸百陸拾陸兩零又撥補經費不敷銀
貳拾陸兩零應存解部盈餘銀柒千柒百柒拾
陸兩零以上關閘壹年解部正額銅斤脚價新

增盈餘銀捌萬玖百拾柒兩零內除奉撥賑需
銀壹萬兩又奉撥大汎工需銀伍萬兩又奉撥
南河工需銀伍萬兩除將徵存解部銀兩全數
動支並於道光拾貳年陸月初拾日新關起徵
存銀兩內湊解銀貳萬玖千捌拾貳兩零共銀
拾壹萬兩查差次奉撥關庫銀兩批差委員書
吏姓名領解日期均經詳咨在案所有關需壹
年應解部科飯食加平轎費各款並繳委員解
吏盤費等銀陸千貳拾肆兩零內除請領冊檔
飯銀拾貳兩請領部科紙張銀肆拾陸兩此貳
款已於道光拾年玖月內批解外實應解銀伍
千玖百陸拾陸兩零專差關吏領解於道光拾
貳年拾月貳拾日自揚州起程解部造冊詳
題前來臣覆核無異除冊送部外謹題請
旨

江蘇巡撫林則徐題本

題報前護江南鹽巡道趙炳言任内經手錢糧盤查無虧

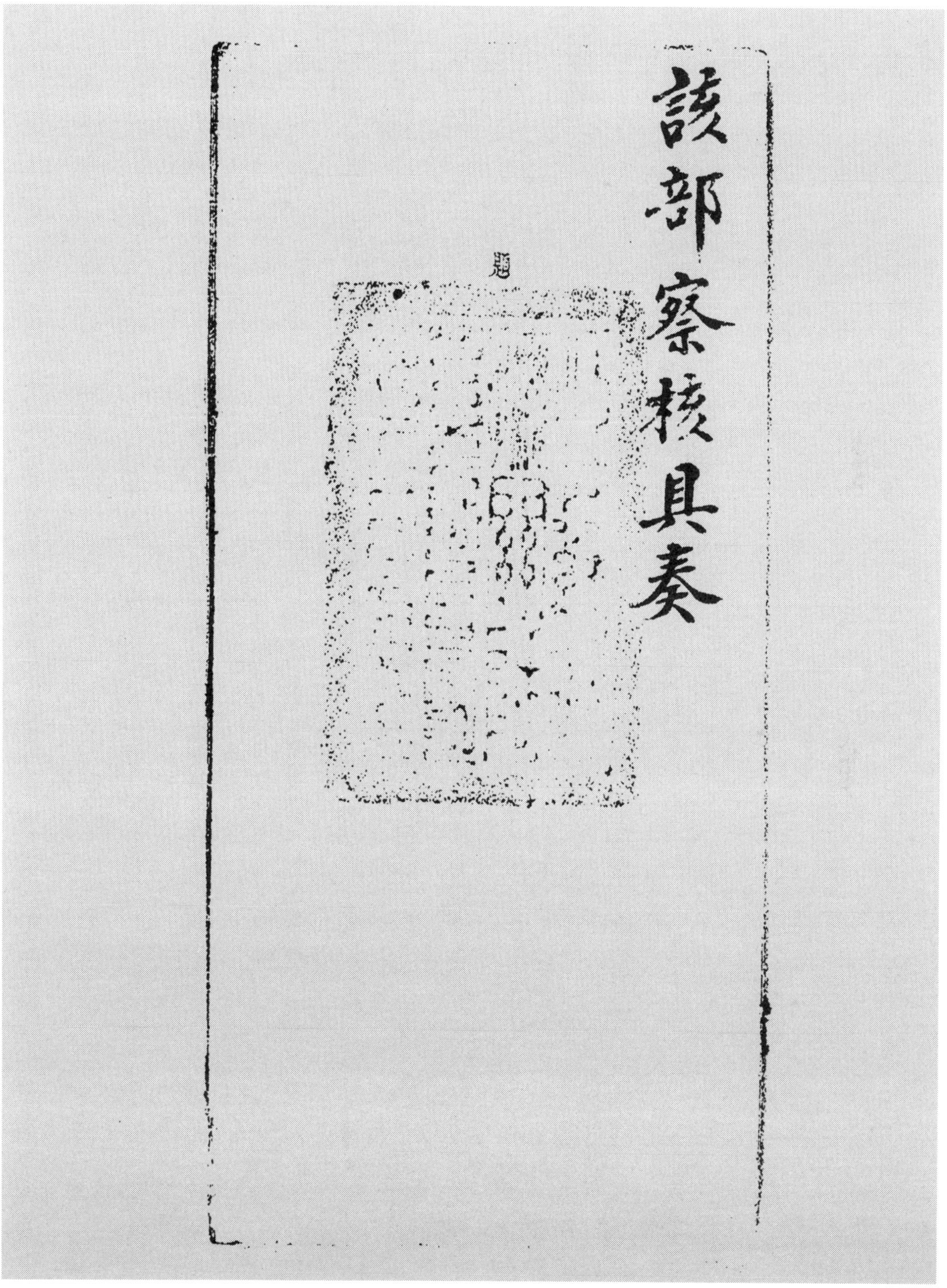
該部察核具奏

江蘇巡撫林則徐題本 題報前護江南鹽巡道趙炳言任内經手錢糧盤查無虧

道光十二年十一月十一日

兵部侍郎兼都察院右副都御史巡撫江蘇等處地方提督軍務總理糧儲臣林則徐謹
題為盤查道庫交代錢糧事。據江寧布政使趙盛
奎、江蘇按察使額騰伊會詳稱：江南鹽巡道庫
貯船工錢糧，例由江寧藩司盤查結報。所有前
護江南鹽巡道趙炳言任內經手錢糧，先經移
會盤報去後。今准現任巡道葆謙移稱：前護巡
道趙炳言自道光拾貳年叁月拾柒日到任起，
至玖月貳拾日卸事後，委員齋送巡道關防到
清江浦，即於玖月叁拾日接印回任。所有護道
趙炳言任內經手船工錢糧，俱係收放相符，解
給有案。省塢船隻除出差未回並届修造外，其
餘在塢船隻查明無虧，造冊結報到司。該江寧

布政使趙盛奎江蘇按察使額騰伊會查得前
護巡道趙炳言自道光拾貳年叁月拾柒日到
任起至玖月貳拾日卸事止冊造舊管銀貳萬
捌千捌百貳兩壹錢玖分伍釐新收銀柒千壹
百玖拾貳兩伍分貳釐開除銀柒千壹百壹拾
肆兩叁錢貳分肆釐實在存庫銀貳萬捌千捌
百柒拾玖兩玖錢貳分叁釐經現任巡道葆謙
查明俱係此數相符解給有緣船隻齊全由司
覆核無異除詳請總督盤查外相應加結同送
到冊結轉詳具
題至此案交代限期應從現任江南鹽巡道葆謙
於道光拾貳年玖月叁拾日回任起扣限壹月

該司至道光拾貳年閏玖月貳拾玖日限滿今
於限内交清結報合並聲明等情據此該臣查
得江南鹽巡道庫貯船工錢糧交代例由江寧
藩司盤查結報所有前護江南鹽巡道趙炳言
任内經手錢糧據江寧布政使趙盛奎江蘇按
察使顏騰伊會詳稱會查得前護巡道趙炳言
自道光拾貳年叁月拾柒日到任起至玖月貳
拾日卸事止冊造舊管銀貳萬捌千捌百貳兩
零新收銀柒千壹百玖拾貳兩零開除銀柒千
壹百壹拾肆兩零實在存庫銀貳萬捌千捌百
柒拾玖兩零經現任巡道褒謙查明俱係收放
相符解給有據船隻齊全由司覆核無異加結

同送到冊結轉詳具
題并聲明限內交清結報等情前來臣覆核無異
除照例由督臣盤查并將冊結送部查核外相
應具
題伏乞
皇上聖鑒勅部核覆施行謹題請
旨

江蘇巡撫林則徐題本　題報前護江南鹽巡道趙炳言任內經手錢糧盤查無虧
道光十二年十一月十一日

兵部侍郎兼都察院右副都御史巡撫江蘇等處地方提督軍務總理糧儲臣林則徐

兵部侍郎兼都察院右副都御史巡撫江蘇等處地方提督軍務總理糧儲臣林則徐謹

題為盤查道庫交代錢糧事。竊臣查得江南鹽巡道庫貯船工錢糧交代例由江寧藩司盤查結報。所有前護江南鹽巡道趙炳言任內經手錢糧，據江寧布政使趙盛奎、江蘇按察使額騰伊會詳稱，會查得前護巡道趙炳言自道光拾貳年叁月拾柒日到任起至玖月貳拾日卸事止，冊造舊管銀貳萬捌千捌百貳兩零，新收銀柒千壹百玖拾貳兩零，開除銀柒千壹百壹拾肆兩零，實在存庫銀貳萬捌千捌百柒拾玖兩零，經現任巡道徐謙查明收放相符，解給有據，船隻齊全，由司加結同送到。冊結詳

題前來。臣覆核無異，除照例由督臣盤查並將冊結送部外，謹

題請

旨。

奏報江蘇省道光十二年閏九月份收捐監生銀數

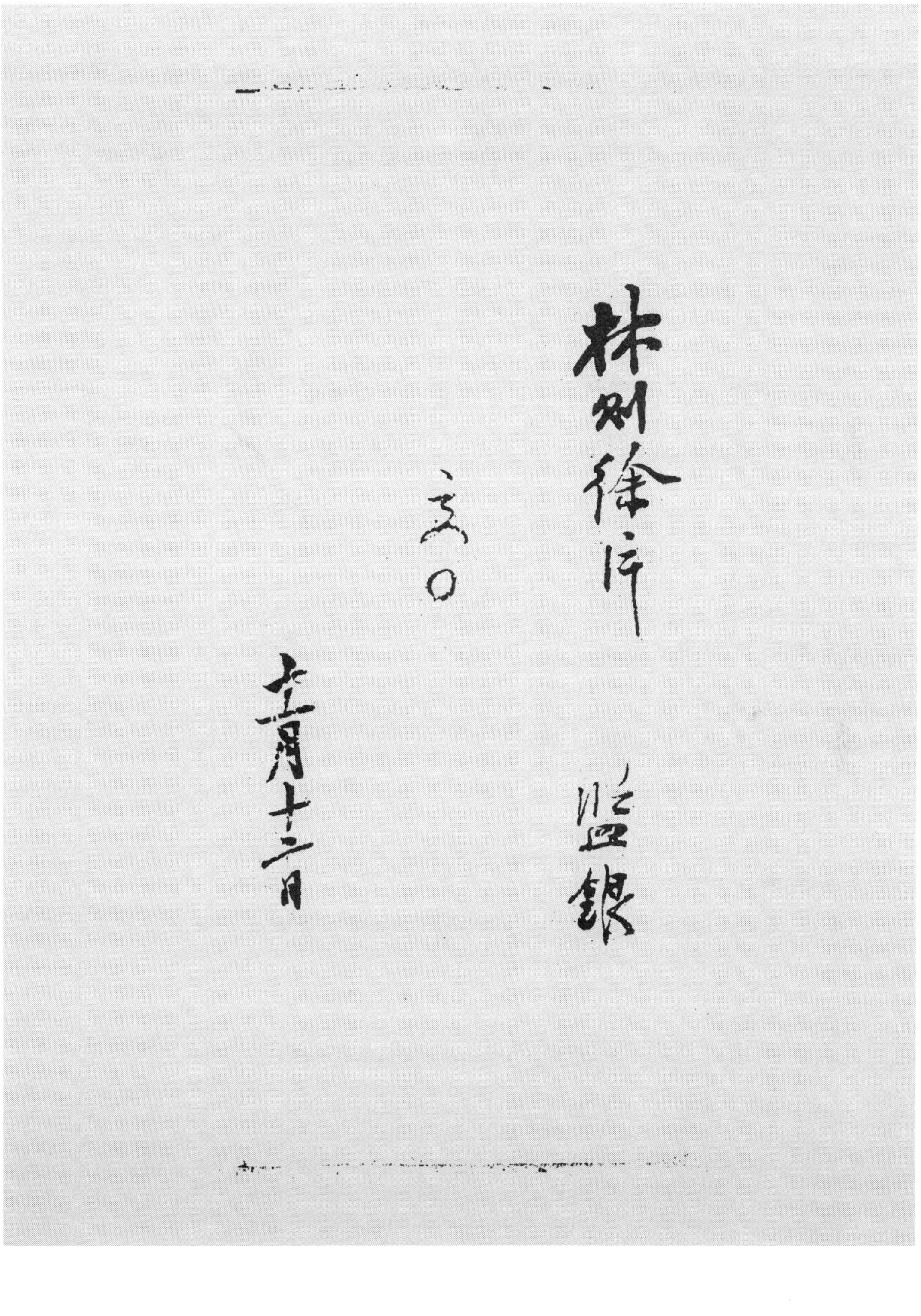
林則徐片　監銀

覽

十一月十二日

江蘇巡撫林則徐奏片　奏報江蘇省道光十二年閏九月份收捐監生銀數　道光十二年十一月十二日

江蘇巡撫林則徐奏片　奏報江蘇省道光十二年閏九月份收捐監生銀數　道光十二年十一月十二日

林則徐片

再江寧、蘇州兩藩庫收捐監生銀數截至道光十二年九月底
止業經已附
奏在案查江寧藩庫自嘉慶五年至道光十二年九月底共收
捐監銀三百一十八萬一千一百三十兩除節次撥及提歸封貯外
存銀四萬四千六百七十兩於閏九月分又收捐監生四十一名計
銀四千三百六十二兩共存銀四萬九千三十二兩蘇州藩庫
自嘉慶五年至道光十二年九月底共收捐監銀四百七十六萬
七千三百三十八兩除節次撥解及提歸封貯並請留備用外
存銀八萬八千七百九十八兩於閏九月分又收捐監生六十七
名計銀七千二百三十六兩共存銀九萬六千三十四兩前准
部咨俟收足十萬兩再行起解續收五萬兩歸補封貯等

江蘇巡撫林則徐奏片　奏報江蘇省道光十二年閏九月份收捐監生銀數

道光十二年十一月十二日

因此次江蘇兩藩庫捐監只兩俱應解部從收有成數再
行委解理合附片陳明謹
奏
道光十二年十一月十二日奉
硃批戶部知道欽此

江蘇巡撫林則徐奏片　**奏報江寧等地得雪情形**

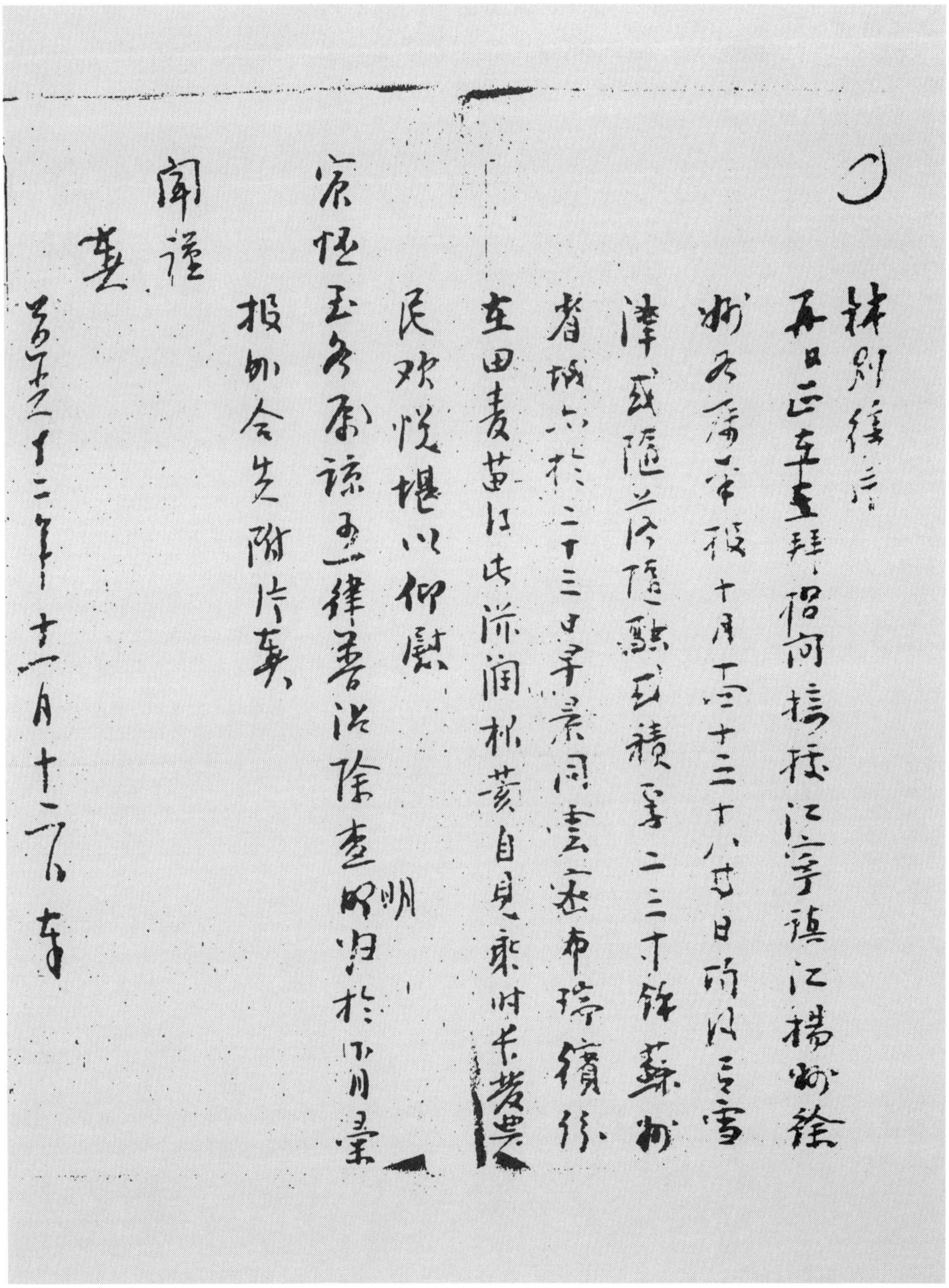

林則徐片

再，臣正在具拜摺間，據江寧、鎮江、揚州、徐
州、太倉稟報，十月二十三、二十八、廿九日前後得雪
澤，或隨落隨融，或積厚二三寸餘。蘇州
省城亦於二十三日早晨同雲密布，瑞霙繽紛，
在田麥苗得此滋潤，根荄自見乘時長發，農
民歡悅，堪以仰慰
宸極。至各屬諒亦一律普沾，除查明歸於下月彙
報外，合先附片奏
聞。謹
奏。
道光十二年十一月十二日奉

硃批覽欽此

江蘇巡撫林則徐奏摺　**遵旨審明鹽城縣民王梓菴京控案分别定擬**

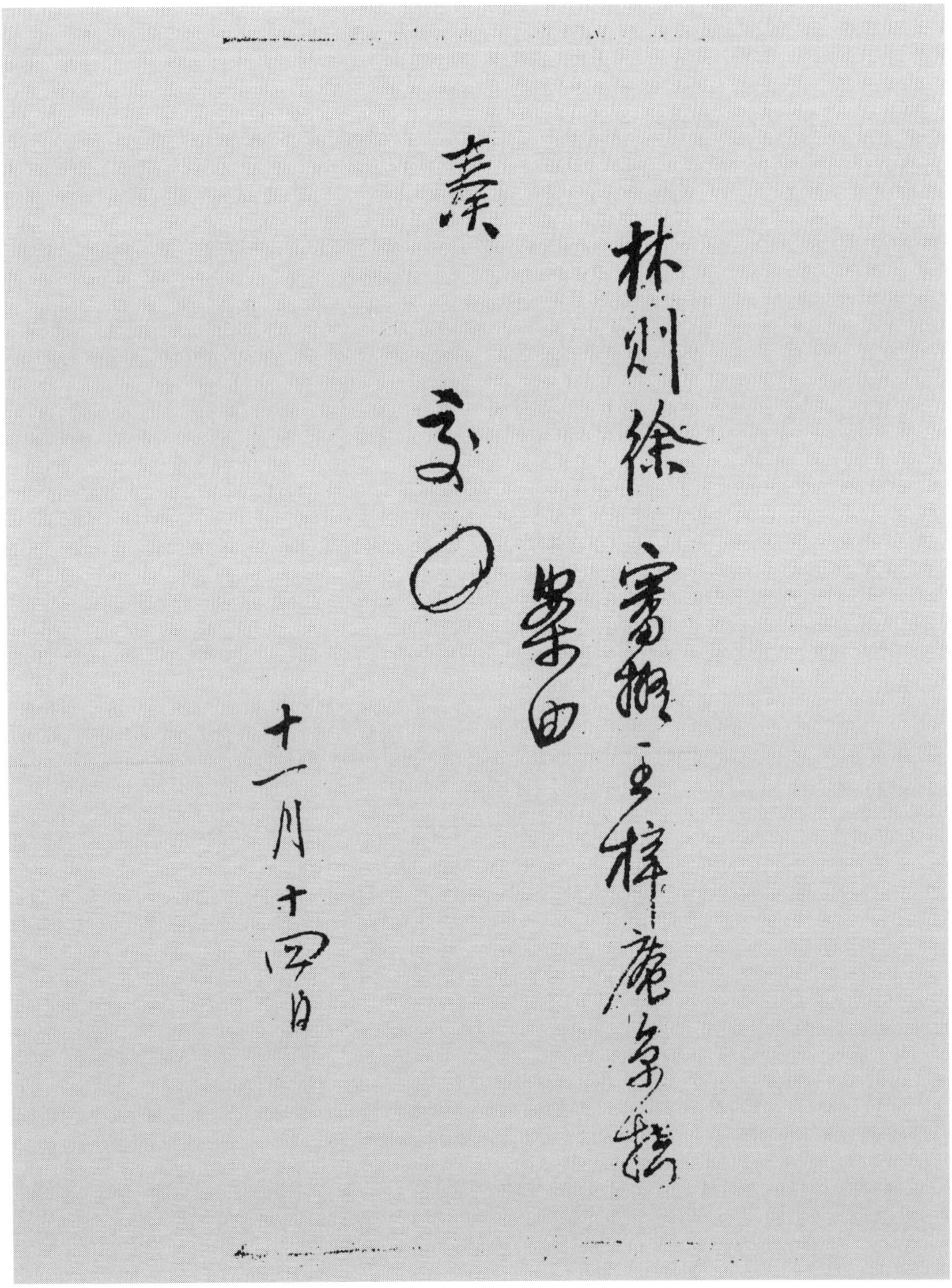
林則徐審擬王梓庵京控
案由
奏
奏○
十一月十四日

江蘇巡撫臣林則徐跪

奏爲遵

旨審明刁徒捸獲主唆誣告按例定擬仰祈

聖鑒事竊照鹽城縣民王梓菴以監生王俊三等串

通書差冒領賑米並將伊父王雨霖毆傷等情赴

京呈控經步軍統領衙門奏奉

諭旨此案著交林則徐親提人證卷宗秉公研訊按

律定擬具奏原告王梓菴該部照例解往備質該

省又准軍機大臣字寄欽奉

上諭此案該民人所控王俊三等串通書差許為伊索

代領賑米伊父王雨霖向討不給王俊三輒令伊子

王桂年等將伊父毆傷並王俊三等冒領賑米不去

江蘇巡撫林則徐奏摺　遵旨審明鹽城縣民王梓菴京控案分別定擬　道光十二年十一月十四日

七百餘户之多地方遇有偏災不惜捐貲賑濟
是期實惠及民總在辦理各員實心實力查察弊
端豈容將胥蠹從任意侵吞以致窮黎多有向隅
業閱冒領不報多至七百餘户並有串差肆毆等
情務果屬實大干法紀亟應徹底根究著林則
徐提集人證詳細研訊按律從嚴辦理不寬
云員核實廣察以查賑務昔因該氏叩閽查出業據
闔生監等通同差冒領賑米至七百餘户之多
果即委員住其縢賬冊應從嚴辦但户
口之多寡稽冒非委員到地明查暗訪未易得
其細底當即遴委候補知縣嚴曙等前赴該
縣王莊訪查上年被災領賑實有貧民户口若干

孫寀生豈有無串冒侵吞據實率陳一面飭司
催提人卷解省審辦旋據吳耀東等稟稱前往
密查據王莊等大圍西圍北圍三處上年被水成
災共有領賑貧民一千五百餘戶詢之耆老居民
僉稱均係親身將票赴領賑米並無生監書
差串冒侵蝕情事並據臬司賴騰伊會同江寧
藩司趙盛奎督提人證飭據蘇州府審擬
王後之供稱上年孫寀被災甚重伊於發賑之
外捐米五百石並率伊姪王燮之與將蒙各殷戶
公同功捐散係貧戶豈有反行冒領賑米之理至王
梓菴曾兩次向伊共索借錢九千文係討無
還據稱有案質之王梓菴無可置辯並究

出王榮華挾嫌唆令王梓菴京控即飭拏王
榮華赴省提同王俊三等質訊由府錄供按擬
解勘前來臣查核鹽城縣詳報紳富捐項清冊
王俊三捐米五百石例應咨部議敘王燮之捐
數在三百石以下亦應本省獎勵均與該被告等
現供相符隨即親提人證逐加研鞫緣王榮華
王梓菴均籍隸鹽城與王俊三王燮之同在該
縣樓王莊居住道光十一年秋間該縣被水成災
勘明例應給賑委員赴鄉挨查戶口俱係恪遵
照頒發章程戶必親填人必面驗該莊大圖西
圖北圖三處共有被災貧民一千五百餘戶因
房屋淹浸半往遷移高阜就近搭棲委員等

同鄉係周歷查明分別極貧次貧逐戶給票造
册散賑王梓菴同伊父王雨霖并王榮華均作次
貧應領賑米與各災民親自持票往領豎生
王俊三等並不預聞該處又因被災較重王俊三
王燮元等自捐資並與好義各戶公同勸捐
散放民賑王梓菴藉稱外出進業向王俊三等
索借盤費錢三千文遂以回家又騙借錢六千文至
俊三等念其窮苦暫行借給約期歸楚詎
王梓菴以錢花用頼欠不還十二年二月向王榮
華侵用販草客民王壽祥草價錢五千三百文
被討爭鬧經王俊三王燮元理處暫收捐項
錢文墊還息事旋向王榮華索討無償并查出

王棠華商同王梓菴冒曾王俊三等之名私
向王里深收用捐頂米五千文王俊三等因王棠
華與王梓菴素不安分互相向借疊被索借使
冒米文隨邀同族衆赴縣具呈批准提訊王棠
華慮及到案向罰起意唆使王梓菴京控捏
制当係王梓菴安字米五千文邀同進京王梓
菴應允王棠華即褒照王俊三等串通書差代
領賑米王梓菴之父王兩霖向討賑票被毀情
節並將本莊三團（圍）領賑名戶凡房屋被水沖塌及
淹浸未涸暫行遷居高阜者概不計算專就
現居莊上烟戶門牌抄寫七百六十九戶作為應
領之數共賑指係王俊三等揑冒令王梓菴

左步軍統領衙門呈控奏奉
諭旨交審以親提原被人等再三研訊不特王俊三等
供辯甚力即通案人證無不稱道王俊三之好施
樂善而切責王榮華王梓菴之喪心昧良衆口一
詞已成公憤案首王梓菴等亦深自愧悔俯首
無詞復查該犯煙冊詢問戶口名目核與所供
均屬相符案無遁飾查例載教唆詞訟
誣告人之罪與原告之人並未起意誣告係教
唆之人起意主令者以主唆之人為首聽從控告
之人為從又奏越赴京告重事不實並全誣十
人以上者發邊遠充軍各等語此案王榮華因
俊冒收用各文無還致被王俊三等首告撅起

江蘇巡撫林則徐奏摺　遵旨審明鹽城縣民王梓菴京控案分別定擬　道光十二年十一月十四日

京，唆使賴欠之王梓菴架捏冒嫁虛情赴京
藉控，殊屬刁健。且所誣在十人以上，自應照例科
以所首之罪。王榮華合依蓄意越赴京告重事不實
并全誣十人以上，發邊遠充軍例，發邊遠充軍。
王梓菴聽從赴京出名妄告，應照為從，於王
榮華軍罪上減一等，擬杖一百，徒三年，到定
地發配，折責安置。王俊三等並無冒領嫁，不
准令鄉約王景周雇人替冒毀傷王兩霖情
事，除與訊無涉通冒嫁肆毆之外，均不候文等
情的毋庸議外，仍飭核明王俊三等所捐另
案分別獎勵，俾捐資之紳衿不致因刁徒挾
嫌誣告，藉阻其好義之情，於風俗人心，稍有裨益。

其餘各犯概行省釋。該員冒收捐項及侵用草
價賴欠錢文分別照追給領，並呈案草冊、案冊要
件請毀除，供招送部查核外，謹恭摺具
奏，伏乞
皇上聖鑒，敕部議覆施行。再該原告在京控稿並
未在各衙門控告，其情查核相符，合並陳
明。謹
奏。
道光十二年十一月十四日奏
硃批：刑部議奏。欽此。

圖書在版編目（CIP）數據

清宮林則徐檔案匯編.4/ 中國第一歷史檔案館　福建省林則徐研究會　編.– 福州：海峽文藝出版社，2016.12

ISBN 978-7-5550-0619-0

Ⅰ.①清…　Ⅱ.①中…②福…　Ⅲ.①林則徐（1785~1850）—檔案資料—匯編　Ⅳ.①K827=52

中國版本圖書館 CIP 數據核字（2015）第 193269 號

清宮林則徐檔案匯編　4

中國第一歷史檔案館　福建省林則徐研究會　編

責任編輯　茅林立　陳　婧
美術編輯　劉小岳
出版發行　海峽出版發行集團
海峽文藝出版社
經　　銷　福建新華發行(集團)有限責任公司
社　　址　福州市東水路 76 號 14 層　**郵編**　350001
發 行 部　0591-87536797
印　　刷　福建新華印刷有限責任公司　**郵編**　350011
廠　　址　福州市福新中路 42 號
開　　本　889 毫米 × 1194 毫米　1/16
字　　數　673 千字
印　　張　30.75
版　　次　2016 年 12 月第 1 版
印　　次　2016 年 12 月第 1 次印刷
書　　號　ISBN 978-7-5550-0619-0
定　　價　300.00 元

如發現印裝質量問題，請寄承印廠調換